BIBLIOTECA INDIANA
Publicaciones del Centro de Estudios Indianos

Universidad de Navarra

Editorial Iberoamericana



Biblioteca Indiana, 32

# LAS PALABRAS DEL SILENCIO DE SANTA ROSA DE LIMA O LA POESÍA VISUAL DEL INEFABLE

EMILIO RICARDO BÁEZ RIVERA

Universidad de Navarra - Iberoamericana - Vervuert

2012

Amor de Dios, 1 – E-28014 Madrid
Tel.: +34 91 429 35 22 - Fax: +34 91 429 53 97


Elisabethenstr. 3-9 – D-60594 Frankfurt am Main
Tel.: +49 69 597 46 17 - Fax: +49 69 597 87 43

info@iberoamericanalibros.com
www.ibero-americana.net

ISBN 978-84-8489-650-0 (Iberoamericana)
ISBN 978-3-86527-703-9 (Vervuert)
e-ISBN 978-3-8527-998-9

Depósito Legal:

Diseño de la serie: Ignacio Arellano y Juan Manuel Escudero

Imagen de la cubierta: C OLECCIÓN PRIET-G AUDIBERT, Francia
Diseño de la cubierta: Marcela López Parada

Impreso en España

Este libro está impreso íntegramente en papel ecológico sin cloro.

*A Emilio Báez Ramírez y a María Socorro Rivera Torres, a quienes entrego el primero de sus nietos que no envejecerá.*

*A Ramón Mujica Pinilla, porque pudo haber firmado estas páginas que rezuman una deuda con él más allá del tiempo y del espacio —por cuanto antes y después— de nuestro encuentro en el Perú.*

*A Luce López-Baralt, que hoy ve aquí, con la felicidad sencilla de quien cantó danzando al fratello Sole, este homenaje que rindo a su profundo y sabio magisterio.*

*A José Antonio Antón Pacheco, filósofo, poeta y amigo que profesa por el Místico del Norte una fascinación muy similar a la mía por la patrona de todo el mundo hispánico de ultramar.*

# ÍNDICE

# LIMINAR

Los grandes místicos españoles san Juan de la Cruz y santa Teresa de Ávila (solo por aludir al dúo cimero) siguen siendo objeto de atención para los académicos y los devotos que se arriman a sus textos poéticos, autobiográficos o doctrinales con la veneración y la sorpresa que suscita cada lectura. No ocurre igual con santa Rosa de Lima (1586-1617), primera persona y mujer de América en ser elevada a los altares de la Santa Sede en 1671. Su autobiografía espiritual, perdida poco después de su muerte, ha cedido el paso a dos procesos de beatificación —uno ordinario ([1617-1618] 2002[1]) y otro apostólico (1630-1632, inédito)— como fuentes de obligada consulta a la hora de conocer, aunque sea mediante declaraciones y testimonios de terceros, la psicología y el misticismo de esta doncella medio puertorriqueña y medio peruana. Concebidas principalmente desde la perspectiva hagiográfica, las biografías tienen por común manantial los dos procesos eclesiásticos y se elaboran de manera temática y no cronológica, según el orden de las preguntas del interrogatorio inquisitorial. De ahí que la santa siga siendo un absoluto enigma para los estudiosos de óptica rigurosamente científica. Hasta la cinematografía ha contribuido en la producción de filmes —v. g., *Rosa de Lima*, dirigida por José María Elorrieta en los ochenta— acerca de la vida y obra portentosas de la Rosa de Indias, sobre cuyos hombros descansa el triple patronato de Lima-Perú, las Américas hispanas y Filipinas.

Nada cambió significativamente este patrón de reciclaje documental-bio(hagio)gráfico hasta llegada la altura del primer cuarto del siglo XX,

[1] Monasterio de Santa Rosa de Santa María de Lima, *Primer Proceso Ordinario para la Canonización de santa Rosa de Lima*, ed. H. Jiménez Salas, 2002.

cuando se descubrió el reducto —muy escaso— de la literatura de esta joven contemplativa. Se trata de dos medios pliegos de papel, conocidos como las «Mercedes» o «Heridas del alma» (primer papel) y como la «Escala espiritual» (segundo papel) en los que Rosa dejó, alegóricamente narrado, su *iter* espiritual en quince gráficos o emblemas tematizados con breves glosas explicativas. El descubrimiento se preservó en la formalina del silencio por espacio de casi dos décadas, cuando por fin su protagonista, fray Luis G. Alonso Getino, lo dio a la luz en sendos estudios[2] a título de nuevos documentos que desmentían la difundida opinión sobre la santa simple e iliterata.

Todavía más, otras cinco décadas tuvieron que parpadear para poder ver, finalizando el último cuarto del siglo pasado, estudios científicos que se ocupan del contexto histórico-religioso del Perú virreinal en el que vivió la virgen americana y del contenido de sus hológrafos. Para llenar espacios desatendidos de su cronología, Luis Millones[3] realiza un valioso trabajo topográfico que revela datos desconocidos de la oscura —por ignorada— adolescencia de Rosa. Y a fin de cuestionar la legitimidad de su canonización, Fernando Iwasaki Cauti[4] desdibuja las fronteras que separan a Rosa del conjunto de pseudomísticas acusadas de alumbradismo y procesadas por el Tribunal del Santo Oficio de Lima en el auto de fe de 1625. En la dirección opuesta de esa controvertida corriente de heterodoxos españoles, Julián García del Castillo[5] comenta los emblemas de los hológrafos y algunos documentos devocionales de la santa con ánimo de establecer su misticismo *bona fide* por paralelo con el de los *mistici maiores* peninsulares. En semejante sintonía, Jorge Alberto Rosenbrock[6] propone a la santa como estigmatizada interiormente en el corazón, equiparándola con Teresa de Ávila, entre otras que experimentaron y evidenciaron semejante fenómeno teopático en su órgano cordial.

La investigación de René Millar Carvacho[7] —reacción, en cierto modo, a la de Iwasaki Cauti— se detiene brevemente en demarcar algunas diferencias entre la espiritualidad rosariana y la de sus contemporáneas procesadas. Con semejante intención se realizan las de Ramón Mujica

[2] Alonso Getino, 1937, 1943.
[3] Millones, 1993.
[4] Iwasaki Cauti, 1993.
[5] García del Castillo, 1995.
[6] Rosenbrock, 1996.
[7] Millar Carvacho, 2000a, 2000b.

Pinilla[8], Carolina Ibáñez-Murphy[9] y Teodoro Hampe Martínez[10]. Mujica Pinilla, rosarista de pasmosa erudición, aborda la espiritualidad de Rosa en su contexto político-religioso-cultural y desemboca en un magnífico escrutinio del arte virreinal como instrumento de culto, que metamorfoseó a la santa en icono polisémico de inagotables lecturas. Ibáñez-Murphy, por su parte, intenta rescatar la aportación de su discurso «iconoléxico» en los hológrafos y le concede el crédito de ser la primera mística que escribe en el Nuevo Mundo, afirmación que parece cobrar vigor a la luz del estudio de Josefina Muriel[11] en torno a diecisiete místicas novohispanas, de las cuales solo tres anteceden en nacimiento a la santa, mas sus autobiografías espirituales son muy posteriores a las «Mercedes» y a la «Escala espiritual» (1616). Por último, Hampe Martínez devela la maquinaria político-religiosa detrás de los dos procesos conducentes a la súbita y politizada beatificación.

Fuera de Alonso Getino, García del Castillo, Rosenbrock, Mujica Pinilla e Ibáñez-Murphy, que se detienen en cada uno de los quince emblemas y los comentan subrayando sus tangencias literarias con los clásicos de la mística española, el presente libro apuesta por un estudio más abarcador del aspecto místico, tanto de la espiritualidad como de la obra literario-plástica, de Rosa de Santa María. Partiendo de la teoría del misticismo comparado contemporáneo —de concepción científica, teológica, filosófica, sicológica y antropológica—, se realiza un detenido sondeo de la espiritualidad de la virgen criolla a la luz de las fuentes primarias con el propósito de precisar el tipo de contemplación que llevó a cabo y la naturaleza de su misticismo —no siempre de fácil contraste— con relación a la espiritualidad de algunas contemporáneas suyas, obligadas a confesar y, consecuentemente, condenadas por la Inquisición de Lima como supuestas alumbradas. Igualmente, en estas páginas se expone un detallado análisis literario del contenido íntegro de los hológrafos rosarianos, contextualizados en las tradiciones filosóficas, religiosas y culturales a las que deben sumarse por comportar significativas contribuciones a la historia de la mnemotecnia, de la mística nupcial cristiana y del *collage* o del caligrama, entre otras.

[8] Mujica Pinilla, 1996, 2001.
[9] Ibáñez-Murphy, 1997.
[10] Hampe Martínez, 1997, 1998.
[11] Muriel, 1982.

Por virtud de la naturaleza autobiográfica de la literatura mística, se ha precisado una biografía cronológica de la santa que descansa, principalmente, en el *Primer Proceso Ordinario*, intento inicial de su beatificación, y de las hagiografías más célebres, como la del padre fray Pedro de Loayza ([1619] 1996[12]) —primer biógrafo rosariano— y la del padre fray Leonardo Hansen ([1664] 1929[13]). Otras biografías, como la de Amaya Fernández[14] y la de Noé Zevallos[15], complementan detalles insuficientes de las clásicas. Finalmente, en las conclusiones se destacan los puntos tangenciales de Rosa con su entorno cultural precedente y contemporáneo, además de indicar importantes y específicas innovaciones de su expresión literario-plástica.

Becado por el Decanato de Estudios Graduados e Investigación de la Universidad de Puerto Rico, me embarqué en esta fascinante empresa rumbo al Perú (octubre de 2000), donde conté con la colaboración excepcionalmente generosa de Ramón Mujica Pinilla y del padre Vicente Guerrero —tras varias visitas al Convento de Santo Domingo—, quien, a su vez, me facilitó joyas biográficas actualmente agotadas. Otros contactos «accidentales», como el de Matilde Albert Robatto, quien me informó de la existencia del hermoso ensayo de doña Margot Arce de Vázquez sobre la vida virtuosa de santa Catalina de Siena (modelo de mimesis espiritual de Rosa) mientras conversábamos en el Seminario Federico de Onís de la Universidad de Puerto Rico, y como el solidario y entusiasta de Ronald Surtz desde Princeton University, resultaron no menos estimulantes y enriquecedores durante esta primera etapa, en la cual, asimismo, participaron Ramón Luis Acevedo y Mercedes López-Baralt en calidad de lectores excepcionales de mi tesis de maestro en Artes. A todos ellos, dirijo mi especial reconocimiento.

Una segunda etapa de profundización de este estudio se posibilitó por la inclusión de santa Rosa en mi tesis doctoral, la cual versó sobre las criollas místicas y visionarias que iniciaron y continuaron o no continuaron con la tradición de la autobiografía espiritual de dimensión mística en específico. La renovación de la Beca Presidencial de la Universidad de Puerto Rico

[12] De Loayza, *Vida de Santa Rosa de Lima*, ed. P. M. Álvarez Renard, 1996.

[13] Hansen, *Vida admirable de Sta. Rosa de Lima, Patrona del Nuevo Mundo*, trad. Fr. J. Parra, 1929.

[14] Fernández, 1995.

[15] Zevallos, 2000.

por cuarto año consecutivo representó un factor clave en la culminación de todo este proceso de creación textual. Expreso mi sincero agradecimiento a mis ayudantes de investigación Doris Esther Ponce Rodríguez y Elizabeth De Jesús Colón, quienes colaboraron conmigo en el pulimiento del texto para ajustarlo a la normativa editorial. Del mismo modo, va mi deuda estética con el artista de mi hogar, mi segundo hermano, Emilio Luis Báez Rivera, por su precioso tiempo en el trabajo meticuloso de escanear y ampliar los hológrafos y los emblemas rosarianos. Este «toque delicado» del presente estudio, esencialmente verbal, redondea una hermenéutica que ambiciona la consagración artística del icono y de la palabra prodigados por santa Rosa a fin de expresar algo que está más allá de las palabras y de las formas plásticas: la privilegiada y pasmosa experiencia con el Inefable.

Primer capítulo

# DE ISABEL FLORES DE OLIVA A SANTA ROSA DE SANTA MARÍA: CONSIDERACIONES SOBRE LA DONCELLA BORICUO-PERUANA EN EL PERÚ VIRREINAL

> Yo quise irme
> y entonces Dios no quiso.
> Rendidos mis costados
> hacia abajo deshechos.
> Tantos dolores juntos,
> mi corazón cayendo
> a ratos por volver.
> Toda bronquios
> impenetrables,
> quietos.
> En ese momento
> me entraba el seco sueño
> del alivio.
>
> Violeta López Suria

> Así, muerta inmortal.
> Así.
>
> César Vallejo

Quien se interese en conocer la vida y los milagros de santa Rosa de Lima arrostrará una dificultad inicial que no deberá amedrentarlo. Se trata del alto número de las biografías rosarianas que, más de una década atrás, Ramón Mujica Pinilla[1] estimaba en más de cuatrocientos títulos , agotados en su mayor parte. La inusitada homogeneidad que exhiben tanto las bio-

[1] Mujica Pinilla, 1996, p. 53.

grafías de autores contemporáneos de la santa como las de reciente aparición en las librerías limeñas se debe a que los biógrafos tomaron como fuente principal el *Primer Proceso Ordinario* de 1617-1618[2], instrumento de beatificación en el que se acumularon las declaraciones juradas de testigos que respondieron (no todos completamente) a un cuestionario de 32 preguntas acerca de la vida virtuosa de la candidata, con el propósito de divulgar los hechos que la hicieron merecedora de su súbito ascenso a los altares de Roma. Es el caso, por ejemplo, del primer biógrafo rosariano, fray Pedro de Loayza, cuya *Vida, muerte y milagros de sor Rosa de Santa María* (1619) se desarrolla temáticamente, poniendo al margen el criterio cronológico, a tenor con el orden de las ideas vertidas por los testigos del *Primer Proceso Ordinario*, quienes habían respondido según la distribución de las preguntas que —sobra decir— eran muy precisas. Más aún, buen número de ellos se limitó a responder la pregunta XXIX, en torno a los milagros particulares que fueron reconocidos como obrados por la intercesión de santa Rosa[3], sin develar detalles sobre su adolescencia, que hoy resultan enigmáticos.

Hay biografías, por otro lado, que no dejan de ser, sencillamente, refundiciones del mismo contenido temático-anecdótico en diferente molde narrativo, más bien con propósito de devoción. Así, en la de Amaya Fernández (1995) se lee de un tirón la primera parte —apenas 26 páginas— dedicada a la biografía cronológica de la santa, para exponer luego un catálogo de sus cualidades admirables, debidamente ilustradas con un sinfín de anécdotas que encuentran su raíz documental en los dos procesos inquisitoriales. De todo ello se colige que, al margen de los hechos biográficos datables en la cronología rosariana, los cuales se limitan a un puñado de menciones sobre su niñez y a su brevísima vida adulta, cercenada a los 31 años, las biografías posteriores a la de Pedro de Loayza, como la de Leonardo Hansen (1664) —escrita en latín[4] y traducida al español por fray

[2] Publicado por el Monasterio de Santa Rosa de Santa María, en 2002, este *Primer Proceso Ordinario para la Canonización de santa Rosa de Lima* es la primera edición en prensa del original manuscrito que se conserva en los archivos de dicho cenobio. En adelante, abreviaré *Primer Proceso Ordinario*.

[3] Hampe Martínez, 1998, p.19.

[4] El título original es *Vita mirabilis et mors pretiota venerabilis sororis Rosa de Santa Maria Limensis*, editada dos veces ese mismo año de 1664 y traducida casi de inmediato a cinco idiomas que Hansen enumeró en el prólogo a la tercera edición romana: italiano, polaco, flamenco, alemán y francés; aunque, actualmente, se lee en todos los idiomas modernos del mundo occidental (Millones, 1993, p. 34).

Jacinto Parra (1929)—, suelen completarse con una extensa mención de los milagros *post mortem*, atribuidos a la santa.

Rosa de Santa María es, pues, el nombre religioso de la criolla bautizada con el de Isabel Flores de Oliva, nacida el 30 de abril de 1586[5] en las

[5] No hay acuerdo entre los hagiógrafos en cuanto al día de nacimiento de santa Rosa: unos postulan el 20; otros, el 30 de abril. El primero de ellos, Pedro de Loayza, anotó claramente: «Nació el treinta de abril del año del Señor de mil y quinientos ochenta y seis» (1996, p. 1). Sin embargo, otro hagiógrafo prestigioso de la época fue Leonardo Hansen, quien se decidió por la fecha más temprana sin argüir en contra de la indicada por Pedro de Loayza: «nació el 20 de Abril del año 1586, día en que celebra la Iglesia las virtudes prodigiosas de Santa Inés de Montepulciano, hija ilustre del mejor de los Guzmanes; llamada con toda propiedad la virgen de las flores, por las muchas que brotaban dondequiera que se arrodillaba para entregarse a los transportes místicos de la oración y contemplación» (1929, p. 3). Se desprende que la selección del día 20 no es fortuita y el pormenor de Leonardo Hansen sobre los prodigios de santa Inés con relación al día parece premeditado, puesto que la metáfora orgánica Rosa = rosa emerge del contexto de manera idónea: santa Rosa es la rosa nacida el día de «la virgen de las flores». Por otro lado, Rubén Vargas Ugarte (1994, p. 16) se inclina por el día 20 con argumentos que, más que aclarar, arrojan sombras sobre cuál de los dos es, definitivamente, el verdadero: «Muy arraigada estuvo la opinión de haber ocurrido su nacimiento el 30 de Abril y a extenderla contribuyó uno de los mejores hagiógrafos de la santa, D. José Manuel Bermúdez, pero hay razones poderosas que nos fuerzan a desvanecerla. [...] Fray Pedro de Loayza, que al mismo tiempo fue su confesor, como su propia madre, en la información que dió de su vida y consta en los *Procesos*, declaran que nació el 20 de Abril [al igual que] L. Hansen, el más célebre historiador de la santa que examinó la documentación enviada por sus hermanos los dominicos del Perú». En este punto añade, en nota al calce, que la placa colocada en 1720 en la sepultura de la santa también coincidía con el día 20. Pero, en la misma nota al calce de la quinta edición de su libro (1994), dirime su antigua hipótesis mediante una salvedad que, en párrafo aparte, socava la solidez de todo lo antedicho en favor del 20: «Esto escribíamos en la primera edición, sin embargo, al revisar el *Proceso Ordinario* [...] nos hallamos con la declaración de María de Oliva y en ella dice: "Nació postrero de Abril de 1586. Se bautizó a 20 de Mayo, Pascua del Espíritu Santo" (p. 377, fol. 296). ¿Estará también equivocada la primera fecha? Cabe dudarlo [...] En el ejemplar de dicho *Proceso* que se guarda en el Archivo Arzobispal de Lima, María de Oliva dice claramente que nació el 20 de Abril y, aun en el ejemplar citado del Monasterio de Santa Rosa, Gaspar Flores, su marido, dice asimismo que nació el 20 de Abril. No creemos, pues, que haya motivo para apartarse de lo dicho en el texto». Con todo, hay quienes como Jesús García Gutiérrez (1946, p. 87) afirman llanamente que santa Rosa nació en Lima el 30 de abril de 1586.

Una revisión detenida del *Primer Proceso Ordinario* revela que testigos estelares en el interrogatorio dieron por auténtica la fecha propuesta en la primera pregunta: «si saben que [...] sor Rosa de Santa María, beata de la sagrada orden de Predicadores, que nació [...] en último día del mes de abril del año pasado de mil y quinientos ochenta y seis

afueras de la capital (Lima), en un lugar próximo al río Rímac y aledaño al Hospital del Espíritu Santo[6]. Fue la tercera hija de una nómina de diez que conformaron la fronda del matrimonio Flores-Oliva[7], constituido por Gaspar Flores, puertorriqueño[8], y María de Oliva, peruana[9], circunstancia

años como a las cuatro de la tarde y se bautizó en la parroquia de san Sebastián de esta ciudad en veinte y cinco días del mes de mayo de dicho año» (p. 20). De la fecha del bautismo formulada en esta pregunta, se apoya Vargas Ugarte para cuestionar la del nacimiento el 30 de abril, según su aducida declaración de María de Oliva. ¿Cómo creer, entonces, debatible el día 30 cuando, en el *Primer Proceso Ordinario*, testigos muy cercanos a la santa la dan por verdadera, a saber: don Gonzalo de la Maza (p. 44), a quien ella llamaba «padre»; el sacerdote Antonio de la Vega Loayza, quien testificó documentado en «los libros de la dicha parroquia, de donde se puede y debe sacar testimonio auténtico» (p. 225); y Hernando Flores de Herrera, su hermano de sangre predilecto, que aseguró «que la dicha su buena hermana nació en el día, mes y año que requiere la pregunta por que [*sic*] este testigo lo ha visto en un libro de memorias donde el dicho su padre tiene asentados a sus hijos el día y horas que nacieron» (p. 515)? La precisión de Hernando, sobre todo, no da pábulo a la duda: el día 30 de abril «lo ha visto en un libro de memorias» de su padre, sanjuanero meticuloso que no se permitió pasar por alto siquiera las horas de cada alumbramiento de su mujer limeña.

[6] Hampe Martínez, 1998, p. 11.

[7] En la edición moderna de la biografía escrita por Pedro de Loayza, que quedó a cargo del padre Carlos Aníbal Álvarez (1965, p. 1), hay una valiosa nota al calce que enumera los nombres de los diez hermanos Flores de Oliva: Bernardina, Fernando, Rosa, Francisco, Juana, Andrés, Gaspar, Hernando, Antonio y Matías. Esta enumeración coloca en orden inverso los nombres de Hernando y Fernando, habiendo sido aquél y no éste el segundo hermano mayor de Rosa. Hansen, sin embargo, anota en el prólogo de su texto que son once los hermanos, sin mencionar sus nombres (p. X), y Vargas Ugarte favorece la cifra de trece —igual que Rosenbrock (1996, p. 14)—, descansando en el testimonio de la madre de Rosa en los procesos, a la vez que establece el orden de ellos, según lo poco que se conoce: «Algunos debieron morir a corta edad, pues de ellos no se ha conservado siquiera el nombre. Los que se conocen fueron: Bernardina, que nació en 1581; otra mujer, que falleció a los catorce años, según la santa declaró a D. Gonzalo de la Maza; Hernando, nacido en 1584; Francisco, que vio la luz en 1590; Juana, que le siguió, en 1592; Andrés, Gaspar, Antonio y Matías, de los cuales se hace somera mención por los contemporáneos». Ignorando si es el proceso apostólico únicamente el que arroja luz en este particular, la revisión del testimonio de María de Oliva en el *Primer Proceso Ordinario* no revela la mencionada cifra de trece hijos a la que alude Vargas Ugarte.

[8] De conocimiento común entre los rosaristas es la nacionalidad puertorriqueña del padre de Rosa; sin embargo, una cronología ubicada en la pared de la entrada al oratorio donde reposan los restos de la virgen americana en su Santuario lo identifica como criollo peruano. La ambigüedad se disipa, de nuevo, en el *Primer Proceso Ordinario*, cuando Gaspar Flores, «gentil hombre de la compañía de los arcabuces de la guardia

que me permite sumarle el epíteto de «boricua» a la santa peruana. El 25 de mayo del mismo año, sus padres la presentaron a la pila bautismal con el nombre de Isabel, en honor a su abuela materna, Isabel de Herrera. Un hecho sobrenatural registrado en los dos procesos justifica el cambio de

[virreinal]», responde la primera pregunta del interrogatorio: «dijo que [...] es natural de San Juan de Puerto Rico que pasó a estos reinos más de sesenta años» (p. 397). De otra parte, todas las hagiografías consultadas lo confirman y hasta hay quienes añaden —como Zevallos— que adoptó el apellido materno según los usos de la época (2000, p. 22), siendo hijo de Hernando de la Puente y de María Flores, pareja no de hidalgos, sino de cristianos viejos (Fernández, 1995, p. 11).

Su fecha de nacimiento ha sido aclarada por Rosenbrock, que anota correctamente el año 1525 (1996, p. 13), mientras que Zevallos oscila entre 1531 y 1538. En el *Primer Proceso Ordinario* (22 de febrero de 1618), Gaspar sólo declaró «ser de edad de noventa y tres años poco más o menos» (p. 398). Por otro lado, muy frecuente entre las hagiografías es limitarse a indicar 1548 como el año de arribo de éste al virreinato del Perú. Partiendo de 1525, Gaspar había arribado a Perú a los 23 años de edad y se había casado en 1580 con María de Oliva, doncella de apenas 14 años de edad contra los 55 de él, de acuerdo con sus declaraciones en el *Primer Proceso Ordinario*: «pasó a estos reinos más de sesenta años y se casó [...] habrá treinta y ocho años poco más o menos» (p. 397). Este año de 1580 se aleja muy poco del documentado inexactamente como de connubio por muchos biógrafos, que es el de 1577 (Vargas Ugarte, 1994, p. 14; Zevallos, 2000, p. 23; Fernández, 1995, p. 12), con lo que cabe cuestionar la unión conyugal de una niña de apenas 11 años con un hombre de 55 (Rosenbrock, 1996, p. 14).

Fernández aduce finalmente que, antes de haber cumplido los 15 años, Gaspar se trasladó a Tierra Firme; en Panamá se enroló en el ejército del rey y arribó a Perú en un barco de la armada (1995, p. 12). Después de las guerras civiles, en las que fue testigo de la rendición de la armada de Gonzalo Pizarro en suelo panameño, regresó a Lima, combatió en la batalla de Jaquijahuana en 1548 y se le premiaron sus servicios con una plaza de arcabucero de la guardia del virrey (Zevallos, 2000, pp. 22-23). Gaspar Flores se desempeñó en otras funciones como intérprete general de quechua para la Real Audiencia de Lima, comisionado del Gobierno en la administración de un obraje de indios en Quives (1597-1600) y maestro de esgrima (1605) a sus 80 años de edad (Rosenbrock, 1996, p. 14). A sus 95, testó en beneficio de sus hijos Gaspar Flores de Oliva (ausente en Chile), Antonio Flores de Herrera, Andrés Flores de Herrera y Francisco Matías de Oliva, el 20 de julio de 1620, como aparece en el Protocolo Notarial de Francisco Bustamante (1620), en el Archivo General de la Nación, Lima (Hampe Martínez 1997, pp. 114-115). Para sorpresa, la lista de testados excluye a Hernando y parece confundir a Francisco y a Matías con un solo hijo. Su año de deceso —también hipotético— es 1627, cuando contaba con 102 años, dado que, al año siguiente, su viuda pudo ingresar al monasterio de Santa Catalina de Siena, como Rosa había profetizado.

[9] Es escasa la información sobre la madre (n. 1566) de la doncella limeña. Hija de Francisco de Oliva y de Isabel Herrera, se destaca unánimemente que fue bastante

nombre al de Rosa. Según el testimonio de María de Oliva ante la Inquisición, Mariana, la criada indígena, un día en que acunaba a la niña de tres meses, por ver si se había dormido, le develó el rostro y la sorpresa está en las líneas que siguen:

> Y [Mariana] la vio tan hermosa que llamó a unas niñas que estaban labrando para que la viesen y, haciendo todas admiración, esta testigo, desde el aposento donde estaba, las vio hacer extremos y, sin decirles cosa alguna, se fue derecho donde estaba la niña y, como la vio tan linda y hermosa y que le pareció que todo su rostro estaba hecho una rosa muy linda y en medio de ella veía las facciones de sus ojos, labio[s], nariz y orejas, quedó admirada de ver aquel prodigioso suceso [...][10].

Nótese que el uso del verbo «parecer» en este testimonio supone no sólo la percepción visual, sino la interpretación de una realidad trascendente a base de imágenes de forma y de color que conforman un marco —¿literalmente de pétalos?— que delimita el rostro sobrenaturalmente bello de la recién nacida, a tal punto que el famoso pintor Angelino Medoro no pudo resistir la tentación de plasmarlo en el lienzo[11]. A partir de esta declaración —objetiva en cierto modo—, todas las alusiones a este suceso son mucho más creativas e imaginativas en boca de los demás testigos y hasta de los biógrafos. Don Gonzalo de la Maza dijo que «la dicha niña tenía en las mejillas del rostro dos rosas maravillosas»[12], y doña María de Usátegui, su esposa[13],

áspera con la santa, en especial para hacerla comer o dormir saludablemente. ¿No será esto natural en cualquier madre? (Fernández, 1995, pp. 12-13) Fundado el monasterio de Santa Catalina de Siena (17 de enero de 1624), ingresó como novicia en 1628 —al año de haber enviudado— con el nombre de María de Santa María. Cuando testificó en el proceso apostólico (1631), declaró ser «portera y definidora del monasterio, donde era "monja muy pobre"» (Rosenbrock, 1996, p. 43).

[10] *Primer Proceso Ordinario*, 2002, pp. 377-378.

[11] Este cuadro se encuentra en la Basílica-Santuario de Santa Rosa, en Lima. Aparece la niña con el rostro enmarcado en pétalos de rosa, sin que éstos le alteren los rasgos principales de su fisonomía (cf. Mujica Pinilla, 2001, p. 276, ilustración 71).

[12] *Primer Proceso Ordinario*, 2002, p. 45.

[13] Gonzalo de la Maza, a quien la santa llamaba «padre», fue natural de Ogarrio, Burgos, y llegó al Perú en 1601, cuando recibió el cargo de contador de la Santa Cruzada. María de Usátegui, nombrada «madre» por Rosa, era madrileña. Este matrimonio desempeñó un papel preponderante en el *Primer Proceso Ordinario*, pues sus testimonios son abundantes en confesiones que Rosa hizo a ambos por el íntimo vínculo de amistad que los unía. Muy usual de la santa era pasar temporadas más o menos pro-

especificó «haber visto la madre tener en sus mejillas una rosa en cada una»[14]. Luego, hay expresiones de biógrafos que persiguen mayor objetividad, como «la vieron el rostro cubierto de una hermosa rosa»[15] o «al contemplarla en la cuna o más sonrosada que otras veces o más hermosa, dieron en exclamar: "Ay, qué linda es esta niña. Parece una rosa"»[16], o ésta, que es el *non plus ultra* del sentido común: «Un día la encontraron más rosada que de costumbre, comenzaron a llamarla Rosa»[17]. Importa detenerse en esta gama de expresiones que va desde lo arcano-legendario hasta lo trivial con aroma de misterio para poder precisar, en la medida de lo posible, una anécdota que va adquiriendo rasgos mágico-realistas.

De los tres meses de nacida, las biografías más antiguas saltan a los cuatro años (1590), cuando la niña Rosa le pedía a la india Mariana que se retirara con ella a los lugares más recónditos del huerto del hogar para que, estando Rosa de hinojos, Mariana la ayudara a cargarse los hombros con ladrillos tirados en los desvanes mientras perseveraba en la oración bajo tal peso[18]. Un año después, ocurre el momento crucial para la vocación de la santa, corroborado por la mayoría de los testigos en el *Primer Proceso Ordinario*. Despertó en Rosa la conciencia de su relación espiritual con Dios y con sus semejantes, puesto que decidió consagrarse en castidad y obediencia a la Divinidad a raíz de que un hermano mayor consanguíneo, no conforme con haberle ensuciado a Rosa el cabello muy rubio y hermoso, reaccionara con palabras hacia ella cuyo impacto definiría para siempre el derrotero de santidad de su hermana[19]. Producto de este incidente

longadas en el hogar de sus protectores De la Maza-De Usátegui, donde disfrutaba de plena libertad para llevar a cabo sus ejercicios ascéticos, al margen de las restricciones e interrupciones de su madre natural, doña María de Oliva. De hecho, los últimos tres años de su vida, se instaló con carácter permanente en la casa de esta pareja, haciendo contadas visitas a sus padres naturales (Rosenbrock, 1996, p. 53).

[14] *Primer Proceso Ordinario*, 2002, p. 95.

[15] De Loayza, 1996, p. 2.

[16] Vargas Ugarte, 1994, p. 17.

[17] Zevallos, 2000, p. 26.

[18] Hansen, 1929, pp. 63-64.

[19] Don Gonzalo de la Maza testifica que la santa le relató este incidente adjudicándoselo a su hermano mayor predilecto, al que alude por nombre: «siendo de edad de cinco años, en ocasión que estándose entreteniendo en ejercicios de aquella edad con un hermano suyo llamado Hernando, que era dos años mayor que ella» (p. 46). La versión de Hernando, que figura en su testimonio ante la Inquisición limeña, no sólo lo exonera de tener toda la culpa del incidente, sino que devela un rasgo más humano de

fue que la niña se cortara los cabellos a navaja, de acuerdo con las declaraciones de otro confesor, fray Alonso Velásquez[20]. Con esta escasa edad, Rosa experimentó también su primera enfermedad grave, que doña María de Oliva no describió[21].

Contando con apenas seis o siete años de edad, Rosa empezó a ayunar los miércoles, viernes y sábado a pan y agua, particularmente desde que tuvo diez años, siempre muy alerta de su madre, que se lo estorbaba por considerarla muy niña. Cuando alcanzó la edad de diez (1596), la niña beata se trasladó a Quives, pueblo de agricultores y aldea en la que se tuvo que instalar Gaspar Flores con toda su familia por su cercanía a Arahuay, donde trabajó como encargado de las minas de plata[22].

Rosa ya se había cortado de nuevo su cabellera a los 12 años (1598), no sin riñas ni asperezas de su madre; además, notando que ni ayunos ni mortificaciones bastaban para que su rostro empalideciese, optó por no beber más agua en los ayunos y por echarse agua bien fría por los pechos y la espalda aun vestida[23]. Al siguiente año, semejantes prácticas le propinaron un reuma que le paralizó las extremidades[24]. En palabras de su protector, Gonzalo de la Maza, la condición de salud se describe como sigue: «estuvo tullida y gasfa [*sic*] en una cama mucho tiempo de pies y manos con dolores tan grandes de todo su cuerpo que no se podían explicar»[25]. Pero ninguna de estas tribulaciones logró mermar el tenaz ascetismo de la doncella americana; antes bien, su rigurosa disciplina seguía intensificándose hasta llegar a realizar unas prácticas realmente alarmantes en la consecución de su santidad. Sólo contaba 12 años cuando se fabricó, inspirada por la con-

Rosa: «en cierta ocasión que ella y este testigo se entretenían en ejercicios de niños, quitándole a este testigo un juguetillo de las manos y este testigo le ensució el cabello que estaba desmelenado; la cual empezó a llorar y este testigo le dijo: "¿Que lloras por los cabellos porque te los ensucié? Si supieses cuántas almas hay perdidas y en el infierno por ellos, no lloraras"» (p. 517).

[20] *Primer Proceso Ordinario*, 2002, p. 220.

[21] *Primer Proceso Ordinario*, 2002, p. 386. Sería la primera de una larga serie de padecimientos. A los 12 o 13 años de edad, se tulló de pies y de manos; a los 15, empezó a tener dolor de «ijada» (hígado), a los cuales se añadieron un dolor de costado, el asma y los muchos chichones y una llaga muy grande en la cabeza, que el cirujano tuvo que desinfectar con lavadas de vino y de «piedra lipis» o sulfato de cobre natural.

[22] Millones, 1993, pp. 25-26.

[23] *Primer Proceso Ordinario,* 2002, p. 51.

[24] Vargas Ugarte, 1994, p. 21.

[25] *Primer Proceso Ordinario*, 2002, pp. 51-52.

templación de una imagen del *Ecce Homo*, una corona de espinas[26] que su confesor, fray Luis de Bilbao, le aconsejó que cambiara por otra que él mismo le fabricó —en 1607 o 1608— de dos espuelas de lata con las puntas remachadas por una tijera.

Entre 1598 y 1599, recibió el sacramento de la confirmación de manos del arzobispo de Lima, santo Toribio Mogrovejo (1538-1606)[27]. Es el suceso que asociará a la santa con la espiritualidad de su época, excepcionalmente favorable para los peruanos. De hecho, salta a la vista que Rosa de Santa María estuvo acompañada de personajes descollantes en la espiritualidad del virreinato, aunque sólo con Mogrovejo tuvo este contacto muy efímero. Contemporáneos a la santa fueron también san Francisco Solano (1549-1602), san Martín de Porras (1579-1639), Pedro Urraca (1583-1657), san Juan Macías (1585-1645) y Francisco del Castillo (1615-1673). Este *boom* de espiritualidad en el virreinato del Perú es una repercusión, en parte, de la actitud cautelosa y militante que adoptó el catolicismo ante la expansión de la Reforma[28]. Cabe recordar que el 31 de octubre de 1517

[26] Gonzalo de la Maza dio testimonio sobre «una corona de hoja de lata retorcida a modo de soga con muchas puntillas [...] y, dejada esta corona que fue nueve o diez años antes de su muerte, usó de otra muy más penosa hasta el fin de su vida, que era una varilla de plata de un dedo de ancho sembrada con noventa puntas muy agudas y del largo de medio alfiler pequeño puestas de tres en tres [...], le ceñía toda la cabeza y la apretaba con unas cintas que tenía a los cabos [...], la mudaba en diferentes lugares de la cabeza por los días de la semana, que los viernes y sábados que la ponía baja por la frente y sienes le era muy penosa aun para hablar [...], que cuando el enemigo común de las almas, a quien ella llamaba el *patón* y el *tiñoso*, le venía con alguna tentación o pensamiento de los suyos, en dándose tres golpecitos en la corona quedaba libre» (p. 53). Una segunda razón de su cabello corto —añade don Gonzalo— era, precisamente, por que la corona fuese más efectiva; mas, para descansar, «le era forzoso quitársela porque no podía de ninguna manera dormir ni estar echada con ella por la grande pena que le daba», a tenor con la declaración de doña María de Usátegui (p. 105). De otra parte, Juan Costilla de Benavides, oficial mayor de la contaduría de la Santa Cruzada de la capital, testificó sobre tres coronas diferentes: la primera «de hoja de lata retorcida con muchas puntas y la segunda de una soga metida en ella muchas puntas para que la punzasen y la tercera y última de plata la cual [...] es de ancho de una pulgada y de largo tendrá media vara poco más o menos sembrada de puntas muy agudas» (pp. 417-418).

[27] Toribio Alfonso de Mogrovejo y Robledo fue un prelado español que arribó a Lima en 1581 para ocupar la sede metropolitana del arzobispado, vacante desde 1575. En 1606, culminó su intervención arzobispal y murió en una aldea indígena del Perú. En el segundo año de su pontificado, Benedicto XIII (1724-1730) lo elevó a los altares en Roma (Rosenbrock, 1996, pp. 33, 36; Montes, 1996, p. 632).

[28] Millones, 1993, pp. 35-37.

—poco menos de un siglo atrás con relación al deceso de santa Rosa, el 24 de agosto de 1617—, Martín Lutero había clavado sus 95 tesis contra los predicadores de la Bula de las Indulgencias en las puertas de la catedral de Wittenberg, lo que provocó que Carlos V incrementara múltiples esfuerzos por la hegemonía político-religiosa de su imperio. En Perú y en América, por consiguiente, se produce un santoral autóctono con el fin de reafirmar la fe católica ante los embates inminentes del luteranismo, a la vez que se conceden sitiales preeminentes a figuras americanas de diáfano parangón con las de origen europeo en la cristiandad.

De la estancia de los Flores-De Oliva en Quives, se ha escrito muy poco. Quizá no menos de cuatro años, tomando como el de arribo uno o dos años antes de la confirmación de la santa. El motivo de la mudanza a Quives fue de rigor, ya que don Gaspar había conseguido empleo como encargado en un obraje minero de un poblado homónimo de Arahuay, en donde velaría por que el personal fuera suficiente para la explotación del metal; por eso, una cantidad considerable de indígenas fue reclutada en diversos sistemas de empleo compulsivo con mínima remuneración[29].

La importancia de Quives en la vida de Rosa de Santa María parece un *lapsus* voluntario de los biógrafos que aun lo confunden con Canta, una aldea localizada 2.000 metros más arriba. De hecho, quienes mencionan a Quives no lo hacen con agrado, dado que fue precisamente el lugar cuya población no pudo reprimir su descontento ante la visita del arzobispo de Lima, Toribio de Mogrovejo. El recibimiento fue, de suyo, elocuente: «Los muchachos, aleccionados sin duda por sus padres, esperaban al arzobispo en la calle y le siguieron hasta la casa de su hospedaje, gritándole: "¡Narigudo!". Santo Toribio los maldijo diciendo: "¡Desgraciados! ¡No pasarán de tres [los que confirmaría]!"»[30]. A pesar de las advertencias que el párroco le había hecho al santo acerca de la resistencia al Evangelio por parte de aquella «chusma idólatra» de tres mil indígenas, éste no se marchó de Quives sin dejar confirmadas por lo menos a tres almas, entre ellas a la virgen panhispana[31]. Sin embargo, la estancia en Quives es fundamental para comprender, por un lado, la vehemencia de Rosa por evangelizar, mediante misioneros predicadores, a los núcleos indígenas que tanto le recordaban a la población con que había vivido toda su adolescencia; por

[29] Millones, 1993, pp. 57-58.
[30] Hansen, 1929, pp. 493-494.
[31] Millones, 1993, p. 46.

otro lado, ayuda a identificar la fuente de inspiración de una de las visiones que tuvo en su lecho de muerte, como se verá más adelante.

Vale destacar el impacto que causó la población de indígenas pobres en el ministerio futuro de la santa, quien no se mantuvo del todo al margen del contacto con este núcleo marginado que trabajaba para su padre, aunque los biógrafos registren que ella estuvo ajena a las tareas de su progenitor, más bien por una enfermedad que, a los 13 años de edad (1599), la mantuvo bastante tiempo en cama con las piernas paralizadas. María de Oliva había practicado en ella una receta local: le cubrió las piernas con pieles de buitre, lo que le ocasionó una irritación epidérmica muy dolorosa, de ampollas y heridas que la santa sufrió sin quejas ni resentimientos contra su madre[32].

De acuerdo con el testimonio de don Gonzalo de la Maza, a partir de los 14 años de edad (1600), su «hija» comenzó a dormir en una especie de «barbacoa de cañas» de su propio ingenio, en la casa de sus padres naturales. Eran siete troncos gruesos de arbustos —o cañas— unidos entre sí con sogas de cuero; en las uniones de dichas cañas, había una cantidad de «cascos de botija» con dos o tres puntas y esquinas que aproximaban la cifra de 290 a 300. Era una suerte de «trillo con que en España se trilla el trigo», según el contador. María de Oliva es más precisa en la descripción de esta cama de tortura en la que durmió Rosa hasta sus 28 años de edad, «hora de Dios» —según las palabras de la madre— o momento divino en que se le prohibió y canjeó por otra que era una tabla con una frazada o, simplemente, una sillita como solía usar en la casa de sus protectores De la Maza-De Usátegui[33]. La confesión de la madre natural de Rosa en torno a la barbacoa es estremecedora:

> Contó esta testigo las tejas con que estaba entretejida y eran doscientas sesenta y tantas tejas puntiagudas, unas más altas que otras, y esta testigo las echó al río, y declara esta testigo que la bendita Rosa usó esta cama más de quince o diez y seis años y que en todo este tiempo no se la osó quitar esta testigo aunque lo deseaba, y que iba muchas veces a quitársela y se acordaba con temor no ofendiese a Dios en quitársela, y acudió a sus confesores a que se la quitasen porque le parecía que la mataría, y a todos les pareció que no se la quitase hasta que llegó la hora de Dios, que fue tres años antes de que la bendita Rosa muriese[34].

[32] Millones, 1993, pp. 58-59.

[33] *Primer Proceso Ordinario*, 2002, p. 52.

[34] *Primer Proceso Ordinario*, 2002, pp. 380-381.

Si la cama fue suficiente causa como para privar al cuerpo del descanso[35], la almohada era otro complemento no de menor incremento en la disciplina físico-corporal. Tuvo más de seis diferentes; de ellas habla también doña María de Oliva cuando se las quitó. La primera fue un adobe, que Rosa lo sustituyó por una piedra, la cual, removida siempre por su madre, le cedió el espacio a un madero con un hueco donde colocaba la cabeza. Cansada de la actitud tozuda de su hija, doña María le dio «un cojinillo de cumbí, que es de lana como paño, y le dijo: "Hincha éste y duerme con él"»; pero Rosa lo llenó de astillas de carpintero, a lo que replicó la madre que lo vaciara y lo llenara de lana; así lo hizo Rosa, quien le introdujo «cañas de Castilla» en la parte donde se reclina el rostro. Como el rostro de la santa lucía aún hinchado, la madre «la riñó con aspereza y le dijo que echase la cabecera que quisiese más: "Que te mates, que no pienso decirte más cosa alguna"». Éste fue el salvoconducto que aprovechó Rosa para hacer «un azesito de palos nudosos y tuertos que parecía raigones de árboles». Visto este último invento de su hija, doña María se lo quitó nuevamente y, bajo juramento de santa obediencia, le exigió que su cabecera fuese sólo de lana; entonces Rosa hizo una almohada de estameña blanca y la llenó de lana tan apretada que «parecía un madero»[36]. Con esta última, doña María dio por terminada su intervención.

En cuanto al vestido, su madre natural testificó que, desde muy niña, Rosa llevaba camisas de cañamazo, el más tosco[37]; después, un sayalete blando y, más tarde, un sayal muy grueso y tosco[38], al que siguió uno de

[35] Uno de sus confesores, fray Luis de Bilbao, dio testimonio de lo que Rosa le había certificado: «que temblaba de manera de la cama como de un potro de dar tormento y, la que suele ser alivio de los cansados, para ella era verdugo riguroso. Y así le dijo a este testigo que muchas noches saltaba huyendo de la cama y pasaba lo más de la noche en pie, teniendo esto por más alivio» (p. 167). Otro confesor, fray Juan de Lorenzana, se la prohibió totalmente en 1614; mas sólo en las Cuaresmas de los años 1616 y 1617, Rosa recibió autorización para volverse a preparar la cama «con leños, cascos y tejas conforme al rigor antiguo» (Rosenbrock, 1996, p. 78).

[36] *Primer Proceso Ordinario*, 2002, p. 381.

[37] Su hermano mayor, el predilecto Hernando, dio fe de que el traje de Rosa «más parecía de vieja que de niña», y así siguió vistiendo a pesar de las riñas de su madre, que la persuadía a lucir como una doncella normal, compuesta y adornada; mas, viendo la indiferencia de Rosa, comenzó a llamarla «puerca y desaliñada, no porque la bendita Rosa lo fuese [...], sino porque no curaba de aderezarse de manera que a los ojos del mundo pareciese bien, como es ordinario en las doncellas» (p. 518).

[38] El sayal, túnica masculina que data del Medioevo, era conocido también como «jerga de Castilla» por lo gruesa y tosca, puesto que su urdimbre era de lana burda. Se

jergueta parda, pues doña María le riñó para quitarle el sayal grueso, a causa de verla echar sangre por la boca en ocasiones[39]. A este sayal de jergueta parda se sumaba un faldellín de bayeta amarilla de la tierra[40] y, sobre todo esto, el hábito de la Tercera Orden franciscana, que había vestido al parecer desde muy niña por devoción al Serafín de Asís y por insinuación de su abuela Isabel, que era gran devota del santo[41]; de hecho, algunos estudiosos no descartan que lo haya usado aun después de haber aceptado el de predicadores de santa Catalina de Siena[42].

Cumplidos los 15 o 16 años de edad (1601-1602), Rosa hizo solemne voto condicional de abstinencia de carne y de ayunar a pan y agua por el resto de sus días. Don Gaspar regresa de Quives a Lima (1602) y Rosa se oculta en la soledad protegida de su hogar. Ya sabía leer y escribir, pues de ello se habían ocupado doña María[43] y su abuela, sin excluir la instrucción

consideraba vestido arcaizante en la época de Rosa, y su uso se verificaba en algunos hombres de sotana. La Orden de Santo Domingo disponía en sus constituciones el uso interior de esta prenda, y otros santos, como fray Martín de Porras, contemporáneo de Rosa, lo usaron también para su mortificación; incluso el mismo confesor de la santa, fray Luis de Bilbao, lo prefirió como instrumento de purificación espiritual (Fernández, 1995, p. 63).

[39] Consta en la declaración de fray Juan de Lorenzana que le prohibió a Rosa traer silicio en contacto directo con su cuerpo a causa de las dichas enfermedades y le ordenó que usara túnicas de lana como los religiosos de la Orden (p. 328).

[40] *Primer Proceso Ordinario*, 2002, p. 382.

[41] Vargas Ugarte, 1994, p. 31.

[42] Ante el tribunal apostólico el 23 de noviembre de 1617, el confesor Diego Martínez había juramentado el haberle constado que Rosa vestía «el hábito de Santa Catalina de Siena; y debajo traía por túnica, en lugar de camisa, el hábito de San Francisco» (p. 185), con lo que se puede inferir que desde 1603 la virgen americana usaba el ajuar de terciaria franciscana, hecho que justifica numerosos retratos de la santa «con el hábito blanquinegro y con el griñón franciscano» (Mujica Pinilla, 2001, pp. 86-87, en especial la ilustración 12).

[43] Fray Juan de Lorenzana afirmó todo lo contrario en el *Primer Proceso Ordinario*. Con relación a la sabiduría místico-teológica de santa Rosa, decía admirarse «de que una mujer *sin letras algunas* hablase con tanta propiedad e inteligencia» y diera la impresión de ser «sapientísima en el conocimiento de las cosas divinas» (p. 334, cursivas mías). Probablemente, se refería a que la santa carecía de una instrucción formal teológica; pero, aun así, es cuestionable su frase «sin letras algunas», que apunta más a un analfabetismo inadmisible en Rosa, que sabía leer —escogiendo muy bien sus lecturas— y escribir. Prueba es lo poco que se conserva de su obra literario-plástica y los esfuerzos de su madre natural para que su hija no fuera una lega dependiente de la instrucción oral: «deseando esta testigo que la bendita Rosa, su hija, aprendiese a escribir, le dio una

en el dominio de la aguja[44]. Valiéndose de esta última destreza, logró desahogar la situación precaria de su hogar, debido a que don Gaspar regresaba a la capital muy viejo y achacoso. De sus fuentes intelectuales, se sabe que leía asiduamente y recomendaba el *Tratado de la oración* de fray Luis de Granada[45], y que Teresa de Ávila y Enrique Susón[46] transitaron por sus manos[47]. Otras fuentes literarias las obtuvo de su protector, don Gonzalo de la Maza, quien le había dado a leer la vida de la franciscana santa Rosa de Viterbo y, al parecer, la de otros teóricos del misticismo cristiano, como Gregorio López, de quien Rosa asimiló la costumbre de ingerir como único sustento diario un pan y medio al día por extensas temporadas[48]. La vida de santa Catalina de Siena, escrita por Raimundo de Capua, no sólo fue conocida de oídas por Rosa desde su más temprana niñez, sino que la movió a ser su más perfecta imitadora[49], a tal grado que merece atención particular.

El paralelismo entre la santa medieval italiana y la colonial peruana es sorprendente desde su fecha misma de nacimiento: el 30 de abril. Rosa, a los cinco años, decidió consagrar su vida de joven célibe al servicio de su

materia y, otro día, halló la materia como que no lo hubiera menester, y esta testigo se enojó mucho con ella y la llevó a su confesor para que, en presencia de esta testigo, la riñese, el cual la riñó y la mandó [que] hiciese lo que su madre la mandaba. Y, el día siguiente, vio esta testigo que la bendita Rosa, su hija, leía muy bien y le enseñó un papel que ella había escrito de una muy buena letra» (p. 433).

[44] Vargas Ugarte, 1994, pp. 22, 24.

[45] Al igual que en la España del siglo XVI, en Lima circulaban, por un lado, los tratados de *Oración* y *Meditación* —las ediciones de Salamanca, 1554 y Lisboa, 1559— y, por otro, la *Guía de pecadores* —la de Lisboa, 1559 y Salamanca, 1567— del granadino fray Luis, quien se había convertido en maestro de la espiritualidad de ambos mundos (Mujica Pinilla, 1996, p. 71). Hampe Martínez (1998, p. 14) es, por ejemplo, uno de los rosaristas que sólo concede estas fuentes literarias a la virgen limeña, descartando otras posibles como las hagiografías de santa Catalina de Siena y santa Rosa de Viterbo, que indudablemente Rosa conocía muy bien, pues fue, más de aquella aquélla que de ésta, la más fiel émula en todo.

[46] Del Santo dominico, teólogo y místico alemán, Rosa parece haber tomado la práctica de atarse una cadena gruesa al cinto y la de colocarse sobre el pecho una cruz con púas debajo de su vestimenta (Mujica Pinilla, 1996, p. 86).

[47] Zevallos, 2000, p. 63; Millones, 1993, p. 11.

[48] Mujica, 1996, p. 73.

[49] Rosa logró ajustarse a su maestra espiritual con tanta exactitud y fidelidad que, en el informe de su fallecimiento rendido por el Capítulo Provincial de la Orden (1617), se lee: «al parecer de todos era una nueva Santa Catalina de Siena, que de nuevo había venido al mundo, a quien desde sus primeros años procuró imitar con todas sus fuerzas» (Rosenbrock, 1996, p. 36).

Esposo, el Niño Jesús; Catalina, a los seis, tomó idénticos votos como fruto de una visión de Cristo entronizado que la bendecía. Muy niña aún, Catalina se recluyó en una cueva fuera de la ciudad para experimentar la soledad de los Padres del Desierto; Rosa, por su parte, le pidió ayuda a su hermano Hernando para construir una ermita en el huerto de la casa de sus padres naturales, donde se recluía y se aislaba de todo y de todos sin excepción para cultivarse en la oración. Frisando los 12 años, Catalina se cortó los cabellos como desafío a la voluntad de sus padres, quienes insistían en casarla; Rosa lo repitió a esa edad por las mismas circunstancias.

Para ambas, el ayuno era el derrotero directo hacia la Cruz: Rosa colocaba hierbas amargas, acíbar o cenizas en sus alimentos, al igual que Catalina, ya que aspiraba, como ésta, a vivir exclusivamente de la cena eucarística (cosa que no logró del todo). Con el propósito de vencer al demonio, patente en el asco, Catalina bebió pus del pecho canceroso de una mujer a la que asistía; Rosa aleccionó al *patón* o *tiñoso* —nombres con que solía referirse al diablo— sobre los «trofeos de la caridad» cuando bebió sangre putrefacta —al parecer— en la enfermería del Hospital del Espíritu Santo[50]. Cristo se le apareció a Catalina al siguiente día de ésta haber ingerido pus, y le dio a beber sangre de su costado como premio; Rosa tuvo la misma experiencia en la ermita de su huerto. En la comunión, Catalina afirmaba que su alma estaba en Dios y Dios en su alma como el pez en el mar y el mar en el pez; Rosa, también, experimentaba una vivencia sobrenatural *sui generis*, porque contemplaba el Santísimo arrodillada e inmóvil por más de cuarenta horas seguidas y con tal intensidad, que el sacerdote temía abrasarse cuando le acercaba la forma consagrada al rostro visiblemente radiante.

En cuanto a su desposorio con Jesús, Catalina fue visitada por la Virgen, su Hijo, el apóstol Juan, Santo Domingo y el rey David; y la Virgen, al unirles las manos a su Hijo y a la santa, le colocó a Catalina un anillo invisible para los ojos humanos. Un Domingo de Ramos, ante el Niño en brazos de la Virgen del Rosario, Rosa escuchó y aceptó la proposición nupcial de labios de Jesús: «Rosa de mi corazón, sé mi esposa», palabras que fueron labradas en el anillo que uno de sus hermanos le diseñó. Rosa llevó, por último, una corona de espinas igual que Catalina, y su régimen de oración se pareció mucho al de su maestra espiritual: Catalina sometió su cuerpo a

[50] De este incidente hay un cuadro anónimo del siglo XVIII en la Basílica-Santuario de Santa Rosa, en Lima.

media hora de sueño cada dos días; Rosa dividió sus días en tres lapsos: diez horas dedicadas al trabajo (faenas del hogar, la costura y el servicio a los enfermos...), 12 para la oración y dos para el descanso[51]. Se conoce además que, desde los 14 años, ya le había solicitado a fray Juan Miguel, un vecino suyo que la vio crecer y que se hizo lego profeso de la Orden de Santo Domingo, las reglas de santa Catalina, según sus declaraciones al Santo Oficio: «y este testigo escribió al Cuzco a un religioso su amigo que se las enviase, el cual lo hizo y este testigo se las dio a la dicha Rosa y supo que las guardaba con grande puntualidad»[52].

No faltó quien la animara a ingresar al convento de las Descalzas Franciscanas, recién fundado en 1603[53], a tono con el clima espiritual de la Ciudad de los Reyes durante la primera mitad del siglo XVII. Rosa acariciaba la idea, pero su madre natural se lo impidió con alegatos de soledad y de necesidad económica. Luis de Bilbao, su confesor en ese momento, le aconsejó que aceptara, a pesar de los argumentos de María de Oliva[54]. Rosa, entonces, delegó en el juicio de cuatro religiosos de gran prestigio, quienes no coincidieron en sus respuestas. Tal discrepancia fue comprendida por la entonces beata como señal del Cielo que desfavorecía su vida conventual[55].

El carácter expiatorio de la oración rosariana se ilustra en un episodio de su vida reiterado por los biógrafos. San Francisco Solano había anatematizado a los pobladores de la Ciudad de los Reyes en una prédica cuyo lenguaje, al estilo de los profetas veterotestamentarios, fue interpretado como presagio de una inminente destrucción de la capital. Los habitantes, por tanto, pasaron la noche del 21 de diciembre de 1604 en vigilia, alarmados por el posible terremoto que les echara abajo sus viviendas. Rosa, esa noche, mul-

[51] Mujica Pinilla, 2001, pp. 80-85.

[52] *Primer Proceso Ordinario*, 2002, p. 461.

[53] El primer cenobio de beatas en América fue fundado en 1558, entre la llegada de los agustinos (1550) y de los jesuitas (1568). De este, surgió el de La Encarnación (1561), primer monasterio femenino, el cual motivó fundaciones de otros correspondientes a diversas congregaciones de religiosas, a saber: el de La Concepción (1573), La Santísima Trinidad (1579), las Descalzas Recoletas de la Concepción (1594), las Descalzas Franciscanas de San José (1603) y el de Santa Clara (1605), al que Rosa se sintió particularmente atraída por haber sido invitada a formar parte del grupo fundador (Rosenbrock, 1996, pp. 42, 55).

[54] Fernández (1995, p. 22) anota lo contrario: que Luis de Bilbao disuadió a Rosa de su deseo para complacer los reclamos de María de Oliva.

[55] Vargas Ugarte, 1994, p. 32.

tiplicó los azotes a su cuerpo como súplica a Dios por los pecados de la población limeña. El desastre no ocurrió y el virreinato lo adjudicó al autocastigo de su virgen que no sólo había intercedido por ellos, sino por el bienaventurado predicador que había desacertado en sus palabras[56].

Por segunda vez la aguijoneó el deseo de ser monja —se fundaba el Convento de Santa Clara en 1605— y, sin consultar con doña María, partió con su hermano Hernando al cenobio. Se detuvieron en Santo Domingo a oír misa y Rosa se arrodilló ante la Virgen del Rosario, a quien se encomendó; sin embargo, imposibilitada de todo movimiento para salir del templo y apremiada simultáneamente por su hermano, que la esperaba impaciente, desistió de la idea con la ayuda de la Virgen. Este hecho documentado unánimemente en los procesos y en las biografías muestra que Rosa de Santa María lo tomó como señal definitiva de que su ministerio no se cumpliría en calidad de religiosa ordenada para la vida conventual, sino como seglar.

El 10 de agosto de 1606 —a los 20 años de edad— tomó el hábito de terciaria de Santo Domingo y Santa Catalina[57] de manos de su confesor, fray Alonso Velásquez. Aunque desde muy niña ya había empezado con una autodisciplina de mortificación y penitencia corporal[58], se ejercitó en diversas prácticas como la de azotarse despiadadamente con una cadena gruesa de hierro de dos ramales, según la usanza de la Orden de Santo Domingo. Para ello, persuadió a su confesor Juan de Lorenzana con el fin de que la autorizara a darse, en pocos días, los legendarios cinco mil azotes que había recibido Cristo atado a una columna por las culpas de la humanidad[59].

[56] Rosenbrock, 1996, pp. 74-75.

[57] García Gutiérrez, 1946, p. 90. Se impone, empero, la salvedad de que, guardando la esperanza de fundar el convento dedicado a santa Catalina de Siena para vestir su hábito, Rosa nunca tomó votos formales, aunque vistió ambos hábitos. Katheleen Ann Myers alega correctamente que tomó «simple religious vows»: los de castidad, pobreza y obediencia, que no requerían claustro perpetuo (2003, p. 255). Vale añadir que las mujeres laicas que decidían vivir como beatas en la Edad Media tomaban estos votos *motu proprio*, sin vestir hábitos de terceras órdenes y al margen de la vida regulada por la institucionalidad religiosa.

[58] En el capítulo titulado «Bautismo de sangre», Vargas Ugarte documenta la complicidad de Mariana, la india esclava, de quien se valió Rosa para disciplinarse (1994, p. 38). Ante la resistencia de Mariana, Rosa insistió con ruegos que se tornaron en órdenes inapelables, de modo que la criada indígena se convirtió en su verdugo a muy temprana edad.

[59] Hansen, 1929, p. 73.

Después de que sus confesores le prohibieron esta cadena, optó por la «disciplina de hilo» —en palabras de Pedro de Loayza—, con el propósito de azotarse todas las noches no sólo para beneficio propio, sino para interceder a favor del prójimo: «si se ofrecía alguna necesidad particular que le era forzoso azotarse por el bien de algún alma, pedía licencia, y si estaba enferma contaba los días, y después ajustaba cuentas, dando cada número de cada día en parte distinta, que es grave dolor»[60]. Con todo, Rosa de Santa María no desechó la cadena que le habían prohibido; antes bien, se la ciñó al cuerpo con tres vueltas, atados sus cabos con un candado cuya llave la dio a un padre de Santo Domingo, su confesor de turno[61]. En una ocasión, cuando

[60] Loayza, 1996, pp. 12-13.

[61] La nómina de confesores que se relacionaron con Rosa como hija espiritual es más diversa que la propuesta por Vargas Ugarte, quien anotó a los que pertenecieron a la orden dominica y jesuita sin criterio cronológico. Basándose en el *Primer Proceso Ordinario*, se puede precisar una lista de confesores más completa, predominantemente de dominicos y de jesuitas —exceptuando a uno seglar—, con los años correspondientes a su intervención. A tenor con Vargas Ugarte, el primer confesor de Rosa fue fray Francisco Madrid, no interrogado en el *Primer Proceso Ordinario*. El segundo no es fray Alonso Velásquez, sino fray Luis de Bilbao —según revela el citado proceso—: «sacerdote profeso de la Orden de Santo Domingo, catedrático de teología y Regente, Prior y Vicario provincial que ha sido en la villa imperial de Potosí», quien la conoció en 1604, «catorce años a esta parte [14 de febrero de 1618, fecha de su declaración ante el tribunal inquisitorial]» (p. 364). Sigue, entonces, fray Alonso Velásquez, prior del convento de Santo Domingo, quien tuvo trato con Rosa «de trece años a esta parte [12 de enero de 1618]» —a partir de 1605—, considerándola como «su hija de confesión» (p. 219). A continuación, Vargas Ugarte incluyó a un tal fray Juan Pérez, no registrado en el *Primer Proceso Ordinario*, donde aparece un Juan Pérez de Valenzuela, residente de la ciudad y que dio fe de los poderes milagrosos de las reliquias de la santa (pp. 427-429). El cuarto confesor fue fray Pedro de Loayza, sacerdote de la orden de Santo Domingo, «su confesor en muchas ocasiones» desde 1610 —según su testimonio, «de ocho años a esta parte [19 de enero de 1618]» (pp. 278-279)— y su primer biógrafo; y el quinto se llamó Diego de Peñalosa, de la Compañía de Jesús, que en 1612 —«de cinco o seis años a esta parte [24 de noviembre de 1617]»— la trató interiormente «como su confesor y padre espiritual» (p. 190).

En 1613, tuvo tres confesores: Antonio de la Vega Loaysa, religioso profeso de la Compañía de Jesús, ministro, juez y comisario de la Santa Inquisición, que hacía cuatro años [11 de diciembre de 1617] que había entrado en la ciudad, conoció a la virgen limeña y la confesó «algunas veces» (p. 224); y el segundo, cuyo nombre parece ambiguo, ya que Vargas Ugarte mencionó a un fray Bartolomé de Ayala y en el *Primer Proceso Ordinario* testificó un fray Bartolomé Martínez, «fraile profeso de la Orden de Santo Domingo y Prior de la Recolección de la Magdalena de la dicha orden», quien juramentó «como confesor que ha sido suyo [de Rosa] estos cinco años que refiere [11 de

la embistió un fortísimo dolor de ijada (hígado), se vio forzada a quitársela porque la tenía muy metida en las carnes. Con la grave dificultad de no poseer de momento la llave, buscó un hierro con el que abrió uno de los eslabones y, al conseguir removerla —según doña María de Usátegui—, «pensó que se le hacía pedazos el cuerpo», ya que desgarró con ella el cuero y parte de la carne asidos. También llegó a usar unas cadenillas con piquillos muy agudos en la cintura, los brazos y muslos; sobre éstas, vestía el sayal grosero y muy bajo que le afectaba los pulmones de manera que sangraba por la boca[62].

Rosa comenzó un tipo de ayuno total a los 22 años de edad (1608). Se llegó a sustentar sólo de las especies sacramentales los días de la infra octava de Resurrección y del Corpus Christi, de modo que, por autorización de sus confesores, se pasaba los ocho días de la infra octava sin otro alimento que la hostia consagrada para mayor imitación de su maestra espiritual.

febrero de 1618]» (p. 357). Juan de Villalobos, rector de la casa del noviciado de la Compañía de Jesús, aseguró haberla conocido «cuatro años a esta parte [21 de noviembre de 1617]» (p. 177).

Los dos últimos que completan la lista de diez confesores —de acuerdo con el *Primer Proceso Ordinario*— acompañaron a la doncella boricuo-peruana en sus tres años postreros de vida, a partir de 1614. Fray Juan de Lorenzana, catedrático de Prima de Teología «de esta real Universidad de los Reyes, religioso profeso y provincial de la Orden de Santo Domingo y calificador que al presente es del santo oficio de la santa inquisición de estos reinos», a petición de don Gonzalo de la Maza, comenzó a tratar a Rosa en 1614 (p. 324). Y el último confesor fue Diego Martínez, religioso de la Compañía de Jesús, quien trató a la santa «de tres años a esta parte [23 de noviembre de 1617]» (p. 184). El doctor Juan del Castillo, médico limeño con vasto y reconocido conocimiento de Teología mística cristiana, fue el más importante, porque dio —igual que Diego Martínez— con la hermenéutica justa de las melancolías o noches oscuras del alma de la santa y «la aseguró en sus comunicaciones con Dios» (Vargas Ugarte, 1994, p. 42).

Rosenbrock (1996, pp. 127-128) arguye dos motivos principales que explican la inquietante intermitencia de los confesores de Rosa. El primero —de menor fuerza— apunta hacia la humildad de la joven que, para no ser vista en sus frecuentes comuniones, variaba adrede la hora y el lugar donde escuchaba misa; *ergo*, cambiaba de confesor y de confesionario. El segundo motivo —de razonable peso— se debe atribuir a la naturaleza de aquellos confesores que, con pobre discernimiento, le diagnosticaron desvanecimiento, flaqueza y melancolía, al punto de recetarle purgas y medicinas a ingerir y prohibirle hablar de sus favores sobrenaturales a nadie, ya que no sabían cómo justipreciarlos. Rosa, por tanto, guardó completo silencio hasta que conoció al padre Diego Martínez, a quien comenzó a liberarle su espíritu, por largo tiempo amordazado.

[62] *Primer Proceso Ordinario*, 2002, pp. 100-102.

Todavía en 1611, Rosa tuvo reservas en ser llamada así porque entendía que era más halagador de la vanidad que del Señor, y se lo confesó a un sacerdote que le replicó: «Pues, hija, ¿no es vuestra alma una rosa en que se recrea Jesucristo?». Durante la comunión, se figuró que reclinaba su rostro sobre el pecho de la Virgen, mientras le suplicaba que la tomara por suya; entonces, escuchó de la Virgen el nombre que llevaría por el resto de su vida como beata: Rosa de Santa María. Cuando regresó a la casa de sus padres naturales, dijo a su madre su nuevo nombre y le solicitó que la llamaran así en adelante[63]. A los 25 años de edad, Dios le abría sus manos y comenzaba una comunicación íntima con ella en la concesión de tres tipos de mercedes distintas —según la glosa central de sus «Heridas del alma»— que expresaría en las representaciones iconoléxicas de sus hológrafos, un año antes de su muerte.

Otras tres visiones le iluminaron el camino de su llamada espiritual a iniciar la vida conventual junto a otras seguidoras suyas. En la primera, Rosa se presenciaba rodeada de un sinnúmero de rosas. Intrigada por lo que pudiera significar la visión, rogó a la Virgen que se la explicara y ésta se le apareció con el Niño en sus brazos, que le dijo tomando una rosa: «Esta rosa eres tú: de ella se encarga con especial cuidado mi providencia. De las demás dispón como te agrade». Rosa entendió que las demás rosas eran jóvenes iguales que ella, a quienes, por mandato de Jesús, debía recoger para que siguieran su ejemplo en el convento que ella dedicaría a su maestra, santa Catalina de Siena. Una segunda visión —semejante a la anterior— le confirmó esa consigna. Estando en su huerto, sintió arrojar en alto un ramillete de flores que había preparado y, al hacerlo, éstas se quedaron suspendidas en el aire en forma de cruz. La tercera se la narró a fray Luis de Bilbao. Una noche soñó con muchas rosas en el suelo esparcidas y sin orden; acto seguido, Cristo se le apareció y le pidió que las recogiera en una cestita y le hiciera una guirnalda con ellas. Comprendió por esto que en la ciudad había muchas vírgenes repartidas por las casas de sus padres, dispersas y sin orden, por lo que era preciso recogerlas en un cenobio destinado a la vida de oración. Profundamente entusiasmada con la idea, diseñó el monasterio en una tabla encerada con pleno conocimiento de que ella no sería la fundadora, sino doña Lucía Guerra de la Daga[64]. Tanta ilusión demostró con este proyecto que se las ingenió para recaudar unos 300 o 400 pesos en limosna, a

[63] Zevallos, 2000, p. 27.
[64] Vargas Ugarte, 1994, pp. 45-47.

fin de costear la imagen de la santa sienesa que instalaría en el monasterio, así como para solventar ciertas licencias de rigor, cantidad que envió a Europa por medio de los padres dominicos[65].

En 1612, el contador don Gonzalo de la Maza y su esposa María de Usátegui conocieron a la beata boricuo-peruana. Dos años más tarde —a los 28 de Rosa—, la recibieron en su casa, donde se hospedaba en temporadas de retiro espiritual; pero fue su madre a quien le tocó escuchar de labios de Rosa la fecha en que esta hija suya moriría. Asimismo, un grupo de cuatro sacerdotes dominicos (Juan de Lorenzana, Luis de Bilbao, Alonso Velásquez y Juan Pérez), dos jesuitas (Juan de Villalobos y Diego Martínez) y el doctor Juan del Castillo —casi todos confesores de Rosa— fue designado para desentrañar la incógnita de sus «melancolías»[66] por medio de un

[65] *Primer Proceso Ordinario*, 2002, p. 243.

[66] Tan generalizada en el Siglo de Oro, ha sido definida por Augustin Redondo como el temperamento dominado por la bilis negra o la enfermedad provocada por un exceso atrabiliario que remite a la medicina y la filosofía. Designa «un estado de tristeza, acompañado en más de una ocasión del ensimismamiento vinculado a una dolorosa meditación, sin relación directa con el temperamento correspondiente» (1998, pp. 121-122). La memorable obra emblemática de Cesare Ripa difunde la alegoría de la melancolía en 1603: «Mujer vieja, muy triste y dolorida, vestida con paño basto y sin ningún ornamento. Se pintará sentada en un peñasco y con los hombros apoyados en las rodillas, sujetando el mentón con ambas manos y poniéndose a su lado un arbolillo enteramente desnudo, despojado de hojas y plantado entre piedras» (1987, p. 65).

En el campo de la Medicina, los galenos cierran filas con la teoría de los temperamentos, sujeta a un sistema de correspondencias entre un macrocosmos (planetas, minerales, plantas, animales, etc.) y un microcosmos que corresponde al pequeño espacio del hombre. Conforme la taxonomía pitagórica, se relacionan directamente los elementos (agua, aire, fuego, tierra) con las cualidades primarias (frío, calor, humedad, sequedad), los cuatro planetas importantes (Luna, Júpiter, Marte, Saturno), las cuatro estaciones del año (otoño, primavera, estío, invierno), los humores (flema o pituita, sangre, cólera o bilis amarilla, melancolía o bilis negra) determinantes de las facultades del espíritu (memoria débil, memoria buena, imaginación, entendimiento) y, por último, la edad (infancia hasta los 18, juventud o adolescencia hasta los 25, virilidad hasta los 40, primera vejez hasta los 50). Redondo establece que éste era el sistema unánimemente empleado por los médicos del Siglo de Oro, cuya interpretación negativa abarca incluso la mala cocción de los alimentos: «Sobre todo, si es demasiado intensa, los humores se hallan calcinados, vienen a ser negros y la bilis correspondiente (o melancolía) invade todo el cuerpo». Sobra decir que los efectos del humor calcinado (*melancolía adusta*) resultan altamente nocivos al cerebro: «provocan fiebres y visiones que pueden conducir al enfermo hasta la locura». En el caso de que la bilis negra se haya mezclado con cólera o con sangre calcinada, si subía al cerebro, el sujeto melancólico experimentaría visiones horrendas de fantasmas

detallado interrogatorio, a modo de examen oral, que duró dos días y en el cual participaron por igual personajes del círculo íntimo de Rosa, como su madre natural y su protector, don Gonzalo de la Maza[67].

Es altamente probable que el mismo Juan de Lorenzana, calificador del Santo Oficio limeño, hubiera tomado esta iniciativa, enterado de las mercedes que Dios le hacía a la joven beata a través de la autobiografía espiritual que le había solicitado desde el mismo momento en que había asumido la tarea de confesarla —en mayo de 1614— por insistencia del contador[68]. La declaración del doctor Juan del Castillo ante la Inquisición

que persiguen y amenazan de muerte a las personas, así como de diablos, serpientes, castillos obscuros, sepulcros y cadáveres, monstruos, etc. Otro hecho no menos frecuente que provocaría el desequilibrio es un deseo erótico intenso e insatisfecho. El melancólico desequilibrado puede derivar en un maniático afiebrado y encolerizado, agresivo y capaz de matar. Su fisonomía: «de cuerpo seco, duro y frío, de rostro verduzco, negruzco, pardo o más o menos cetrino». Su conducta, completamente huraña: «se recluye con frecuencia en el seno de una naturaleza pedregosa, inhóspita». Su mirada: «grave, hosca y se fija muchas veces en el suelo, cuando no está enfrascado en una profunda y pesarosa meditación que le impide toda acción». Factores como la irregularidad climática o la ingestión de alimentos generatrices de los humores gruesos (casi todas las carnes, en especial, las rojas; quesos, lentejas, etc.) intensifican la melancolía. Por eso, Agustín Farfán, en su *Tratado breve de medicina* (1597), prescribía al melancólico un ambiente confortante y de distracción (lugares templados, con ríos, arboledas y abundante verdor), con una dieta adecuada, siesta y sueño de toda la noche, al igual que ejercicios y conversaciones alegres (Mujica Pinilla, 2001, pp. 124-130).

Abundando más, la melancolía posee un aspecto positivo: una excepcional capacidad intelectiva. Desde los *Problemas* de Aristóteles, el melancólico se destacaba por su eminencia y por su locura. Cicerón también, con los ojos de Platón sobre su hombro, advertía del «furor divino» que posesionaba a los genios y los dotaba de una visión privilegiada. Superada la noción medieval de la melancolía como una acedia maligna, fuente de todos los vicios, el Renacimiento la revitaliza: «Lo que se valora ahora es el *otium* o sea la *vita speculativa sive studiosa* del *homo literatus* [...]». El melancólico es, por consiguiente, profundo pensador que está ingeniando el gran libro que, tal vez, no escriba nunca, pero que se está gestando en su mente. La iconografía renacentista lo representa empuñando una pluma, un pincel o un compás, en espera de la acción de la inspiración visionaria que se ha apoderado de él (Mujica Pinilla, 2001, p. 133). No parece accidental que, en los hológrafos de santa Rosa, aparezca una mano con un cálamo entre sus dedos en posición de escribir, insertada justo a la mitad del mote que lee: «corazón lleno del divino amor aquí escribe fuera de si», en la primera merced de su «Escala espiritual». Así pues, la dimensión creativa de la melancolía se constata de igual modo en la expresión icono-léxica de la obra rosariana.

[67] Mujica Pinilla, 2001, pp. 162-171.

[68] *Primer Proceso Ordinario*, 2002, pp. 324-325.

limeña con motivo del *Primer Proceso Ordinario* se basa en las respuestas que Rosa había dado a sus examinadores tanto en este examen oral como en las conversaciones personales para poder dirigirla espiritualmente de manera eficaz, cosa que la mayoría de los confesores religiosos no había logrado. Este testimonio es la clave de arco del capítulo que sigue, donde se analiza propiamente la espiritualidad de Rosa de Santa María.

Gran parte de la fama que cobró Rosa como beata se debe, por otro lado, al heroísmo que demostró en defender el Santísimo del templo dominico ante la amenaza del pirata Jorge Spilbergen[69], quien, en 1615, arribó a las costas del Callao con cuatro bajeles armados. La joven contemplativa temía que el pirata holandés profanara los vasos sagrados y las sagradas especies; así que se confinó en el templo y cortó con unas tijeras la parte baja de sus hábitos para poder correr libremente al altar en caso de que el enemigo invadiera la ciudad. Por fortuna, el agresor no se animó a desembarcar; mas Rosa quedó profundamente impresionada, casi rayando en un serio disturbio emocional, del cual se hicieron cargo los cónyuges De la Maza-De Usátegui y sus confesores, de acuerdo con el testimonio del padre Antonio de Vega Loayza:

> totalmente se le secó el cerebro y no podía dormir, para cuyo remedio fue necesario mudar la hora de su sueño ordinario y hacer con ella de suerte que tomase alguna más refección en sus colaciones ordinarias y divertilla o interrumpilla de la oración y ejercicios espirituales entreteniéndola en otros honestos y de algún alivio o recreación[70].

He aquí el punto de arranque de la imaginería plástica que suele representar a la santa con un ancla, serenamente empuñada, entre cuyas uñas se eleva una urbe. Esta simbología artística la consagra, también, como la virgen criolla cuya personalidad santificada la convierte en el icono de la afirmación de la identidad nacional peruana.

En 1616, el fervor evangelizador de Rosa la impulsó a motivar a los predicadores a que enfocasen sus sermones en la conversión de muchas almas, al punto de que determinó adoptar a un niño de apenas un año de edad y de familia pobre, aunque proba, para criarlo y doctrinarlo sobre la santa misa, además de la lectura y la escritura, con el objeto de convertirlo

[69] El nombre varía en los textos y estudios rosarianos: José Spilbergen (Fernández, 1995, p. 50) o —al parecer, erróneamente— Jacobo Clerk (Millones, 1993, p. 56).

[70] *Primer Proceso Ordinario*, 2002, p. 255.

en un futuro predicador a internarse entre los núcleos más marginados de aborígenes[71]. En la víspera de San Bartolomé de este mismo año, compuso los quince gráficos que acompañarían el contenido místico de su autobiografía espiritual, justo un año antes de su muerte, nuevamente predicha, esta vez a doña María de Usátegui, con datos específicos de que acaecería en su casa y que fuera ella quien la amortajase.

Rosa de Santa María se insertó en la tradición franciscana del santo dialogante con la fauna cuando, en los meses finales de su vida, cantaba y un ruiseñor la acompañaba al pie de la ventana. Celebró su desposorio espiritual con el Niño Jesús casi en el umbral de la muerte, según el testimonio del contador De la Maza. Había asistido el Domingo de Ramos (20 de marzo de 1617) a la misa en el templo de Santo Domingo y, como no pudo recibir palma porque no alcanzaron, se incomodó; mas, reconociendo su falta por un hecho tan simple, se postró ante la Virgen del Rosario y le notó a la imagen un cambio de expresión muy favorable en el rostro. De inmediato, el Niño en brazos le musitó: «Rosa de mi corazón, sé mi esposa». Regresó de noche a la casa de sus padres naturales y le pidió a su hermano Hernando que le diseñara en papel un anillo de oro con un corazón cuyo centro tuviera grabadas las letras IHS (*Iesus Hominum Salvator*) y unas palabras de nupcias a vuelta redonda. Sin haberle dicho ella las que había escuchado de Jesús, Hernando se las profirió con pasmosa exactitud, con lo que quedó ratificada en el interior de Rosa la certeza de su experiencia sobrenatural. Acudió a un platero amigo suyo esa misma noche del Domingo de Ramos; éste sustituyó la palabra *corazón* del mote por la figura del mismo, y Rosa llegó con la sortija a dar el anuncio de sus esponsales a sus protectores De la Maza-De Usátegui. Acto seguido, llevó el anillo al templo dominico el Jueves Santo; lo entregó al sacristán con instrucciones precisas de que lo colocara en la urna del Sacramentado, y se quedó velándolo en el templo hasta después de los oficios del siguiente día[72]. La joven contemplativa autorizó a su protectora a presenciar la breve y privada ceremonia que debía ser presidida por su confesor, fray Juan de Lorenzana —como Rosa deseaba[73]—; pero, cuando éste acabó la misa de Resurrección el 26 de marzo de 1617, se disculpó a última hora delegando en el maestro fray Alonso Velásquez, a quien tocó complacer a la santa, aunque no sin reparos por tan extraña ceremonia:

[71] *Primer Proceso Ordinario*, 2002, pp. 301-302.
[72] Vargas Ugarte, 1994, p. 91.
[73] Hampe Martínez, 1998, p. 15.

> el dicho fray Alonzo Velázquez había puesto algunas dificultades en ponerle el dicho anillo a la dicha bendita Rosa allí, luego se las allanó con lo que le dijo y se lo puso en el dicho dedo [del corazón] con tal cuidado que si la dicha doña María de Usátegui no fuera prevenida y que estuviera al lado, no lo echara de ver[74].

Cabe preguntar por qué, por un lado, Juan de Lorenzana evadió y, por otro, Alonso Velásquez se resistió de entrada a tomar la responsabilidad de presidir los esponsales de la joven visionaria. Millones pondera una explicación de cuidado: «Demasiados beatos, demasiados místicos, demasiados heréticos, ha podido ser la reflexión de tal ilustrado sacerdote. Al fin y al cabo, la Santa Inquisición no estaba lejos y Lorenzana era calificador del Santo Oficio»[75]. Nada más cercano a la realidad. La Inquisición limeña no demoró en tomar cartas sobre el caso de Rosa —como ha quedado dicho— cuando se le realizó el examen oral de 1614, en el que participó un grupo escogido de teólogos y familiares, con el doble propósito de auscultar sus melancolías y de disipar —de paso— posibles sombras de herejía en su espiritualidad. Más aún: durante los dos procesos, el Santo Oficio apresaba y sometía a tenaces interrogatorios a presuntos «alumbrados» —entre los que figuró el propio doctor Juan del Castillo— y a un puñado de «santurronas» —muchas de ellas seguidoras y admiradoras de Rosa, que tuvieron trato estrecho con ella— condenándolos por herejes en el célebre auto de fe de 1625. El tiempo, al cabo, se ocupó de resguardar a Rosa de tener que apurar un cáliz tan amargo en circunstancias histórico-sociales tan convulsas.

La ocasión en que Rosa habló sobre su matrimonio espiritual fue días después de la ceremonia privada del Domingo de Resurrección. Había soñado su connubio con un cantero (Cristo) que le mostraba unas piedras y le pedía que las labrara hasta el último de sus días sin preocuparse por sus padres, de quienes Él se cuidaría. Dejándola sola con las piedras rústicas, el cantero se ausentó por un tiempo; cuando regresó, vio a Rosa muy apenada porque era muy poco lo que había hecho. Entonces, el cantero se la llevó a otra habitación —De la Maza aseguró que se trataba de la alcoba de él— y le dijo: «Porque entiendas que no sois vos sola la que labráis estas piedras», abrió la puerta y Rosa pudo ver no sólo a una cantidad de doncellas con vestidos y tocados muy preciosos que estaban labrando piedras con toda suerte de herramientas, sino que ellas las regaban y bañaban con sus

[74] *Primer Proceso Ordinario*, 2002, p. 65.
[75] Millones, 1993, p. 61.

lágrimas para que se ablandasen[76]. De este sueño —que, en realidad, no lo fue, sino una visión de ambiente onírico: «había sido revelación actual y no en sueño»—, Millones[77] destaca la importancia de la estancia de Rosa en Quives, puesto que saltan a la vista las reminiscencias de la actividad minera —en Arahuay— a cargo de don Gaspar. Los indígenas que trabajaban el mineral con la robustez de sus brazos para someterlo al fuego intenso y al mercurio se han metamorfoseado en vírgenes de ricos ajuares que purifican el metal con la manifestación mojada de su sufrimiento: las lágrimas. Rosa, sin duda, acuñó una expresión de claras resonancias de los obreros de su padre durante su adolescencia en Quives en el instante de poner en palabras las experiencias sobrenaturales de su adultez. Tampoco sería aventurado pensar que su adolescencia en Quives la hizo madurar en la conciencia de su ministerio con relación a la población marginada indígena. Su servicio —posiblemente, al principio en la enfermería del hospital del Espíritu Santo; luego, en el huerto del hogar de sus padres naturales— se traducía en curar a enfermos sin reparo en su naturaleza étnica o su condición social y sin tener cuenta de la gravedad de la enfermedad, por repugnante que fuera[78].

Con cuatro meses de anticipación, Rosa le repitió a su protectora la profecía de su muerte y le rogó que no le negase el agua en ese momento, porque padecería mucha sed. El 29 de julio de 1617, visitó por última vez la casa de sus padres naturales y cantó enclaustrada en su ermita una copla en la que rogaba a su padre Santo Domingo que velara por su madre (María de Oliva), que quedaría sola, para que la tomara como hija suya[79]. El día primero de agosto de 1617, a medianoche, don Gonzalo y su esposa la oyeron gemir y la hallaron tendida sobre una tarima, copiosamente sudorosa y con el pulso alterado. Estaba —según De Usátegui— como un cuerpo muerto y echaba espumas por la boca. La esposa del contador le preguntó entonces: «¿Hija, qué es esto?», a lo que Rosa respondió: «Madre mía, morir»[80]. El matrimonio le pidió permiso para llamar al médico, y ella respondió que llamaran al del Cielo. Ningún médico acertó con la naturaleza de la enfermedad que embistió a Rosa la noche del miércoles 2 de agosto:

[76] *Primer Proceso Ordinario*, 2002, pp. 65-66.

[77] Millones, 1993, pp. 65-66.

[78] *Primer Proceso Ordinario*, 2002, p. 396.

[79] Rosenbrock, 1996, p. 82.

[80] *Primer Proceso Ordinario*, 2002, pp. 132-133.

> eran dolores como de infierno, y otros, que eran inexplicables los dolores, que padecía en todas las partes del cuerpo, que parecía que los huesos se le hacían ceniza, y que estaba metido el cuerpo en un mate, y la cabeza en un yelmo de fuego, y se consumían las médulas; y otras veces decía que le parecía que le metían una pala ardiendo por la sien derecha, y le levantaban todo el lado hasta la punta de los pies, y que un puñal de fuego le atravesaba el brazo izquierdo y el corazón[81].

Doña Jusepa de Guzmán, esposa de Juan de Tineo Almanza —quien fungía como secretario del citado *Primer Proceso Ordinario*—, había declarado que, a estos síntomas, debía sumarse que echaba sangre por la boca[82].

Rosa amaneció con todo el lado izquierdo del cuerpo paralizado de la perlesía, muertos el brazo y la pierna —según don Gonzalo—; y la esposa del contador registró el detalle de haberle visto un poquito torcida la boca[83]. A la mañana del jueves 17 de agosto, sintió dolores en ambos costados —especialmente de ijada— y de gota en el pie derecho con calentura disparada. La noche del martes 22 se le escuchaba decir: «Mi Dios, mi Señor, mi Jesús, mi esposo y mis amores, dadme dolores», con un crucifijo en la mano; el miércoles 23, la arreciaron tantas fatigas que no se podía sosegar[84].

El jueves 24 de agosto, a las doce y media de la noche, Rosa de Santa María, la joven beata que —por más que procuró el anonimato y la privacidad— no logró desviar la atención que cobraba su santidad, conocida y reconocida por toda la población colonial limeña, entregó su espíritu al Esposo que la reclamaba definitivamente para sí[85]. Ningún biógrafo ni testigo de ambos procesos dejan clara cuál fue la enfermedad de su óbito; sin embargo, Hampe Martínez no vacila en resaltar que Rosa estuvo seria-

[81] *Primer Proceso Ordinario*, 2002, p. 78.

[82] *Primer Proceso Ordinario*, 2002, p. 165.

[83] *Primer Proceso Ordinario*, 2002, p. 133.

[84] *Primer Proceso Ordinario*, 2002, p. 79.

[85] La obra artística que sirve de testimonio más cercano a los hechos del deceso de Rosa es un retrato muy famoso (15 x 26 cm), del pintor Angelino Medoro, amigo de la santa. A tenor con el imaginario popular, Medoro, quien no pudo ver el cadáver de Rosa expuesto en la iglesia de Santo Domingo antes de su entierro, ensayó un boceto de la expresión agónica de la virgen limeña «con el rostro —apunta Hampe Martínez— lívido y adornado de rosas, vestida con el hábito de la congregación dominica [...] los ojos y la boca entreabiertos, como si se hallara en medio de un sueño o un rapto místico». Lo más probable es que se haya basado en la descripción que Pedro de Loayza hizo del rostro de Rosa *post mortem* en su biografía de 1619, que Hampe

mente afectada por «una aguda hemiplejia»[86], lo cual no es otra cosa que la descripción de uno de los síntomas de la condición y no su diagnóstico; como si dijera que murió de una jaqueca. No obstante, la consideración del conjunto de los síntomas de la enfermedad terminal puede resultar tan útil como para proponer concretamente un diagnóstico fehaciente. Vayamos a los detalles de la versión de doña María de Oliva, mucho más pormenorizada, puesto que la asistió los veintiún días de su enfermedad:

> padecía un tan grave dolor desde la cabeza de la parte del lado derecho hasta la planta del pie, que le dijo que le ponían un puñal de fuego con que le levantaban todo aquel lado en alto que le abría carne y huesos hasta la médula de ellos, que parece que se la sacaban con tenazas de fuego. Y en el corazón, dijo tenía un puñal de hielo que le llegaba hasta la cabeza y le bajaba hasta el otro pie y, todo cuanto tenía en aquel lado que era el izquierdo, le parecía [que] se lo estaban sacando con tenazas de hielo, y que esto era sin parar un momento. Y, en la ingle izquierda, le dijo que tenía atravesada una lanza que le tullía todo el cuerpo, que la hacía estar rendida [...][87].

Doña María, además, citó de manera directa a su hija Rosa acerca de otros padecimientos:

> las quijadas ambas parece, madre mía, que las tengo asidas y atadas con hilo de acarreto, de suerte que, cuando me obligan a comer, parece que las desencajan [y] los oídos entrambos me duelen. La boca la tengo toda llagada, la cabeza de continuo me están dando de martilladas en ella y todo esto, madre mía, es de continuo, sin cesar un punto[88].

Entre los padecimientos —poéticamente descritos por Rosa a su madre natural—, figuran: el dolor fortísimo de cabeza, la claudicación de la mandíbula, dolor de oído y facial, fiebre, fatiga y pulso alterado, dolor de ingle y de hígado, y la eventual hemiplejia. Ana María Rizzuto, prestigiosa psico-

Martínez cita: «Quedó hermosísima, los ojos abiertos y quebrados, [y] la boca entreabierta, como que se estaba riendo...». Posteriormente, habrá trabajado los colores en su taller; pero se trata, indudablemente, de la imagen más fiel y perdurable de la santa, que sirvió de modelo en diversos cuadros y grabados a partir del mismo siglo XVII (Hampe Martínez, 1998, pp. 81-82).

[86] Hampe Martínez, 1998, p. 15.

[87] *Primer Proceso Ordinario,* 2002, pp. 387-388.

[88] *Primer Proceso Ordinario*, 2002, pp. 387-388.

analista del New England Psychoanalytic Institute de Boston, me ha sugerido el siguiente razonamiento médico, basado en los síntomas descritos, con el insumo de un colega suyo del Harvard Medical School:

> Posiblemente tuvo una crisis de hipertensión arterial que le produjo un derrame cerebral y fallo cardíaco. Éste, a su vez, pudo haber causado un edema de pulmón (espuma en la boca y sangre), el cual creó las condiciones para una neumonía (fiebre). Los dolores generalizados se derivarían de las embolias múltiples que suelen ocurrir en esos casos. Puede, también, haber tenido —como parte del proceso— un aneurisma disectante de la aorta torácica. En síntesis: el dolor de cabeza (el 'yelmo') se explica por el derrame cerebral en el lado derecho, ya que quedó paralizada del izquierdo y no perdió el habla; la espuma y la sangre por la boca se justifican por el edema del pulmón, debido a fallo cardíaco; la fiebre, por la neumonía; y los dolores generalizados, por las embolias múltiples. La causa inmediata de la muerte debe de haber sido una combinación de la neumonía y de las embolias múltiples, puesto que no murió en coma, lo cual excluye que la patología cerebral fuera la causa de la muerte[89].

En defecto de una autopsia, Rizzuto nos auxilia con este espléndido diagnóstico hipotético que cuenta, huelga decirlo, con todas las ventajas de la Medicina de hoy.

Su entierro multitudinario resonó e hizo historia en todo el virreinato del Perú. El pueblo limeño se abalanzó sobre el cortejo para rendir honor a la joven que había fallecido en olor de santidad y para obtener reliquias de su féretro. El clero, las dignidades y canónigos del Cabildo Eclesiástico arribaron de inmediato a la casa de los cónyuges De la Maza-De Usátegui, arguyendo que la ceremonia la habían improvisado. Religiosos de todas las órdenes sacaron el féretro en hombros de la casa del contador a la calle atestada de gentes de todos los estados y edades, haciéndose casi imposible el tránsito. Alcanzada la primera poza, colocaron el cuerpo sobre una tarima para pronunciar el responso; pero desistieron de repetir este ritual en cada poza por la dificultad que arrostraron al subirlo de nuevo a los hombros: el tumulto se lo impedía con el empeño de que sus rosarios u otros objetos de devoción pudieran tocar las manos y el cuerpo de la santa. Recorrieron de este modo —con el féretro siempre sobre los hombros—

[89] Correo electrónico del primero de noviembre de 2003, gentileza que agradezco muchísimo. Semejante colaboración la convierte, casi cuatrocientos años más tarde, en la médico forense de la santa.

la enorme distancia entre la casa del contador y el convento de Santo Domingo, hasta que, a las cuatro de la tarde, dieron con el templo. Allí lo instalaron en un túmulo alto para protegerlo de la muchedumbre. Aunque se tenía pautado el entierro para esa misma tarde, el arzobispo y los padres dominicos lo aplazaron para el siguiente día, dados los clamores de la multitud y la hora, porque ya había anochecido[90]. Con todo, lo más que se pudo hacer durante la mañana del viernes fue la misa oficiada por el obispo de la Paz, el doctor don Pedro de Valencia, de la ciudad de Santiago de Guatemala. Ni los muchos religiosos que sirvieron de guardia ni una escuadra completa de alabarderos del virrey bastaron para defender el cuerpo de que no le cortasen las vestiduras para conservarlas como reliquias. El temor de que desmembraran el cadáver era patente; luego, las autoridades eclesiásticas esperaron al mediodía para que, sin repique de campanas ni ceremonia alguna, se colocara el féretro en la sala capitular del templo. Más de 36 horas estuvo expuesto sin el más mínimo hedor de muerte y con las manos tan tratables como si las tuviera vivas[91].

Fue así como, el 4 de diciembre de 1617, se celebraron en el templo dominico las solemnes honras en las que se personaron el virrey, príncipe de Esquilache, la Real Audiencia, el Cabildo Eclesiástico y el resto de la población capitalina en unánime proclama de la santidad de la doncella que simbolizaba el triunfo tanto de la primera lega mística de América como del protonacionalismo criollo del virreinato peruano. La premura imperante en los procesos apunta hacia unos intereses creados de sectores político-religiosos de la sociedad limeña, que han sido objeto de estudio por Alfred Anthony Brichta López y Hampe Martínez.

[90] El cuerpo fue custodiado por sacerdotes doctos y graves que, durante toda la noche, no pudieron evitar la osadía de uno de ellos, el cual «con ocasión de besarle los pies, le arrancó un dedo con los dientes» (*Primer Proceso Ordinario*, 2002, p. 345). Ésta es la versión generalizada en el citado proceso; pero no falta una versión diferente, esta vez en boca de Antonio de Vega Loayza: «una persona religiosa muy grave y sierva de Dios le dijo un gran secreto [...]; forcejeándose o resistiendo al gran concurso de gente y olas y haciendo piernas al tumulto y aprieto, haciéndose del túmulo y de las guardas de *una mano* de la santa virgen, con sus dientes le arrancó un dedo que tiene en su poder con mucha reverencia y veneración y le guarda entre otras como grande reliquia. [...] con ser muy grande amigo de este testigo y con haber hecho con él muy buenas diligencias, por tres o cuatro veces no ha habido orden ni traza de sacarle siquiera un pedacito, y así le tiene como dicho es entre sus reliquias con gran respeto y veneración y sin indicio ni señal ni repunta de mal olor» (*Primer Proceso Ordinario*, 2002, p. 273).

[91] *Primer Proceso Ordinario*, 2002, p. 91.

El *Primer Proceso Ordinario* se inició tan pronto como el primero de septiembre de 1617, apenas ocho días después del deceso de la patrona panhispana. Fray Francisco de Valcázar, procurador de los dominicos, expuso la conveniencia de la causa a su congregación que, cuatro días más tarde, daba su aprobación al inicio del interrogatorio de los 75 testigos seleccionados, quienes debían responder —bajo juramento— un cuestionario de 32 preguntas cuidadosamente redactadas, las cuales giraban en torno a la vida y las obras milagrosas de la joven beata. Estas declaraciones terminaron el 7 de abril de 1618 y fueron enviadas a la metrópoli española para que recibiera el espaldarazo político-eclesiástico que pusiera sobre ruedas la causa de beatificación hacia una consideración formal en el Vaticano. En Roma, la Sagrada Congregación de los Ritos, presidida por el cardenal Peretti, recibió con «beneplácito» esta documentación y se ordenó una nueva probanza de testigos en la capital peruana[92]. Don Hernando Arias Ugarte ordenó la apertura del expediente apostólico el 4 de marzo de 1630 y el 17 de mayo comenzó el desfile de testigos, que sumaron unas 147 personas. Este *Proceso Apostólico* «complementario»[93] duró dos años: de mayo de 1630 a mayo de 1632[94]. Con la suma de testigos del *Primer Proceso Ordinario* (1617-1618) y de este *Proceso Apostólico* (1630-1632), se alcanza la cifra de 210 personas —excluyendo los que ya habían muerto durante este lapso de 13 años— cuyos testimonios actúan como los cimientos de la santidad de la beata Rosa de Santa María.

[92] Al margen de la desaprobación del *Primer Proceso Ordinario* por el Vaticano, la abundante documentación fue cuidadosamente evaluada y el cardenal Paretti, que compartía opinión con el papa Urbano VIII (1623-1644), otorgó su consentimiento para que procediera la beatificación y la canonización. Esta luz verde que se le concedió al caso de la primera mística lega americana también contó con el respaldo de la Corona española, expresado por sus embajadores en Roma (Brichta López, 1995, p. 19).

[93] La Iglesia católica peruana, bajo la dirección de su arzobispo Bartolomé Lobo Guerrero, ejerció su autoridad y asumió la tarea del *Primer Proceso Ordinario*, fallido por dos razones: 1) Roma no había solicitado el proceso al arzobispo Lobo Guerrero, por lo que el Papado no se sintió comprometido con la causa del virreinato del Perú, dado que fue realizado sin la supervisión directa de la Santa Sede; 2) el Vaticano haría énfasis en la documentación de los milagros *post mortem*, atribuidos por intercesión de Rosa, más que en declaraciones concernientes a la vida de la virgen americana por sujetos que la conocieron personalmente. Roma, entonces, requirió un segundo proceso que le garantizara completa jurisdicción desde el inicio hasta el final (Brichta López, 1995, pp. 11-12, 18-19).

[94] Hampe Martínez, 1998, pp. 19-23.

Analizando los componentes del *Proceso Apostólico*, salta a la vista la cantidad dominante de los testigos de procedencia criolla (limeños, de otros pueblos del Perú actual y de otras colonias hispanoamericanas) de la población masculina interrogada: 37, para un 56,1%. Del sector femenino, las criollas primaban con holgada ventaja e igual distribución locativa: un total de 60, para un 74,1%. La suma de todos los criollos o de origen indiano que participaron en este proceso asciende a 97 declarantes que se traduce a un 67,8%, mientras que los 46 restantes son de origen europeo: un 32,2%. Hampe Martínez parte de estos datos cuantitativos para levantar su cuestionamiento de las «bases ideológicas criollistas» del *Proceso Apostólico*, puesto que el tanto por ciento dominante refleja una selección de individuos del mismo estamento socio-racial de Rosa[95]. La virgen criolla fue, entonces, un símbolo de la hegemonía social de todo el espectro de clases —principalmente, la media y la alta— del virreinato peruano:

> Entre los testigos figuraban prominentes funcionarios de la Real Audiencia, la Santa Cruzada y la milicia, catedráticos de la Universidad, canónigos de la iglesia metropolitana, encomenderos de indios y ricos hombres de negocio, que pertenecían a la clase alta. También hallaban cabida los estratos medios a través de artesanos, pintores, estudiantes, frailes, pequeños mercaderes y gentes de oficios menores, mientras que los sectores pobres o dependientes (esclavos, criados) poseían asimismo una simbólica representación[96].

Esta nómina de testigos no es otra cosa que un fiel reflejo de la élite de poder en la sociedad virreinal, totalmente congruente con la que se había seleccionado en el *Primer Proceso Ordinario*. Y Rosa de Santa María era, por así decirlo, el símbolo idóneo de esta amalgama demográfica, como afirma Hampe Martínez: «devota, virgen y bella, mujer de buena cuna y educación, ni muy pobre ni muy rica»[97]. Con la elevación de Rosa de Santa María a los altares se reafirmaba, ante los ojos del Viejo Mundo, un pueblo de comunes raíces cuya personalidad avanzaba decididamente hacia la definición de su identidad plausible en un protonacionalismo de clara conciencia criolla.

Notoria fue, también, la influencia del gobierno de la metrópoli en la carismática figura de Felipe IV, quien, en cédula del 18 de diciembre de

[95] Hampe Martínez, 1998, pp. 44-47.
[96] Hampe Martínez, 1998, pp. 47-48.
[97] Hampe Martínez, 1998, pp. 48-49.

1633, enviaba al cardenal Francisco de Borja y Velasco en calidad de embajador del rey ante la Santa Sede. El financiamiento del «negocio criollista» —denominación de Hampe Martínez— había sido predispuesto desde abril de 1632 por común acuerdo de los regidores de la capital peruana, que determinaron contribuir con 200 ducados anuales extraídos de las arcas públicas. Así fue como, el 21 de julio de 1634, se entregó el proceso íntegro de probanza apostólica a la Sagrada Congregación de los Ritos, en Roma, con la desafortunada circunstancia de que, por decreto reformatorio del mismo papa Urbano VIII —constitución *Coelis Hiersalem* del 5 de julio de 1634—, ninguna causa de beatificación ni canonización debía ser considerada hasta después de 50 años del óbito del bienaventurado. El caso de Rosa de Santa María y el negocio criollista quedaron, literalmente, empantanados hasta los años 1664-1665, cuando se reabrió sin otra eventualidad de detención[98].

El proceso de beatificación alcanzó la recta final después de salvar un último obstáculo: el culto a las reliquias e imágenes de Rosa a partir de su muerte. Con el propósito de corroborar sus poderes milagrosos, la Sagrada Congregación de los Ritos abrió un breve proceso en diciembre de 1633 e interrogó a tres testigos: el agustino fray Gabriel Cuevas y los dominicos fray Juan Barreto y fray Jerónimo Parrado. Luego, el 22 de enero de 1664, el cardenal Ginetto falló a favor de la causa criollista peruana por un lado; por otro, el papa Alejandro VII dispensó el plazo de tres años que le faltaban para la reanudación del proceso, que seguía costando dinero y más documentos, a tenor de las cartas del maestro general de los dominicos[99]. Esta dispensa papal se debe entender desde el marco de las influencias políticas que delimitaban la órbita de movimiento del costosísimo *Proceso Apostólico*.

La influencia del rey Felipe IV determinó la celeridad del trámite eclesiástico. Aun cuando la beatificación ya había madurado en su etapa definitiva, la Corona española insistió de nuevo en la imperiosidad de apurar la tramitación de este expediente y en que se reconocieran de una vez las virtudes de la virgen americana. Por unánime decisión, el 10 de diciembre

[98] Hampe Martínez, 1998, pp. 57-59.

[99] Éste es fray Juan Bautista de Marín, quien, en carta del 28 de noviembre de 1664, informó que se habían gastado hasta esa fecha unos 7.000 escudos de plata en «traducciones, impresiones, pinturas, estampas y servicios de abogados y procuradores». En una segunda misiva de 1668, notificó la suma total de 22.000 ducados gastados en el proceso de beatificación (Hampe Martínez, 1998, p. 64).

de 1666, la junta de cardenales de la Sagrada Congregación de los Ritos recomendó al papa Clemente IX[100] la elevación a los altares de la virgen boricuo-peruana y la indulgencia plenaria a toda la población del virreinato del Perú, como era costumbre. El 12 de febrero de 1668, Clemente IX publicó, en el convento dominico de Santa Sabina, la solemne beatificación de Rosa de Santa María, que se celebró con lucimiento el 15 de abril en la Basílica de San Pedro:

> al cantarse el *Te Deum laudamus* se corrieron los velos de las cinco imágenes de la beata Rosa que estaban puestas de pintura en diversos sitios del altar, cada una representado alguna particularidad de su vida, y fueron adoradas de rodillas por el celebrante y sus ministros. En la plaza de san Pedro y contornos del Vaticano se oyó gran número de clarines, trompetas y cajas, haciendo salvas multitud de bombardas y más de trescientas piezas de artillería del castillo de Sant'Angelo[101].

Clemente IX fue más espléndido aún con la comunidad de los dominicos: primero, como recuerdo de su estancia en Santa Sabina, les regaló una estatua monumental de santa Rosa de pie con el hábito de Santo Domingo, sin corona de espinas y con el Niño Jesús en sus brazos; segundo, obsequió al convento de la Virgen del Rosario en Lima la estatua de mármol de Rosa yacente, solicitada por el pontífice a Melchor Caffà[102]; y, tercero, legó en su

[100] Se trata del cardenal Giulio Rospigliosi —nuncio en España (1644-1653)—, quien se había interesado en la canonización de la que llamaba afectuosamente «Rosa de Indias». Fue electo a ocupar la silla de san Pedro en 1667, y se convirtió en el campeón de la causa rosariana (Brichta López, 1995, p. 2). Durante sus primeros dos años en el gobierno de la Santa Sede, expidió siete breves acerca de las gracias concedidas por santa Rosa a sus fieles devotos (Rosenbrock, 1996, p. 25).

[101] Hampe Martínez, 1998, p. 65.

[102] La *Santa Rosa yacente* (1665) de este artista italiano (147 x 82 x 70 cm) fue esculpida en finísimo mármol de Carrara, en Roma, y su conjunto de figuras inspiran paz, dicha y placer ante el espectáculo atroz de la muerte, sobre todo la que tuvo Rosa, pletórica de dolores humanamente intolerables. Un querubín a las espaldas de la santa le toca suavemente la cabeza y la manga derecha del hábito. El placer, al estilo de la Teresa berniniana y evocador de la sanjuanista —y erótica— celebración de unión: «gocémonos, Amado», se ve representado en el cuerpo de Rosa, «ladeado sobre el costado izquierdo, en actitud de plácido reposo, o cual si estuviera experimentando un dulce tránsito; su rostro, enmarcado por una cenefa de espinas, lleva los ojos cerrados y la boca entreabierta, en tanto que un rosario y un tallo de rosas flanquean su cuerpo». De la Basílica de San Pedro, esta escultura pasó a Génova, donde fue remitida con muchísi-

testamento 5.000 ducados para que se erigiera una capilla en nombre de la virgen americana en la catedral de su ciudad natal, Postoya. Finalmente —por si hubiera sido poco—, el 2 de enero de 1669 declaró a la beata —anticipándose a la canonización— patrona de la cuidad de Lima y del Perú. Asimismo, Clemente X, sucesor inmediato de aquél, el 11 de agosto de 1670 extendió el patronato de Rosa a todos los pueblos de la América hispana y las Filipinas[103] y, por último, proclamó su santidad en una bula otorgada en la Basílica de San Pedro el 12 de abril de 1671[104].

La noticia de la canonización de Rosa de Santa María atracó en un parpadear en las costas de Perú (7 de junio de 1671) y, en agosto del mismo año, la capital del virreinato celebró sus fiestas presididas por el virrey Conde de Lemos. Una tardía probanza no se hizo esperar (7 de junio de 1674) bajo las órdenes del arzobispo de Lima, fray Juan de Almoguera, que quiso satisfacer la petición de los dominicos interesados en acumular nuevas testificaciones sobre los milagros de Rosa. Comparecieron 90 testigos y la probanza se cerró en junio de 1678 desconociéndose si se envió copia del expediente a la Santa Sede[105]. La virgen criolla ya había sido asegurada,

ma diligencia al puerto del Callao. El 15 de junio de 1670, fue recibida por el virrey Conde de Lemos al son de salvas de artillería cuando la estatua se desembarcaba; y el 26 de agosto del mismo año, se llevó a cabo su último traslado a la iglesia de Santo Domingo —donde aún permanece— «en el marco de otra pomposa ceremonia presidida por el virrey Lemos» (Hampe Martínez, 1998, pp. 80-81).

[103] El patronato de Rosa fue otra industria política que ninguno de los pontífices implicados negó en los breves correspondientes. Tanto Clemente IX como su sucesor admitieron las influencias del marqués de Astorga, embajador en Roma de la Corona española, y de Mariana de Austria (1634-1696), viuda de Felipe IV y regente de España en nombre de su hijo Carlos II (1661-1700), rey en 1677. A ésta, especialmente, se debe la extensión del patronato de Rosa a los virreinatos hispanos en América y Filipinas (Rosenbrock, 1996, p. 26).

[104] Sólo un breve lapso de 54 años media entre la muerte de Rosa (1617) y su canonización (1671); sin embargo, no pudo superar el de santa Térèse de Lisieux (Teresita del Niño Jesús —como ella misma había profetizado que la llamarían—, n. 1873), fallecida el 30 de septiembre de 1897 y santificada apenas 28 años después, el 17 de mayo de 1925 (Brichta López, 1995, p. 2; Montes, 1996, p. 277). Cuatro beatos fueron elevados juntamente a los altares en esta fastuosa ceremonia de canonización de Rosa: fray Luis Baltrán, valenciano de la Orden de Santo Domingo; el fundador de los clérigos teatinos, Cayetano de Tiena; Felipe Benicio, fundador de los Siervos de María; y Francisco de Borja, duque de Gandía y tercer general de los jesuitas (Hampe Martínez, 1998, p. 72).

[105] Hampe Martínez, 1998, pp. 73-74.

desde la tierra, en el libro del Cielo, y era venerada como símbolo hegemónico de la hispanidad de ultramar, parangonable no sólo con la santa abulense, sino con su maestra italiana de ortodoxa espiritualidad medieval, de quien fue su más perfecto reflejo.

Sólo cabe dedicar unas líneas más a ahondar en las razones que justifican la concepción de santa Rosa como símbolo de América y del Perú, y qué relación guarda este hecho con su acelerado proceso de canonización.

Después de su muerte, Rosa de Santa María se convirtió muy pronto en el paradigma de la espiritualidad criolla del Perú. Su iconografía, ampliamente difundida, simbolizaba dos preocupaciones compartidas por la Iglesia y el Estado: primero, la férrea militancia en contra de las «idolatrías» identificadas con los aborígenes y, segundo, en contra de los herejes iconoclastas de ideología protestante. Eran éstos los dos cánceres de la espiritualidad del virreinato peruano, a cuya extirpación Rosa había dedicado su vida. *Post mortem*, continuaba aún como adalid de su ministerio en sus fieles, que la tenían por patrona y dechado de virtudes. Recuérdense dos hechos principales de la vida de la santa que justifican las dos grandes metas de su apostolado: la evangelización de la población indígena, que lograría mediante la crianza de un bebé de un año, oriundo del más bajo estamento social, al cual educaría para la predicación; y su conciencia de joven criolla con relación a su ciudad natal, manifiesta en el celo con que defendió al divino Sacramento en el templo dominico de las armadas calvinistas holandesas, próximas a las costas del Callao en 1615[106].

La gesta de Rosa por defender la custodia en el templo de Santo Domingo, además de tener un antecedente en Santa Clara (1234)[107], se interpretó principalmente como un hecho político a tono con el ideario de la Casa de Austria, dinastía alemana de los Habsburgo que reinó en España (1514-1700) gracias al enlace entre Felipe el Hermoso, hijo de

[106] Mujica Pinilla, 1996, pp. 137-139.

[107] Santa Clara (m. 1253) hizo lo mismo en el momento en que las huestes del emperador sarraceno Federico II arrasaron el valle de Spoleto y asaltaron la ciudad de Asís. Empuñando la custodia, Clara se plantó ante el destacamento enemigo que había dado ya muestras de su inclemencia. No obstante, una diferencia salta a la vista entre las dos santas: Clara tomó la custodia como escudo de defensa contra los sarracenos, mientras que Rosa se colocó como escudo para el Santísimo Sacramento amenazado por los holandeses (Mujica Pinilla, 1996, p. 139). Por otra parte, en lo que parece ser una ironía de la vida, Pío IX nombró a santa Clara «patrona de la televisión» como homenaje a sus visiones sobrenaturales (Montes, 1996, p. 120).

Maximiliano I, y Juana la Loca, hija de los Reyes Católicos. Conviene citar la leyenda del conde Rodolfo de Asturias, fundador de la Casa Real (1273), donde se narra la ayuda que éste le brindó a un religioso que transitaba por un bosque con la Sagrada Forma y, devoto de la Eucaristía, le cedió su caballo al sacerdote protegiéndolo a pie por el camino, lo que le valió al conde el escuchar de labios del favorecido la profecía de que su Casa dominaría el mundo. No sorprende, entonces, el edicto de Carlos V que decretaba la celebración de una procesión encabezada por la custodia portada por el arzobispo, cada vez que su ejército venciera en batalla[108].

Otro hecho descollante de la vida de la santa, que también admite una lectura político-ideológica, es su desposorio místico con el Niño en brazos de la Virgen del Rosario. La legendaria aparición de esta Virgen en Sacsayhuamán la hizo merecedora de que Felipe II la nombrara «Patrona de sus Armas» en el virreinato peruano, con lo cual la trocó en imagen de conquista y de evangelización a un tiempo[109]. A esto debe añadirse que los reyes de España habían sido designados como «Patronos o Cabeza de la Iglesia en Indias» por gracia de la Santa Sede. Así, Carlos V adquirió un aura de «Nuevo Mesías» o «Delegado de Dios en la tierra», de «Buen Pastor» o «Renovador y Pacificador del Mundo», asistido y protegido por su virgen americana, por su Astrea[110] novomundista, por Rosa de Santa María que, casi invariablemente, era representada en la pintura sujetando un ancla cuyo significado no es otro que la Esperanza[111], en especial, de la

[108] Mujica Pinilla, 1996, p. 140.

[109] Mujica Pinilla, 1996, p. 145.

[110] El mito de Astrea se remonta a las *Metamorfosis* (I, 149) de Ovidio y a las *Sátiras* (VI, 19 ss.) de Juvenal, entre otros clásicos. Fue ella quien periodizó en cuatro Edades la historia de la humanidad: la de Oro, de Plata, de Bronce y de Hierro. Astrea o la Justicia, la Virgen Estelar, última de los inmortales que abandonó la Tierra en la Edad de Oro, huye de ella en la Edad de Hierro, cuando la maldad de ejércitos de hombres codiciosos y homicidas la dominan (Romero Recio, 2000, p. 96). Aratos (*ca.* 315-*ca.* 245 a. C.), poeta griego, le dio un giro astrológico al mito al identificar a Astrea, refugiada en el cielo, con la constelación de Virgo. Virgilio, en sus *Bucólicas* (4.6) y en la *Eneida* (6.791-5), politizó el mito con la tesis de que «el nacimiento de un niño [...] traería de vuelta la Edad Dorada de Astrea». Otros como Constantino I el Grande en *Oratio ad sanctorum coetum* (19), san Agustín en *De civitate Dei* (10.27) y Dante en el «Purgatorio» de su *Divina comedia* (22.67-72) atribuyeron un sentido cristiano al texto virgiliano, y fue Dante quien postuló que el reinado de Astrea retornaría bajo el poder político de un monarca universal (Mujica Pinilla, 2001, pp. 251-252).

[111] A partir de la sentencia paulina en la *Epístola a los Hebreos* (6, 18-19: «[...] tengamos un fortísimo consuelo los que hemos acudido para asistirnos de *la esperanza* puesta

Iglesia universal en el Imperio de ultramar conquistado y colonizado por la Corona española[112].

Las repercusiones del supracitado trasfondo histórico-cultural se tradujeron en tres procesos conducentes a la beatificación y la canonización de la primera mujer americana. Era patente el conflicto ideológico entre los españoles peninsulares, promotores de la política imperialista de conquista, y sus homólogos americanos, que proponían en Rosa de Santa María un nuevo modelo de interpretación de la teología y la Providencia cristianas. La doctrina católica se había acriollado en el virreinato del Perú, porque le concedía espacio protagónico al nativo laico del *novus orbis*: al criollo y al indígena por igual. Se originó, entonces, una conciencia de superioridad criolla, impulsada, en términos más ortodoxos, por el oficialismo eclesiástico; y ello bajo una figura, un símbolo nacional que ostentara las características más loables de criollos e indios, que los pudiera aunar en el seno de la «Iglesia indiana» reconocida y admitida como par de la «Iglesia europea». Rosa de Santa María era la candidata ideal, por lo que no se hizo esperar el ejercicio burocrático, teológico-político de por lo menos tres procesos para su súbita elevación a los altares. América llevaba demasiado tiempo suponiéndose sombra o reflejo de la actividad —en todos los sentidos— del otro lado del Atlántico. Luego, bajo el patronato de Rosa, extendido a las Américas hispanas y a las Filipinas (i. e., a todo suelo donde hubiese pisado el rugido del Ibérico León), quedaba concedido el *imprimatur* del Cielo al apostolado de la monarquía española en las Indias, con derecho propio de reinar sobre sus colonias. Rosa, de otra parte (e irónicamente), representaba una segunda oportunidad de afirmación de identidad, en una naciente e irreprimible conciencia de pueblo, para criollos e indígenas peruanos y para el resto de Hispanoamérica. En este simbolismo paradójicamente bifronte radica la polisémica lectura de Rosa en calidad de icono para la cristiandad hispánica.

delante de nosotros, la cual tenemos como *segura y firme ancla* del alma [...]», cursivas mías), el ancla adquirió el simbolismo religioso de la certeza de que Dios no abandonaría la *navis Ecclesiae* embestida por las ráfagas de herejías y los monstruos marinos de los pecados capitales (Mujica Pinilla, 1996, pp. 127-128).

[112] Mujica Pinilla, 2001, pp. 144, 158-160.

Segundo capítulo

# ENTRE LAS LLAMAS DE LA PIRA Y LAS DEL ESPOSO: LOS «TIEMPOS RECIOS» Y LA ESPIRITUALIDAD DE ROSA DE SANTA MARÍA

El mundo de lo divino no cesa de fascinarnos porque, más allá de la curiosidad intelectual, hay en el hombre moderno una nostalgia.
Octavio Paz

Dios es la patria de todos los hombres. Es la única nostalgia.
Ernesto Cardenal

## Rosa visionaria[1]

Las declaraciones del doctor Juan del Castillo (*ca.* 1557-1636) —fundamentadas en sus conclusiones del examen de conciencia oral de 1614 para dilucidar las melancolías rosarianas— aportaron un contenido, en materia de Teología mística, de tal trascendencia que no sorprende verlas *ab initio* en el *Primer Proceso Ordinario*, esfuerzo criollo conducente a la beatificación de la virgen de la Ciudad de los Reyes. Se destacan por ser la radiografía espiritual de la santa. Son, de hecho, el diagnóstico más justo del camino de perfección tomado por ella[2] y que sólo este médico seglar pudo desci-

[1] Una versión muy abreviada de esta sección del presente capítulo se puede leer en Báez Rivera 2009, pp. 269-278.

[2] Fray Juan Meléndez no vaciló en asegurarlo. Después de que el doctor Del Castillo aprobó el camino espiritual de Rosa, «se hizo tanto caso en Roma en la Sagrada Congregación de los Ritos, para su Beatificación y Canonización del dicho

frar, superando en sabiduría y guía a por lo menos nueve de los diez confesores religiosos que lo precedieron[3], de los cuales él fue el último —y el más destacado— de un total de once que los biógrafos mayoritariamente reconocen como oficiales.

Desde 1603, don Gonzalo de la Maza había conocido en Potosí a este médico seglar de la Inquisición peruana y, en adelante, lo tuvo por amigo y médico de su familia. A petición de la misma Rosa —expresada por sus protectores[4]—, Del Castillo fue designado para instruirla y guiarla en el espíritu. Así lo declaró el mismo doctor al tribunal eclesiástico en el *Primer Proceso Ordinario*:

> habrá tiempo de dos años poco más o menos que el contador Gonzalo de la Maza y su mujer doña María de Usátegui hablaron a este testigo diciéndole que esta bienaventurada Rosa de Santa María les había dicho que hablasen a este testigo porque tenía mucho deseo de comunicar con él el modo de su vida y las mercedes que Dios le hacía [...][5].

A partir de 1614, este médico se había enterado de cada detalle de la vida interior de Rosa, en especial por haber coprotagonizado brillante-

jurado de este varón admirable que casi fue todo para aprobar las virtudes de la santa en grado heroico, y la verdad de sus éxtasis y revelaciones» (Rosenbrock, 1996, p. 101).

[3] Se puede exceptuar al padre Diego Martínez, jesuita de la iglesia de San Pablo. Fue el primero que descifró el *iter* espiritual de Rosa desde las primeras palabras que le escuchó, «como si hubiera pasado por él». Con ninguno de los religiosos anteriores —ni siquiera con Juan de Lorenzana— la joven contemplativa se sintió gustosamente orientada en cuanto a sus mercedes sobrenaturales otorgadas por Dios (Rosenbrock, 1996, p. 98).

[4] La esposa del contador fue la que ofreció a la Inquisición del virreinato peruano la anécdota de cómo había conocido a Rosa. En la iglesia de la Compañía de Jesús, cuando Rosa contaba con 18 años de edad, coincidieron un buen día y, desde entonces, se hicieron muy buenas amigas las señoras De Usátegui y De Oliva. Como se frecuentaban, la esposa del contador invitó a Rosa a vivir a su casa, oportunidad que ésta no desaprovechó por dos razones comúnmente documentadas: primero, para ejercitarse libremente en su *modus vivendi* y, segundo, para poder acudir a los pobres y enfermos —generalmente negros e indios— con todo lo que podía y le permitía su pobreza. Es así como se justifica que la mística doncella se quedara esporádicamente en esta casa durante el último lustro de su vida (Mujica Pinilla, 1996, p. 198; Rosenbrock, 1996, p. 95). No obstante, dada su quebrantada salud, quienes la cuidaban resolvieron alejarla de su ermita en los meses en que el frío estacional se suma a la humedad del clima de Lima e instalarla en la casa del contador, por ofrecimiento de él, durante los últimos tres años de su vida (Rosenbrock, 1996, p. 121).

[5] *Primer Proceso Ordinario*, 2002, p. 30.

mente el citado examen oral de conciencia[6]. Un solo encuentro bastó para que, de inmediato, Rosa reconociera en su paisano galeno una sabiduría profunda concerniente a los fenómenos particulares y a las circunstancias de las etapas de madurez en la vida espiritual.

La reputación y el prestigio que Juan del Castillo había ganado, tanto en la Medicina como en sus exposiciones teológicas, lo hicieron merecedor del epíteto de «Aquiles místico», nada menos que en la Universidad de San Marcos, a causa de que curaba simultáneamente las dolencias del cuerpo y «los achaques nocivos de los vicios». Su estrecha relación con Rosa lo indujo a tomar el hábito de la Orden de Predicadores casi en el umbral de la muerte, acaecida el 25 de agosto de 1636. Los dominicos tomaron su cuerpo y se le celebró un entierro a estilo del de santa Rosa, en el cual fue aclamado por todo el pueblo con «gran opinión de santo» y al que asistieron los cabildos eclesiástico y seglar, al igual que la Real Audiencia seguida de un conglomerado multitudinario[7].

[6] Un famoso lienzo titulado *Santa Rosa ante los Inquisidores*, que representa esta escena con cada uno de los miembros de aquel «tribunal», se conserva en el Monasterio de Santa Rosa en Santiago de Chile. Pintado por Laureano Dávila (escuela quiteña, segundo tercio del siglo XVIII), el cuadro ostenta una cartela que indica quiénes fueron los personajes retratados: «Examinanla a Rosa en presencia de María Usátegui y de su madre, el doctor Castillo y el Padre Lorenzana, varones de conosida virtud y letras, para ver si su espíritu era iluso o verdaderamente de Dios y, aviendole hecho varias preguntas, respondio a todas sin detencion y claridad entretegiendo en ellas los favores que de su Esposo recivia dexandolos admirados y plenamente satisfechos con lo que quedó Rosa asegurada de su conciencia». Agradezco a Mujica Pinilla su gentileza en brindarme esta información mediante el correo electrónico del 17 de abril de 2001. De su parte, Rosenbrock ofrece una lista más generosa de los participantes de este examen de conciencia: cuatro frailes de la Orden de Santo Domingo (Juan de Lorenzana, Luis de Bilbao, Alonso Velásquez y Juan Pérez), dos de la Compañía de Jesús (Diego Martínez y Juan Villalobos), el prior del convento máximo del Rosario (Fr. Salvador Ramírez) y el de la provincia dominica de San Juan Bautista (Fr. Gabriel de Zárate), el médico seglar familiar del Santo Oficio (doctor Juan del Castillo), la madre natural (María de Oliva) y la llamada «madre»-protectora (María de Usátegui). El interrogatorio fue presidido por Del Castillo, sentado a la puerta de la ermita, desde cuyo interior Rosa respondía para ser escuchada por todos los restantes, distribuidos convenientemente en el huerto de la mística doncella (Rosenbrock, 1996, pp. 101-102). Importa hacer la salvedad de que este evento no fue un ejercicio oficial de la Inquisición limeña; mas, de Rosa no haber resultado airosa en el examen, hubiera seguramente pasado a la jurisdicción del Tribunal eclesiástico.

[7] Mujica Pinilla, 1996, p. 92.

De acuerdo con sus declaraciones en el *Primer Proceso Ordinario* —la joven americana sólo habla en las contadas citas directas que reproducen sus testigos—, Rosa había cobrado conciencia de cultivar su vida espiritual a los cinco años de edad, momento en que decidió ejercitarse en la oración mental para entregarse toda a Dios[8]. Por su parte, don Gonzalo de la Maza —indudablemente, instruido por Del Castillo— describió y acotó la oración rosariana como aquélla fundada en decir ordinariamente: «Jesús sea bendito y sea con mi ánima, amén». Se trata de una jaculatoria que persigue fijar la atención de la suplicante en la persona exclusiva del Salvador, sin perder conciencia de sí ni de su necesidad como objeto de salvación que procura su compañía. De la Maza añadió otro dato importante: Rosa la decía de ordinario en su corazón, aun si estuviese ocupada en ejercicios y hablas exteriores, y hasta en sus sueños[9]. Su lacónica estructura gramatical la hacía de fácil recuperación a la memoria, al extremo de quedar como mote fijo y manejable bajo cualquier circunstancia de la actividad consciente y la subconsciente. Tanto en vigilia como en sueño, la espiritualidad de Rosa de Santa María giraba en torno a este eje verbal inalterable desde sus cinco años de edad.

Esta oración mental, producto de una razón muy precoz y —cabe sugerir— atribulada, obedece a una doble inquietud de desasosiego en Rosa: la espiritual y la emocional. Por un lado, la niña mostraba un interés genuino en alcanzar un mayor y profundo conocimiento de la voluntad de Cristo; por otro, era patente el terror de ser ella misma —o su prójimo por causa de ella— reo de la muerte definitiva. Sirve, entonces, rememorar aquí que, también a los cinco años, Rosa había despertado abruptamente a la madurez espiritual de desdeñar todo tipo de cuidados con su apariencia física por el impacto que le habían causado las palabras de su hermano Hernando, quien, sin mucho tacto, le abrió los ojos a la existencia de una *perversidad intrínseca* a la belleza física femenina, cuyos efectos —adversos principalmente en el prójimo— se traducían siempre en el castigo eterno. Luego, la oración mental significó para Rosa no sólo el comienzo de su relación personal con Cristo, sino el escudo de palabras que la protegía de abrasarse, en palabras o en hechos, con las llamas temibles de las tinieblas de afuera.

Como consecuencia de su asidua oración mental —a partir de los 12 o 13 años de edad—, Rosa alcanzó abundantes mercedes sobrenaturales y Dios

[8] *Primer Proceso Ordinario*, 2002, p. 30.

[9] *Primer Proceso Ordinario*, 2002, p. 58.

la hizo partícipe de la oración de unión. A diferencia de aquélla, ésta se caracteriza —según Del Castillo— por ser más íntima e inmediata con Dios:

> cada vez que se ponía en oración desde la dicha edad de doce o trece años, le recogía Dios las potencias del ánima, entendimiento, memoria y voluntad uniéndolas consigo de tal manera que su entendimiento todo estaba ocupado en abrazar a su Dios. Y la voluntad ni más ni menos toda ocupada en amar a su Criador, de modo que en el entender y amar a su Dios todo le parecía ser una misma cosa [...][10].

La facultad de raciocinio, aún presente en este tipo de oración, protagoniza un encuentro afectivo con Dios, compartido con la voluntad, que se ejerce en la expresión amorosa sin la acción de los sentidos, porque el alma ha quedado «tan engolfada» abrazando a su Dios en esta unión que no conoce otras criaturas. Tiempo, espacio y objetos físicos del mundo exterior han sido excluidos de esta experiencia contemplativa, en la que la mente se concentra introspectivamente con el fin de encontrarse con Dios. De este modo, Dios se revelaba a Rosa, según fue anotado en el *Primer Proceso Ordinario*, «comunicando al ánima su divina iluminación con rayos y ilustraciones de gloria»[11].

Esta oración realizada por la joven beata corresponde a la denominada de unión plena, una de las tres variedades en las cuales las experiencias de unión mística suelen ser clasificadas. Dios es colocado en el alma del sujeto contemplativo que tiene conciencia de sí y percibe a Dios mediante un contacto directo, como la sensación de abrazo, o de saberse engolfado en *otro*, o penetrado por esta presencia intangible e inexplicable, pero «más cierta que la luz del mediodía», citando un verso del místico de Fontiveros. En la fase más avanzada de esta oración, el sujeto contemplativo puede llegar incluso a perder la conciencia de la otredad de Dios[12].

En la presentación de Juan del Castillo sobre la caracterización espiritual de santa Rosa, se destaca el aspecto ordinario de la experiencia de esta oración de unión, que no cesaba bajo ninguna circunstancia: aun «si la hablaban, podía responder sin dar nota ninguna [de la unión con su Divina Majestad] con mucha suavidad y entereza en lo que hablaba»[13]. Esto debe entenderse

[10] *Primer Proceso Ordinario*, 2002, p. 31.
[11] *Primer Proceso Ordinario*, 2002, p. 31.
[12] Martín Velasco, 1999, p. 384.
[13] *Primer Proceso Ordinario*, 2002, p. 32.

como que Rosa en todo momento, al margen de la actividad ordinaria que realizara, proyectaba conservar un recogimiento —oración de recogimiento o de alta concentración, para los contemporáneos— que evidenciaba visiblemente su armonía con Dios, sin ser esta el auténtico éxtasis de unión mística. La salvedad es perentoria, ya que todos los teóricos del misticismo coinciden en que, durante la experiencia extática, los sentidos quedan completamente obliterados; i. e., todas las potencias cesan, por lo que resultaría imposible para Rosa entablar conversación con alguien.

Del Castillo, además, especificó que, durante más de 15 años continuos, Dios procedió con ella en un género de comunicación más íntima, lapso en el cual le hizo tantas mercedes que, considerándose Rosa más cercana a Dios, con mayor frecuencia se le escondía: «cuando más engolfada estaba su ánima en la dicha unión, apartábase su Divina Majestad de ella no sólo en lo sobrenatural, sino también en lo natural de tal manera que no conocía ni amaba a su Dios por actos sobrenatural[es] ni natural[es]»[14]. He ahí el origen de las melancolías rosarianas: su conocimiento adquirido durante la experiencia de unión entraba en conflicto con su ignorancia, en relación con todo lo adquirido, que le propinaba la subsiguiente ausencia de Dios. Es ésta la etapa espiritual que Del Castillo llamó «desierto», cuando el alma —sin conocer criatura alguna— se acuerda vagamente de que ha conocido a Dios y a sus criaturas para más tormento suyo. Rosa de Santa María comenzó a afligirse, a angustiarse y a entristecerse por saberse extraviada en su noche espiritual inexplicable. Experimentándose desamparada de Dios, Rosa —atestiguó el «Aquiles místico»— apetecía el morirse y acabar su existencia; sin embargo, el mismo Dios allí le comunicaba que era imposible morir y acabar porque reconocía, por la misma noticia, ser inmortal e incorruptible[15]. Precisamente, esta última aseveración sobre la inmortalidad e incorruptibilidad del ser humano (mortal y corruptible por definición, dada su naturaleza creada, limitada en el orden físico e imperfecto en el espiritual), era materia de rigurosa censura por parte del Santo Oficio. Rosa entronca en esta noción con lo que la literatura patrística había desarrollado en la teología de san Ireneo (130-202 d.C.), obispo de Lyon, sobre la visión de Dios. El contemplativo que ve a Dios comparte la vida divina, la eternidad; participa de lo que este autor patrístico denominó incorruptibilidad. La contemplación de Dios —glosa el santo obispo— sólo se puede lograr por medio del Hijo, que es el umbral entre el mundo

[14] *Primer Proceso Ordinario*, 2002, p. 32.
[15] *Primer Proceso Ordinario*, 2002, p. 31.

finito (por ser el Dios encarnado) y el eterno (por ser la segunda persona divina). La mirada puesta en Jesús repercute, entonces, en la completa vivificación del bienaventurado que, unido a Cristo resucitado, resucitará como cuerpo cuya cabeza fue primero levantada de la muerte para no volver a sufrirla jamás. El místico está capacitado para experimentar —insiste san Ireneo— la incorruptibilidad e inmortalidad propias de Dios en su Unigénito[16]. Es lo mismo que Rosa intentó explicar respecto a sus visiones de Dios a través de comparaciones con el mar y las nubes infinitos, y de Cristo con su figura humana, que se verán más adelante.

Sumida en su desolación, Rosa se desesperaba, según Del Castillo: «apetecía dar muchas voces y gritos para ver si hallaba algún consuelo [...], dar gritos y bramidos [aunque] no tenía fuerza ni hallaba quién la ayudase para ello»[17]. La bienaventurada joven alcanzó a confesarle a su atinado guía espiritual un sentimiento que, años después, pudo haberle acarreado una segunda causa probable (la inmortalidad e incorruptibilidad sería la primera) ante el tribunal de la Inquisición limeña: el desdén hacia la autoridad sapiencial de los confesores religiosos, que podía ser interpretado como soberbia proclive a la autosuficiencia:

> le parecía que *no había doctor en el mundo por mucho que supiese dar a entender ni significar* las gravísimas penas que padecía en aquellas tinieblas y oscuridades, y que tampoco no había cosas criadas en el mundo a qué comparar semejante tristeza y aflicción, porque comparadas al fuego elemental cuando quema una a una persona, y cosa de muy poco trabajo en su comparación porque no tiene que ver el uno con el otro (cursivas mías)[18].

Dos términos antitéticos de la citada descripción del médico seglar apuntan, invariablemente, al fenómeno espiritual de la noche oscura del alma: las «tinieblas y oscuridades» y el «fuego». La teoría del misticismo ha establecido que este periodo, concebido por el extático como uno de súbito retroceso a las tinieblas, es, generalmente, una etapa intermedia entre la vía iluminativa y la unitiva. Durante este lapso de transición, el contemplativo se reconoce a sí en total estancamiento, desolación e impotencia; está inmerso en lo que Evelyn Underhill[19] ha llamado «this dark fire of purification», que es la síntesis de todo su sufrimiento.

16 Donovan, 1990, pp. 12-13.
17 *Primer Proceso Ordinario*, 2002, p. 32.
18 *Primer Proceso Ordinario*, 2002, pp. 32-33.
19 Underhill, 2000, p. 381.

Desde el punto de vista de la Psicología, la noche oscura se ha asociado con la ley de reacción por la tensión nerviosa. Es una inercia emocional —no depresiva, pero sí atribulante en el aspecto espiritual— necesaria como respuesta a la fatiga y la extenuación del sistema nervioso, causadas por la progresiva tirantez que se desarrolla en la vida iluminada y sus periodos de intenso fervor y de contemplación profunda. De ahí que los místicos la considerasen como la antesala a una etapa espiritual superior; de hecho, suelen llamarla «juego amoroso» en el que Dios se divierte —como jugando al esconder— con el alma agraciada, a la que se le oculta adrede y sin aviso. En ese preciso instante, el alma ha perdido su antiguo equilibrio, fundamentado en la afirmación placentera del conocimiento vivencial de la Divinidad, y se aventura a recuperarlo en la negación dolorosa que supone este estado emocional en el que todo parece estropeársele y andar mal. El místico cree que —de modo precipitado— da marcha atrás en su camino espiritual, ya que pensamientos malignos y abruptas tentaciones lo asedian y atormentan de nuevo con mayor tenacidad. La duración de este intervalo de caos y de miseria puede fluctuar entre meses y años[20], hasta que la conciencia del contemplativo vuelva a unificarse y a establecer un nuevo centro de afirmación en su personalidad transformada[21].

Considerada en su aspecto místico-trascendental, la noche oscura es el término que alude —como ha quedado dicho— al estado negativo y doloroso que usualmente media entre la vida iluminativa y la unitiva. En algunos místicos predomina el sentimiento de angustia del amante que, de repente, pierde a su Amado (san Juan de la Cruz, por ejemplo); en otros, la confusión de su intelecto eclipsado por completo (al estilo de Enrique Suso y de la escuela germana mística). Lo que en la vía purgativa había significado una limpieza del espejo para que, en la vía iluminativa, pudiera contemplar la imagen de perfección de esa realidad trascendente; ahora, en esta transición a la vía unitiva, resulta que el místico debe cobrar conciencia de la terrible y majestuosa verdad de *ser* esa realidad. Su ser, su personalidad y su humanidad tienen que ser rehechos, porque no le queda más alternativa que someterse a una nueva y mayor purgación de su corazón,

[20] La noche oscura de Enrique Suso, por ejemplo, se prolongó hasta diez años de incesantes sentimientos de soledad y abandono por parte de Dios y de sus semejantes; de convencimiento nocivo de que todo le resultaba mal; de profundas depresiones, dudas contra la fe y desesperantes tentaciones, como si experimentara el peso de una montaña en su corazón (Underhill, 2000, p. 407).

[21] Underhill, 2000, pp. 382-387.

ese trono de su *ego* que es regente de su amor y de su voluntad. La noche oscura se resume en palabras —asiduamente empleadas por los místicos— como «aridez», «tibieza» y «tedio» insuperables, causados sin duda por la fatiga emocional que adjudican los psicólogos al intervalo posextático iluminativo en vísperas del unitivo. Es el otoño del alma que progresivamente va perdiendo el calor ganado durante el verano de la iluminación. Es el frío y oscuro taller donde Dios moldea, por segunda vez, la vasija de acuerdo al tamaño original de su divina voluntad. Es, finalmente, el lapso de autorrendición del alma a ese *fiat voluntas tua* que sella el certificado de defunción del ser individual en aras de una identidad nueva y más profunda: la de Él en él[22].

Vale puntualizar que, durante los últimos tres años de su vida —y, también, por mediación de sus protectores De la Maza-De Usátegui—, Rosa comenzó a tratar con los padres jesuitas (Diego de Peñalosa, Antonio de la Vega Loayza, Juan Villalobos y Diego Martínez), que le sirvieron de confesores; pero de éstos, sólo Diego Martínez tuvo la sabiduría místico-teologal con que le facilitó el autoconocimiento en la vida íntima del espíritu. Con éste —y, especialmente, con el doctor Del Castillo— estableció una afinidad que le permitió confiar no sólo las mercedes que Dios le había concedido en su rigurosa vida de oración y apostolado infatigable, sino su frustración respecto a otros directores espirituales inexpertos. Hansen acota diamantinamente la crisis espiritual de Rosa:

> ni ellos [los confesores] acababan de entender qué era lo que les quería decir la virgen, ni se juzgaban capaces de comprender lo que parecían paradojas o por lo menos enigmas indescifrables de mística. Unos decían que eran delirios y sueño, otros que era cosa de duendes y de fantasmas, y no faltó quien dijo que eran desvaríos, ilusiones del diablo y espantos infundados. Los más templados y de más sesos lo achacaban a la melancolía y al desvanecimiento del cerebro, originado de los continuos ayunos y las frecuentes vigilias. Enflaquecida la cabeza, decían ellos, por la fuerza de las mortificaciones, nada de extraño tenía que soñara con cosas tristes y melancólicas, que no tenían otra realidad que la que le daba una imaginación enferma. Mas Rosa, estando muy cierta de que la calamidad que padecía no tenía su origen en la mala disposición del cuerpo, se afligía mucho más con estos dictámenes; no hallando médico que acertase a curar la dolencia de su espíritu...[23].

[22] Underhill, 2000, pp. 387-391, 412.
[23] Hansen, 1929, pp. 156-157.

Esta melancolía de Rosa —de parangón con la de otros místicos— se explica a la luz de lo que William James[24] propone como el ser dividido en proceso de su unificación, que sirve de escenario a dos fuerzas intrínsecas que protagonizan sus melancolías: los impulsos (iniciativas fundamentadas en la formación doctrinal), siempre afirmativos, y las inhibiciones (o represiones del instinto natural), siempre negativas. Si el individuo posee una conciencia delicada y una fervorosa religiosidad, la desdicha causada por el conflicto desatado entre los impulsos y las inhibiciones se traduce en una extremada compunción moral de reconocerse interiormente vil y pecaminoso ante el Autor —siempre perfecto— del propio ser. Ésta es la consabida melancolía religiosa: la dualidad del ser interior, que aún batalla contra su identidad dividida, por un lado, en lo que es en la práctica y, por otro, lo que debe ser en el plano ideal de la perfección espiritual.

En esta agonía del ser pecaminoso, no deja de existir una transgresión psicológica que repercute en decisiones permanentes en la conducta y prácticas del místico, según indica el psicólogo norteamericano de Harvard:

> Such rapid abolition of ancient impulses and propensities reminds us so strongly of what has been observed as the result of hypnotic suggestion that it is difficult not to believe that *subliminal influences play the decisive part in this abrupt changes of heart*, just as they do in hypnotism (cursivas mías)[25].

Poco después, el estudioso añade: «If the grace of God miraculously operates, it probably operates through the subliminal door, then»[26]. Es así como esta transformación interior tiene consecuencias prácticas en la vida del místico, tales como: el ascetismo o la autoinmolación, la fortaleza de espíritu, la pureza y la caridad. Y cada una de las características de este género de santidad fue ostensible en la vida de Rosa de Santa María, en las que es prudente detenerse, ya que el lenguaje místico será el principal objeto de comentario cuando se aborde propiamente la aportación literaria rosariana en el capítulo siguiente.

Los fenómenos extraordinarios son de dos tipos: los milagrosos (i. e., visiones, audiciones y otras sensaciones que evidencian el contacto de la persona mística con la realidad trascendente) y los aparentemente milagrosos, que repercuten de manera psíquica y física en el contemplativo, a saber:

[24] James, 1999, pp. 185-195.
[25] James, 1999, p. 296.
[26] James, 1999, p. 300.

> la levitación, estigmatización, *ayuno prolongado*, fenómenos luminosos, telekinesia, *hipertermia*, bilocación, emisión de sustancias heterogéneas: *olores especiales, lágrimas y sangre procedentes de imágenes*, alargamiento de órganos corporales, *resistencia al fuego, distintos fenómenos en relación con la muerte: falta de rigidez cadavérica*, movimientos insólitos, *calor y colores en el cadáver, no corrupción del cuerpo tras la muerte*, etcétera (cursivas mías)[27].

Rosa participó de los fenómenos extraordinarios destacados; pero, algunos merecen amplio comentario por su significado contextual, como el ayuno y la emisión de sustancias procedentes de imágenes.

Los místicos «anoréxicos» son renuentes incluso a ingerir líquidos, ni siquiera agua. Son todos unánimes en su reacción de gran sufrimiento —hasta llegar a experimentar enfermedades físicas, como fiebres descontroladas— cuando son obligados a ingerir algún alimento, por liviano que sea. No obstante, sus cuerpos no dan señas de los estragos del adelgazamiento ni de la debilidad, puesto que pueden realizar trabajos físicos, en algunos casos, notables[28].

Rosa no fue la excepción. En el *Primer Proceso Ordinario* ha quedado documentado su prolongado ayuno a base de una dieta no frugal, sino *pauper in extremis*, debido a que era lógica consecuencia de su imitación de santa Catalina. Don Gonzalo de la Maza había declarado que Rosa, desde los 10 u 11 años de edad, se había propuesto ayunar a pan y agua todos los miércoles, viernes y sábados; cumplidos sus 15 o 16 años, no comería carne y ayunaría a pan y agua por el resto de sus días. Luisa de Melgarejo, otra testigo de dicho proceso, asimismo dio fe de haberla visto comer sólo un poco de pan y un poquito de lechuga[29]. También se testificó que comía hierbas o un bocado de conserva o de fruta del Perú; cuando comulgaba, se pasaba sin comer ni beber cosa alguna uno, dos y poco más de dos días. Durante gran parte de una Cuaresma, sólo ingirió «pepitas de naranjas y hierbas amargas y que, por serlo la hoja de la granadilla, la acostumbraba comer y traerla en la boca»[30]. Solía tomar hieles amargas, particularmente

[27] Martín Velasco, 1999, pp. 64-65.

[28] Martín Velasco, 1999, pp. 71-72.

[29] *Primer Proceso Ordinario*, 2002, p. 156.

[30] Mariana de Oliva, la criada que conocía cabalmente el régimen alimentario de Rosa, testificó que, a petición de la doncella, le hacía «un guisadillo que acá se llama locro, de hojas de granadilla por ser muy amargas y [...] que, para disimular, le pusiese en él unas papas desechas y no pusiese sal ni manteca ni cosa de gusto» (*Primer Proceso Ordinario*, 2002, p. 403).

los viernes[31], a imitación de la que, en semejante día, habían dado a beber a Jesucristo. Y cuando, por obediencia a su madre natural, comía carne o algún alimento sustancioso, «le daban recias calenturas y si, estando enferma, lo comía por precepto de los médicos y confesores, se le aumentaba el mal»[32].

Al ayuno de santa Rosa, deben sumarse otras prácticas de autodisciplina, anotadas en el capítulo anterior: la flagelación, la corona de espinas, el uso de cilicios, los baños de agua fría, la cama torturante y la consecuente privación del sueño con el fin de completar sus oficios y oraciones[33]. La espiritualidad de Rosa se vincula, definitivamente, con la de las mujeres medievales europeas que se destacaron por este tipo de perfección institucionalizada. Y aun se puede identificar la convergencia de estas prácticas de autonegación y mortificación física voluntarias en los monjes egipcios, sirios y hebreos de los siglos III y IV a.C. Prolongados ayunos y vigilias, luchas contra el sueño, exposiciones al frío y al calor extremos, abstinencia de agua y fatiga corporal, soledad y silencio son recursos recurrentes en la vida espiritual de estos precursores del sufrimiento autoinfligido medieval[34].

[31] La declaración de fray Francisco Nieto ante el tribunal inquisitorial de Lima difiere de la del contador en la frecuencia del uso de este líquido por parte de Rosa: «tenía una redomita de hiel y que todos los días o los más de ellos solía tomar un trago de hiel en memoria de la pasión de nuestro Señor Jesucristo; y eran tan grande[s] las bascas que con ella recibía que parecía querer reventar, y, quitándosela sus confesores, buscó unas hierbas sumamente amargas que le atormentaban la vida y el alma» (*Primer Proceso Ordinario*, 2002, p. 310). Este testimonio está más cerca de la realidad ascética de la virgen limeña que el del propio contador, que compartió con ella más tiempo y, sin embargo, no alcanzó a saber algunas prácticas privadas que Rosa sólo habría confesado a sus directores espirituales.

[32] *Primer Proceso Ordinario*, 2002, pp. 49-50.

[33] Es de conocimiento general que, para no dejarse dominar por el sueño mientras oraba, Rosa ataba los pocos cabellos de la frente —con que pretendía disimular una corona de espinas— de un clavo en la pared de su recogimiento, estando algo pendiente y con cierta dificultad de tocar el suelo, a fin de que el dolor la reanimara con la súbita tirantez en cada desvanecimiento de sus fuerzas (*Primer Proceso Ordinario*, 2002, p. 53).

[34] El catálogo de sufrimientos autoimpuestos y practicados por los monjes y monjas medievales incluye aspectos de templanza como la pobreza, la castidad y la obediencia, que corresponden a la autorrenuncia al materialismo, a la satisfacción sexual y a la propia voluntad, respectivamente. Otras prácticas las describe Constable como «the most incomprehensible to us», tales como: el uso de cadenas y camisas de placas de hierro, llamadas *lorica*; inmersiones en agua helada; rodillos de espinas de arbustos y ortigas; flagelación y disciplina de látigo; ejercicios litúrgicos como mantenerse en cierta pos-

Retomando los resultados externos en la *praxis* —anotados por James[35]— de la transformación interior del místico, la fortaleza de espíritu es el segundo y uno de los más notorios, sobre todo porque se evidencia en la obra de orden social. Entre las prácticas de mortificación corporal, figura una extravagante anécdota de Rosa de Santa María que le agiganta su temple espiritual; mas, contradictoriamente, tanto los testigos del *Primer Proceso Ordinario* como los hagiógrafos —hasta hoy— la han suprimido, al parecer, para no empañar la imagen impoluta de la santa panhispánica de ultramar o para no poner en tela de juicio su equilibrio emocional y aun espiritual. Se trata de la sangre putrefacta que bebió para combatir una repulsión violenta de asco, que ella reconoció que provenía del demonio, ante el hedor del líquido contenido en un envase destapado, probablemente durante una de sus visitas caritativas al Hospital del Espíritu Santo. Se conserva un óleo alusivo, titulado *Santa Rosa enfermera* (anónimo, siglo XVIII) en la Basílica-Santuario de Santa Rosa, en Lima. Más que macular el nombre de la santa, este acto la revela como una heroína de la caridad al prójimo altamente necesitado, aunque hoy se han desautorizado semejantes prácticas en la espiritualidad cristiana. Recordemos que lo mismo había hecho su maestra espiritual, Catalina de Siena, mientras vestía —según documenta Rudolph M. Bell[36]— el seno canceroso de una mujer ingrata a la que asistía[37].

tura por mucho tiempo o realizar un sinnúmero de genuflexiones, besar las heridas de los enfermos o los pies de los pobres, andar descalzo o sin vestimenta y preferir la soledad. El triple motivo de todo esto era la expiación de los pecados, la expresión de devoción y el rechazo a la tentación. El deseo voluntario de sufrimiento era, en suma, la mejor forma de manifestación de un espíritu devoto, especialmente de Cristo, quien había aceptado la Crucifixión a favor de la redención humana. Con todo, el ascetismo fue regulado ya declinando el siglo XI en las constituciones de Camaldoli, entre cuyos estatutos figura que la flagelación debía ser practicada exclusivamente para beneficio de la humildad, no por tormento, y en imitación de la Pasión. Igualmente, se tomó acción reguladora en la alimentación adecuada y el descanso propio de los religiosos cuyas mortificaciones físicas rayaban en la extravagancia (Constable, 1982, pp. 9-10, 22).

[35] James, 1999, p. 300.

[36] Bell, 1987, p. 25.

[37] Suzanne Noffke ofrece una versión algo diferente de la de Bell: «to force herself to remain with the cantankerous Andrea [¿acaso Alessia, su mejor compañera terciaria?] whom she was nursing, she pressed her mouth to the woman's cancerous breast, and on another occasion drank the fetid water with which she has washed the sore» (1990, p. 68).

Las melancolías de Rosa fueron finalmente interpretadas por el doctor Del Castillo como una semejanza del Infierno cuando perdía toda posibilidad de superarlas y su desolación era total; mas, cuando estas figuras venían en lo más dificultoso de ellas con alguna esperanza de que el ánima había de salir de ellas, declaró que se trataban de figuras del Purgatorio[38]. Durante 14 o 15 años, Rosa vivió purgando, desamparada, en su desierto.

María de Usátegui había confirmado, en su segundo testimonio (*Proceso Apostólico*), que Rosa no sólo identificaba las melancolías, sino las enfermedades y los dolores de su etapa terminal con las penas del Purgatorio, doctrina teológica relativamente nueva en la espiritualidad del virreinato peruano del siglo XVII. Rosa entendía —como el médico seglar— que el Purgatorio no era únicamente un espacio de transición entre la muerte y la vida eterna; era también *ignis purgatorius* que viabilizaba la oportunidad de consumir los pecados veniales por medio de la caridad y de las penitencias. En esto, Rosa guarda un paralelismo innegable con la santa abulense, quien, en la "Séptima Morada", ilustraba sobre la espontaneidad del fuego interior que brotaba desde el centro del alma con el fin de activar sus potencias, que la impulsarían hacia Dios. Según el doctor Del Castillo, Rosa de Santa María no sentía otra cosa que el favor de Dios, quien activaba milagrosamente, en el centro mismo del alma de la bienaventurada, un fuego divino capaz de transubstanciar sus potencias naturales, liberadas de pecados hechos cenizas. Siguiendo, pues, el pensamiento del «Aquiles místico», Dios alienaba a la facultad cognoscitiva de todo conocimiento y a la voluntad de todo objeto amoroso con el propósito de que el alma purgara sus culpas. Simultáneamente, Dios dejaba una noticia muy delicada en el alma agraciada para que, en su «aridez», se cumpliera la paradójica realidad —tan teresiana— de vivir muriendo[39].

Acto seguido, el médico seglar del Santo Oficio le preguntó a la virgen limeña qué tal sentía su ánima cuando salía cada vez de estas figuras. Rosa calló; según el confesor: «se detuvo como una cosa muda». El doctor le repitió la pregunta dos veces más y, obligada a contestar,

> respondió con mucha vergüenza y humildad y el rostro como una grana: que, cada vez que salía de estas tinieblas sobreviniéndole la oración de unión arriba dicha, quedaba su ánima (si es que se podía decir; que para ello pedía

[38] *Primer Proceso Ordinario*, 2002, p. 33.

[39] Mujica Pinilla, 1996, pp. 133-134.

licencia como impecable) de tal manera que le parecía que por ningún modo ni manera su ánima no podía pecar[40].

Aunque justificable, a tenor de la teología mística del médico seglar, de seguro que estas últimas palabras de Rosa —de claro abolengo doctrinal mesalianista[41]— le hubieran podido adjudicar una tercera y seria acusación ante el tribunal inquisitorial limeño[42].

Después de advertirle que tales figuras de Infierno y de Purgatorio eran altísimas mercedes de Dios para el ánima en el proceso de acrisolarse y purificarse, Del Castillo volvió a inquirir sobre qué le sucedía con su Dios cuando superaba estas figuras: «Respondió que luego le venía al ánima y al corazón un calor sobrenatural suavísimo con una fragancia de unos rayos de gloria al ánima y al interior sensitivo, y que se hallaba unida con su Dios cada vez que le sucedía, que siempre le parecía que iba en aumento»[43]. Nótese la

[40] *Primer Proceso Ordinario*, 2002, p. 34.

[41] Los mesalianos (siglos X-XI) son el nexo de transición entre los maniqueos y los bogomilos en el Imperio bizantino. A pesar de la escasa documentación que existe sobre estos herejes, se sabe que eran numerosos en Siria, donde parece haber nacido el movimiento. Su aportación al bogomilismo radica en la noción dualista de que, en el hombre, existe un demonio interior que únicamente puede ser expulsado por la visitación del Espíritu Santo, que inicia una transformación sustancial en el agraciado. Por dicha obra regeneradora, el mundo material se anula para el iniciado —al estilo de la *transformatio* que experimentan los quietistas cuando alcanzan su estado más alto de oración—, de modo que participaban de la gracia divina de la *impecabilidad* (Nelly, 1997, pp. 197-198). De acuerdo con este rasgo de la santidad, sólo Jesucristo, los ángeles superiores y los que lo serán algún día (es decir, los elegidos que no pueden ya realizar el mal ni ser tentados por él) pueden mostrarlo en virtud del deseo de Dios de haber basado toda su creación en lo *incorruptible* —porque comparte su esencia divina—, aunque fallido por la intervención del demonio. El hombre liberado por mediación del Espíritu Santo se halla, de este modo, en estado de gracia, y, como la gracia y el pecado no pueden coexistir, alcanza la impasibilidad —la verdadera libertad, que consiste en la imposibilidad de hacer el mal— y la aludida impecabilidad (Nelly, 1997, pp. 160-161).

[42] El precedente europeo de esta herejía se puede ubicar cronológicamente en 1310, cuando el Santo Oficio quemó viva a Margarita Porete, acusada de partidaria practicante del Libre Espíritu. Este movimiento heterodoxo había roto sus vínculos con la Iglesia por fomentar un misticismo radical, que perseguía la unión con Dios, en la cual —a tenor de los libre-espiritualistas— el hombre adquiría tal grado de perfección que, aún en su existencia terrenal, no podía pecar más. Por si fuera poco, algunos se sentían tan unidos a Dios y a Cristo que afirmaban impertérritos: «Soy Cristo, y soy aún más...» (Eliade, 1999, pp. 262-263).

[43] *Primer Proceso Ordinario*, 2002, p. 34.

congruencia entre esta descripción rosariana de una experiencia sobrenatural y la que tuvo por primera vez santa Catalina de Siena: la del Dios sonriente que, desde su trono, la había rodeado de luz. Rosa ha empleado un lenguaje que apela a los sentidos, a la exageración y a las contradicciones, como el de los místicos afectivos. Esta descripción extática se engalana con imágenes sensoriales como: «venía al ánima y al corazón» (cinética), «un calor sobrenatural» (táctil hiperbólica), «una fragancia de unos rayos de gloria» (sinestesia: olfativo-visual-táctil) y un «calor suavísimo» (oxímoron) cuyo superlativo —no menos hiperbólico— aminora la intensidad térmica del sustantivo. Dios se le revela a Rosa en una embriaguez caleidoscópica de sentidos trastocados, que se contradicen; es un lenguaje que no devela el misterio de Dios, mas sugiere su presencia indiscutible.

Un último fenómeno extraordinario en la vida de Rosa de Santa María se relaciona con sus visiones y su culto a las imágenes sacras. La primera visión rosariana que Del Castillo documentó en su testimonio tuvo por circunstancia la experiencia de unión con Dios:

> Y este testigo le tornó a preguntar si le sucedía con Dios otra cosa más de lo dicho, y la dicha se paró y no respondió. Volvióle este testigo a decir que no era tiempo de callar en tiempo de examen, ni tampoco se servía Dios que, en semejante caso, callase. Respondió la susodicha que en la unión, después de las dichas figuras de infierno y purgatorio, algunas veces veía a Cristo, nuestro Señor. Y este testigo le preguntó que de qué manera le veía: si le veía con los ojos corporales o con el ánima. Respondió que no le veía con los ojos corporales, sino allá con el ánima en la unión. Y este testigo le preguntó si le veía claro. Respondió que muy claro, aunque no todo el cuerpo, mas que sólo el rostro y el pecho. Y preguntóle este testigo si estaba algún tiempo mirándole rostro a rostro. Respondió que pasaba así, de través, como por una línea a modo de una estrella cuando corre. Declaróle este testigo que era una visión imaginaria, pues ella conocía que estaba unida con su Dios. Preguntóle este testigo que dijese qué figura tenía Dios. Dijo que era como un mar infinito o nube infinita y que no se sabía más declarar[44].

El doctor procedió a explicarle que aquella figura (el mar infinito o la nube infinita) junta la humanidad de Cristo con Dios, y significaba en figura imaginaria, la unión hipostática[45], es decir, la unión de Dios Padre

[44] *Primer Proceso Ordinario*, 2002, pp. 34-35.

[45] La etimología del adjetivo tiene su raíz en el sustantivo *hipóstasis*, del griego «sustancia», derivación verbal griega de 'soportar, subsistir' (Moliner, 1989, p. 50). El con-

(«nube infinita», espacio celeste, divinidad) con Dios Hijo encarnado en Jesús («mar infinito», espacio terrestre, humanidad).

No está de más advertir que la metáfora rosariana «Dios-mar infinito» se puede rastrear a todo lo largo de la literatura mística universal. Tiene su raigambre semítica en la ecuación «Dios = océano» de la poesía sufí, cuyos místicos —Muhammad ibn 'Abdu'l-Jabbar al-Niffari (m. 965) la inició, Muhyiddin Muhammad Ibn 'Arabi (m. 1240) la elaboró y Maulana Jalaluddin Rumi al-Balkhi (m. 1273) la heredó de aquél— la emplearon para aludir a la belleza y a la majestad del poder de Dios[46]. El Maestro Eckhart tampoco pudo desasirse de ella cuando la utilizó como comparación de la unión del alma agraciada (una gota de agua) con Dios (el océano): «al caer en el océano se identifica con él. Pero el océano no se identifica con la gota de agua»[47]. Incluso un escritor de la actualidad, como Ernesto Cardenal, la prodiga en el lenguaje de veladura mística de su *Vida en el amor*[48], con el mismo olor semántico que le adjudicaron los sufíes y santa Rosa: «Y el alma [...] ahogada en un océano de deleite insoportable, sin orillas y sin fondo»[49], y no es —ni puede ser— más que una simbología delirante, que racionalmente no significa nada porque resulta ser una hipérbole, un «dislate» que apunta hacia la infinitud de la experiencia[50].

Del Castillo inquirió a santa Rosa sobre si había visto otras figuras, además de la de Cristo, a lo cual ella respondió que sus visiones de mayor duración eran con la Virgen María. En otras ocasiones, se le revelaba el Niño Jesús, al que veía con suma claridad, aunque entre ella y él había como una niebla que no era óbice para el contacto amoroso: «desde el niño Jesús a su ánima y al cuerpo le venía una cosa de muy grande deleite, y que corría desde [el] niño a su ánima y cuerpo a modo de una llamarada de fuego y que no era fuego, sino una cosa que ella no sabía significar, mas

cepto se define como la unión substancial de las naturalezas divina y humana en una sola persona, la de Cristo (Richardson y Bowden, 1983, p. 274).

46 Schimmel, 1975, p. 286.

47 Eliade, 1999, p. 257.

48 Cardenal, 1979, p. 73.

49 Jorge Luis Borges hizo uso de la metáfora en su celebrada narración «El Aleph», donde elabora toda una visión cósmica del infinito a base de una enumeración de aspecto caótico e iniciada —grata coincidencia—, precisamente, con «el populoso mar», cuyos epíteto y nombre aluden en sí a la abundancia ilimitada de agua (Báez Rivera, 1999, pp. 96-97; 2003b, pp. 134-135), término vivificado con el que se autodenominó Cristo en los Evangelios.

50 Báez Rivera, 1999, p. 93.

que sentía grandísimo deleite en el ánima y en el cuerpo»[51]. Aquí, nuevamente, el lenguaje místico rosariano echa mano de la autonegación sugerente, mas no definitoria, de los elementos recibidos en la experiencia sobrenatural.

En una de estas visiones provocada no sólo por la meditación, sino por la contemplación de una imagen pintada del Niño, escuchó por vez primera la proposición nupcial: «Rosa, amiga mía, despósate conmigo» o —la más frecuente en los testimonios del *Primer Proceso Ordinario*—: «Rosa de mi corazón, sé mi esposa». Del Castillo le solicitó que especificara si el Niño le había hablado en locución intelectual o locución vocal; pero Rosa se limitó a insistir en que lo entendía exclusivamente mirándose rostro a rostro. Y describió su gozo por este desposorio como una alegría sobrepujante de todo lo demás que le había ocurrido, por cuanto se hallaba más aventajada que otras veces[52].

La segunda visión del Esposo, registrada en el testimonio del doctor, muestra a Cristo en una comunicación visual, directa y prolongada con el alma extasiada:

> Dios [...] fue servido que un día, poco antes que me viniese esta enfermedad, tuviese un grande arrobamiento en el cual vide una muy grande luz que parecía una cosa infinita y, en medio de ella, vide un arco muy lindo y muy grande y de muchos [*sic*] y muy varias pinturas. Y, sobre aquel primer arco, vide otro arco tan lindo y hermoso como el primero y, sobre el segundo arco, vide una cruz donde Cristo fue crucificado. Y luego vide a nuestro Señor Jesucristo debajo del primer arco, con tanta grandeza y majestad y hermosura que no lo puedo ni se puede explicar. Y vídele muy diferentemente de como las demás veces le he visto, porque las demás veces le veía que pasaba de través; ahora, le vide rostro a rostro mucho espacio de tiempo. Y fue su divina majestad servido de darme fuerzas para estarlo mirando mucho tiempo rostro a rostro, todo entero, de pies a cabeza. Y de su rostro y cuerpo le venían a mi ánima y a mi cuerpo unos rayos y llamaradas de gloria que pensé que había acabado con este mundo y que estaba en la misma gloria[53].

Rosa hace la salvedad de haber visto a Jesús, Dios-Hijo, rostro con rostro por largo tiempo en virtud de las fuerzas de Él en ella; pero —como ya

[51] *Primer Proceso Ordinario*, 2002, p. 35.
[52] *Primer Proceso Ordinario*, 2002, pp. 35-36.
[53] *Primer Proceso Ordinario*, 2002, p. 37.

se sabe—, en las confesiones de Rosa al médico seglar, había visto a su Dios metaforizado en «un mar infinito o nube infinita»... Esta visión imaginaria de unión con Dios pertenece al conjunto de visiones espirituales, muy dependientes de la simbólica corporeidad contra la que san Juan de la Cruz se pronunció en los comentarios en prosa a sus poemas mayores. Así pues, enmarcado en una arquitectura barroca («un arco muy lindo y muy grande y de muchos y muy varias pinturas»)[54], Cristo resucitado le comunica a Rosa su afecto mediante luz y calor que emanan de su rostro y cuerpo glorificados.

Rosa prosiguió su narración con la visión de Cristo como juez, con un peso y unas balanzas, acompañado de miríadas de ángeles y de ánimas que lo adoraban. Los ángeles intentaron pesar y medir fallidamente los trabajos y las consecuentes gracias, que el propio Cristo optó por pesar y repartir a las ánimas allí presentes, de las cuales la bienaventurada doncella limeña aseguró haber recibido un trabajo muy grande; en sus palabras: «vide que me repartió a mí mucha gracia y más gracia». De igual modo, vio que las ánimas —como ella— rebosaban en gracias por la boca y los oídos, por lo cual añadió: «a mí me rebosaba la gracia que no me cabía, y declaróme Jesucristo y me dijo: "Sepan todos que, tras los trabajos, viene la gracia, y que, sin trabajos, no hay gracia. [...] Y desengáñense todos, que esta es la escala del cielo y no hay otra ninguna"»[55]. Las últimas palabras de esta sentencia divina serían determinantes para la reproducción del modelo tradicional de la escala mística en sus hológrafos. Del Castillo volvió a preguntar el modo que tuvo Cristo para darle a entender lo que allí medía y pesaba, si era por habla intelectual o vocal. Rosa, candorosamente, se confesó lega en materia de tecnicismos teológicos («no entendía ella esos lenguajes de hablas intelectuales ni vocales»), y refirió su vivencia sirviéndose de una descripción plástico-cinética: «veía [que] de *la boca de Jesucristo* salía una cosa muy linda y entraba por *su boca de ella* que no sabe qué se era, mas que por allí se entendían Cristo y ella» (cursivas mías)[56].

[54] El doctor Del Castillo no dejó pasar por alto ni siquiera la disposición pictórica del arco en esta visión, por lo cual Rosa reitera su fracaso comunicativo al responderle que «no sabía qué color había acá en el mundo a que compararle, mas que era tan lindo y tan lleno de diversos colores que no sabía significarlo, mas que le parecía que embebía en sí todos los colores del mundo» (*Primer Proceso Ordinario*, 2002, p. 38).

[55] *Primer Proceso Ordinario*, 2002, p. 38.

[56] *Primer Proceso Ordinario*, 2002, p. 38.

Conviene recordar en este punto la exégesis sanjuanista —no imagen visual ni auditiva, como las de Rosa— sobre la etapa más alta de la contemplación, en la que Dios se revela al alma agraciada de manera simbólicamente oral (boca a boca), que significa la esencia pura y desnuda de Dios, representada en «la boca de Dios en amor», con la del alma inmersa en el amor de Dios. La dependencia de las imágenes sacras caracteriza a Rosa de Santa María como una joven mística de visiones propias de los niveles intermedios de la etapa iluminativa, que —admirablemente— persisten en la unitiva plena con Dios. Por eso, el misticismo de Rosa está más cercano al de Teresa de Jesús que al de Juan de la Cruz, conociendo bien la diferencia entre estos dos místicos peninsulares[57]. Sobra destacar, de otra parte, el erotismo figurado en la oralidad del mensaje que prescinde de la palabra y se metamorfosea en *una cosa* cuya belleza es, asimismo, vagamente descrita e indudablemente inefable. Esto rememora, de una parte, el lenguaje de los ángeles de las jerarquías celestes que postulaba Dionisio el Pseudo-Areopagita; de otra, al teólogo Giordano Bruno, que se refiere a ello como lenguaje instantáneo y no-verbal en las exposiciones en torno a su universalismo religioso sobre la función de la magia egipcia, la cual perseguía interpretar el heliocentrismo copernicano como un jeroglífico de los misterios divinos[58].

[57] Luce López-Baralt ha visto que estos místicos enfocan su espiritualidad trascendida de diferente modo. Juan de la Cruz es *in extremis* abstracto, con enfático repudio a las imágenes en la etapa unitiva, por considerarlas una atadura obstaculizante, proclive a la fragmentación y desunión del Todo. Sin embargo, Teresa de Jesús insiste «en las voces —que san Juan de la Cruz trasciende y aun teme— y en las imágenes como la del ángel de la transverberación». Son, incluso, tan opuestos en su ideario sobre la etapa unitiva que lo que San Juan indica sobre la meditación en las imágenes como asunto de principiantes en su *Subida del Monte Carmelo* (II, 12, 6), Santa Teresa lo refuta en sus *Moradas del castillo interior* (VI, 7, 5) al instar al lector a meditar en el aspecto humano de Jesucristo aun después de la unión transformante (1998, p. 233). Habiendo adquirido conciencia de que la mística no es monolítica ni homogénea en todos los contemplativos —aun de la misma tradición religiosa—, la espiritualidad rosariana entabla paralelos con la teresiana en su afición y culto a las imágenes sacras —en especial, las de la Pasión de Cristo—, con las que alcanzaba un estado alterado de conciencia de genuino arrobamiento, mas pocas veces de éxtasis místico de unión consumada con Dios. Sólo en las «Mercedes» y en la «Escala espiritual» la santa boricuo-peruana expresa de manera iconográfica-verbal contadas experiencias de luz que merecen la clasificación de místicas *stricto sensu*, de acuerdo con la teología trascendente del Doctor Místico.

[58] Eliade, 1999, p. 321.

Más intrigado aún, Del Castillo le rogó a Rosa que detallara qué figura tenía la gracia o qué color. No vaciló Rosa en replicarle que no se entendía con colores ni sabía qué color tenía. Insatisfecho el doctor, le cuestionó que cómo podía conocer algo sin forma ni color; la joven, entonces, recurrió a un lenguaje mucho más críptico y dio por terminado el interrogatorio: «era la gracia una cosa así como Dios, pero bien veía ella que no era el mismo Dios»[59]. La experiencia rosariana demuestra aquí su capacidad de superar, de un momento a otro, el código místico-erótico —tan alusivo al «Que me bese con los besos de su boca» del *Cantar*— en busca de una expresión más abstracta, más quintaesenciada. Este estilo expresivo de Rosa la relaciona, sin duda, con la teología negativa de Dionisio el Pseudo-Areopagita y del Maestro Eckhart, a la vez que con algunas ideas de la poesía beguinense[60].

Clasificadas por Del Castillo como visiones imaginarias, Rosa cobró conciencia de que sus experiencias visionarias eran del Cielo. Y el doctor Juan del Castillo concluyó que su sierva estaba libre de engaño alguno en sus virtudes y en su vocación. De otra parte, la mística rosariana tiene directa relación con su culto a las imágenes sacras, algunas de central relevancia como la de la Virgen del Rosario en el templo dominico y las pinturas de la Virgen y el Niño, de las cuales obtuvo numerosas mercedes. La imagen tallada de la Virgen del Rosario en la iglesia de santo Domingo significó para Rosa un objeto litúrgico de contemplación, el cual le sirvió de canal comunicativo de las revelaciones divinas. Existía entre la imagen plástica y su representación una *afinidad platónica* que permitía estos diálogos entre Rosa y la Virgen por la *oculta simpatía* que se reciprocaban. De este modo, la estatua «no expresaba un mero sentimiento de piedad, sino un conocimiento metafísico»: i. e., «la imagen era un libro de teología»[61].

[59] *Primer Proceso Ordinario*, 2002, pp. 38-39.

[60] Hay otras semejanzas entre las beguinas y Rosa de Santa María. En cuanto a los confesores, no sorprende otro paralelismo: el de la guía espiritual encomendada a la Orden de Santo Domingo, al punto de que muchas casas de beguinas se tornaron —más adelante— en cenobios dominicos. Vale la pena agregar que, aun en la ascesis, Rosa de Santa María hallaría su precursora más lejana en Beatriz de Nazareth, monja cisterciense que, a los cinco años de edad, ya había memorizado el salterio; a los siete, su padre la había confiado a la escuela de las beguinas y, a los 10, practicaba modalidades de autodisciplina como el dormir sobre espinas, flagelarse, ayunar obsesivamente y vestir atuendos incómodos (Epiney-Burgard y Zum Brunn, 1998, pp. 103-105).

[61] Mujica Pinilla, 1996, p. 145.

Gran parte de los milagros rosarianos está relacionada, de hecho, con su culto a las imágenes. El mejor ejemplo es el cuadro de la Virgen de la Leche, atribuido a Pérez de Alesio, que don Gonzalo exhibía en el oratorio de su casa. La Virgen, con el Niño dormido en sus brazos, hería dulcemente el pecho de Rosa con dardos de fuego que le traspasaban el alma. Y ésta es sólo una de una prolongada lista de experiencias extraordinarias de Rosa con diversas imágenes de devoción:

> Estando a punto de desfallecer por sus prolongados ayunos, Rosa es reconfortada por el 'Cristo de los Favores' dándole a beber sangre de la herida abierta de su costado[62]. La imagen del Niño Jesús en el oratorio de don Gonzalo le parecía que se le quería venir del altar con los brazos abiertos. La efigie de santa Catalina, que Rosa adornaba tres veces al año para las procesiones organizadas por su cofradía, en una ocasión le cura los dolores de gota de su mano derecha. En otra ocasión, Rosa hace florecer claveles en su huerta para adornar esta imagen[63]. Rosa le solicita a un Ecce Homo en casa de don Gonzalo —pintado por Angelino Medoro Romano— "diesse noticia para que todos lo amassen" y no tardó el rostro del Cristo en emanar un milagroso sudor medicinal[64]. Nuestra

[62] Un lienzo titulado *Rosa bebiendo sangre del costado de Cristo* (anónimo, siglo XVIII) se exhibe en la Casa de Ejercicios de Santa Rosa, en Lima.

[63] Otra pintura alude a este prodigio con el título de *Milagro de los claveles* (anónimo, siglo XVIII), conservada en la Basílica-Santuario de Santa Rosa, en Lima.

[64] El 15 de abril de 1617, sonada la hora de la oración —las siete de la noche— en la casa de don Gonzalo de la Maza, presenciaron el milagro doña María de Usátegui, sus dos hijas de poca edad (Micaela y Andrea de la Maza) y la joven Rosa. Cuando la niña Micaela se levantó para despabilar las velas, vio que el rostro, cabello y barba del *Ecce Homo* estaban mojados «como llovido de rocío», y, al indicárselo dos o tres veces a Rosa, lo oyó su madre, que se levantó y corroboró ser así lo que la niña decía: la imagen pintada sudaba «unas gotas muy menudas y claras que se iban juntando y destilando algunas por el rostro, cabello y barba hasta el marco». Don Gonzalo mandó a llamar a Angelino Medoro para que le explicara si aquella agua y sudor podían proceder de causa natural de la pintura; pero el autor del cuadro no pudo precisar el origen del fenómeno. Solicitado también por De la Maza, el padre Diego Peñaloza llegó a las ocho y media de la noche, observó con detenimiento y empezó a limpiar con algodones y papel la imagen, cuyo sudor no cesó de emanar hasta las diez de la noche, cuando acabó de enjugar la imagen (*Primer Proceso Ordinario*, 2002, pp. 61-62).

Doña María de Usátegui dio testimonio del efecto curativo de aquel sudor milagroso: «estando la dicha bendita Rosa mala de un brazo que tenía molidos los nervios de una caída que dio segundo día de pascua pasada de este año y habiéndole hecho muchos remedios para ello, ninguno le aprovechó, y los cirujanos decían que tenía mal largo porque su cura era más dificultosa que si fuera quebrado, [...] le dijo la dicha ben-

Señora de los Remedios del altar mayor en la iglesia de la Compañía le escondía a Rosa sus instrumentos de penitencia para que la gente no los descubriera. Rosa se confesaba dos veces al día —por la mañana y por la noche— ante una imagen de Santo Domingo en la iglesia de su advocación [...][65].

Para decir más, en las lecturas espirituales que Rosa frecuentaba, el nombre de Jesús se metamorfoseaba en figura muy diminuta; i. e., la palabra se tornaba en microfigura que daba algunos pasos sobre la lectura y se volvía a introducir en el contenido verbal. Estas apariciones están directamente relacionadas con una pequeña efigie que Rosa tenía del Niño Jesús conocida como «el Doctorcito»[66].

La realidad místico-psicológica de Rosa de Santa María se resume en el poder de las imágenes sacras sobre un espíritu divinamente hipersensible o, como postula Mujica Pinilla: «la contemplación de un icono la colocaba en el umbral sutil del intermundo: de la imagen real, ascendía a la realidad de la visión»[67]. En síntesis, su misticismo fue más bien visionario, según las informaciones vertidas en los procesos. Sólo durante los tres últimos años de su vida —en los que experimentó la insufrible noche oscura del alma—, llegó al esplendor de la auténtica unión con Dios en el instante que lo vio en las imágenes lumínicas y térmicas que aparecen en los gráficos de sus hológrafos o como la nube y el mar infinitos de sus declaraciones en el examen oral de 1614. No sería riesgoso colegir que Rosa de Santa María fue más una mística visionaria, aunque algunas mercedes plasmadas en sus hológrafos la proponen como una visionaria de misticismo trascendente, acaso tangencial con el de san Juan de la Cruz. En cualquier caso, la «teología del icono» —como acertadamente la denomina Mujica Pinilla— le facilitó a Rosa el vínculo saludable entre la vida activa y la contemplativa al emplear su imaginación en arte manual, destreza que le permitió, a su vez, enriquecer su expresión literario-mística, ya que su lenguaje es la feliz conjunción de palabra y aguja, frase y bordado, a la vez que pergeñaba la primera manifestación estética del Inefable en Hispanoamérica.

dita Rosa a esta testigo que le parecía que si se pusiese unos pañitos de aquellos algodones se sanaría [...].Y esta testigo se los puso a las doce del día y la dejó encerrada en el oratorio, de donde salió a las dos dadas diciendo: "Madre, ya estoy buena; dé gracias a Dios".Y preguntándola que lo mostrase, tiraba el brazo y le sacudía como si no hubiese tenido tal» (*Primer Proceso Ordinario*, 2002, pp. 114-115).

[65] Mujica Pinilla, 1996, pp. 147-148.

[66] Mujica Pinilla, 1996, p. 149.

[67] Mujica Pinilla, 1996, p. 150.

## ¿Rosa alumbrada?

Con ocasión del comentario de la espiritualidad rosariana, importa abordar la del contexto en que se desató una persecución contra un grupo de mujeres, mal calificadas de alumbradas, en el virreinato del Perú. Conviene, entonces, repasar rápidamente este fenómeno heterodoxo en la espiritualidad española para trazar sus repercusiones en las colonias de ultramar.

El alumbradismo es la pre-Reforma subterránea y de prosapia peninsular que nace en la metrópoli y se traslada a América de manera nominal, como una suerte de cajón de sastre donde se sistematizaba todo tipo de desviación doctrinal a ser procesada por el Santo Oficio. El estudio pionero e inmediato clásico de Marcel Bataillon, *Erasme et l'Espagne*, ha fijado el centro de esta pre-Reforma española en la polifacética figura del cardenal Francisco Ximénez de Cisneros, quien, muchos años antes de colocarse tantos sombreros de autoridad religiosa y política, no dudaría en declinar al deseo de su reina de nombrarlo arzobispo ante el enriquecido y politizado clero secular. No bien electo por la Reina Católica como su confesor, Cisneros emprende la reforma de todos los monasterios femeninos y masculinos, aunque en el ámbito de su orden franciscana. Quita a los conventuales sus monasterios, «por las malas o por las buenas» —subraya Bataillon—, e instala a los observantes. La misma suerte inevitable alcanza a la Orden de Predicadores, y hasta se hace extensiva a órdenes no mendicantes, como la de los benedictinos y los jerónimos. Con la creación de la Universidad de Alcalá, orientada a la Teología para mejorar la calidad de los sacerdotes y religiosos, se introduce el estudio directo de la Biblia con la ayuda de las versiones originales de los Testamentos. Es el preámbulo a la Biblia Políglota cisneriana, en la que contribuyen notablemente el hebraísta converso Alonso de Zamora y un reticente Antonio de Nebrija, que comulga con Erasmo en cuanto a la corrección o prescindencia de la Vulgata *vis à vis* los originales hebreos, caldeos y griegos[68].

Fray Ambrosio de Montesinos vuelca al castellano la *Vita Christi* de Ludolfo de Sajonia, impresa en Alcalá (1502-1503) por el mercader García de Rueda en cuatro volúmenes robustos. Una década después, el franciscano español repite su hazaña con las *Epístolas* y los *Evangelios* litúrgicos, a petición del rey Fernando. De otros traductores españoles que habían inspi-

[68] Bataillon, 1982, pp. 1-38.

rado a Montesinos o que lo emularían, entran en circulación los *Diálogos* de san Gregorio Magno, las *Vitae patrum* de san Jerónimo, las *Meditaciones, soliloquio y manual* apócrifos y las *Confesiones* de san Agustín, entre tantas más. Bataillon certifica sin paliativos: «todo el drama de la Contrarreforma está aquí en germen». El misticismo se pregona en los manuales de espiritualidad, contribución del arzobispo de Toledo, Cisneros, quien ordena, además, el paso por las prensas de la *Escalera espiritual* de Juan Clímaco, del *Libro de la bienaventurada sancta Ángela de Fulgino* —con la Regla de Santa Clara y un *Tratado de la vida espiritual* de san Vicente Ferrer—, del *Libro de la gracia espiritual* de santa Matilde, de las *Epístolas y oraciones* de santa Catalina de Siena y de unos opúsculos de Girolamo Savonarola. Todos, en lengua vulgar, eran textos destinados a las monjas y a los frailes; pero —según afirma el hispanista francés— «no podía menos de desear que se difundiesen fuera de los conventos, poniendo a la admiración de los fieles, si no a su imitación, ejemplos tan sublimes». Hasta la filosofía de Aristóteles, Boecio, Séneca y Petrarca es estimada como una preparación a la imitación de Cristo[69]. Los alumbrados tienen, así, el camino franco a su surgimiento como alternativa de reforma en el ámbito seglar y tangencial con la capitaneada por Cisneros en los círculos religiosos.

Los apelativos «alumbrado» e «iluminado» eran prácticamente intercambiables en la España de principios del siglo XVI. Aquél pretendía alternar con éste para significar exactamente lo mismo: la recepción de la luz espiritual en el alma, ya fuera por la acción de Dios o la del demonio. Por no citar más que dos ejemplos, el bachiller Antonio de Medrano aseguraba, ante el tribunal eclesiástico de Valladolid en 1519, que tenía el derecho de atenerse a la beata Francisca Hernández, a quien tenía «por persona *alumbrada*», cada vez que los doctores discrepaban en su opinión. Los inquisidores quedaron satisfechos con la explicación por interpretar el calificativo «alumbrada» como un acto de Dios. En el segundo escenario, el mismo vocablo denota una influencia demoníaca como sucedió con el conocido fraile de Ocaña, «*alumbrado* con las tinieblas de Satanás», según el juicio de fray Alonso de Pastrana. Del epistolario de Pedro Ruiz de Alcaraz, se deduce que tanto el mote de «alumbrados» como los de «dejados» y «perfectos» fueron pegatinas por escarnio y mofa del vulgo a los grupos reformistas en Toledo. Su equivalencia con el término «iluminado» aparece por vez primera en el proceso contra Medrano, conducido por el Santo Oficio de

[69] Bataillon, 1982, pp. 44-51.

Logroño en 1526, donde se lee: «siguiendo, la opinión de los vulgarmente llamados *iluminados*»[70]; sin embargo, en el Edicto de 1525, «*alumbrado* o *iluminado* es el que de alguna manera pertenecía o se creía pertenecer consciente o inconscientemente a la secta de este nombre tal como aparece delineada en dicho Edicto»[71].

Horacio Santiago Otero postula la igualdad semántica del vocablo «iluminado» con lo mismo que, en el contexto académico, llevaban los términos *lumen, illuminatio, illuminari, illuminati*: el poder y la revelación de Dios en los espirituales. Los *illuminati* eran quienes recibían el bautismo en la Iglesia primitiva. Prácticas «deshonestas» de ciertos religiosos con sus devotas le conceden un giro negativo y ajeno a la voz latina, según los escritos de Villava. Este iluminismo[72] no debe confundirse con la secta francmasónica del último cuarto del siglo XVIII: «Ninguna relación existe, ni de dependencia ni de coexistencia[,] entre nuestros iluminados y la secta del mismo nombre fundada por Adam Weishaupt en 1776, inspirada en principios francmasónicos y a la que el barón de Knigge dió [*sic*] rápido impulso a partir de 1780"[73]. Mucho menos con el movimiento filosófico-cultural que cubre los finales del siglo XVII y la totalidad del XVIII, llamado *Ausklärung* o «filosofía de las luces» por los alemanes. En este sentido, es incontestable la raigambre española de la voz «alumbrado» a estos fines, de modo que sería más propio hablar de *alumbradismo* que de *iluminismo* para evitar ambigüedades. Concurro con el citado estudioso, consciente, como él, de que ni una ni la otra palabra están reconocidas, pero que, para propósitos de este trabajo, se acuña el término con dicha salvedad: «La palabra "iluminismo" se encuentra a veces ya reemplazada por su correspondiente alumbradismo, aunque por razones filológicas prefiramos alumbrismo»[74].

El debut del término en sentido peyorativo acaeció por escrito en la comunicación de fray Alonso de Pastrana al cardenal Cisneros en torno a los sueños de un iluso de Ocaña —el fraile visionario que, en 1512, había solicitado a la madre Juana de la Cruz para procrear con ella al nuevo Mesías—: «un religioso contemplativo *alumbrado* con las tinieblas de Satanás» (lo opuesto del «rayo de tiniebla» pseudo-dionisiano). Los mismos

[70] Selke de Sánchez, 1956, p. 402

[71] De la Inmaculada, 1957, pp. 51-52.

[72] De la Inmaculada no lo admite como equivalente del alumbradismo, cuya cronología se fija en los inicios del siglo XVI hasta el primer tercio del XVII (1957, p. 52).

[73] Santiago Otero, 1955, pp. 614-617.

[74] Santiago Otero, 1955, p. 618.

que se reunían en conventículos lo utilizaban entre ellos por considerarse recipientes de la luz especial del Espíritu Santo; así, un testigo no se muerde la lengua para declarar ante el tribunal del Santo Oficio que había escuchado a Medrano decir de Francisca Hernández que «era persona alumbrada», e incluso ella lo afirmaba de sí misma. Casi un siglo después, el inquisidor Pacheco publicaba un edicto de gracia el 9 de mayo de 1623, en el cual se refería a los alumbrados con otras equivalencias: «perfectos», «dejados» y «congregados». Eran perfectos por el sumo grado de santidad alcanzada, *gnosis* que, a principios del siglo XVI, se denominó «recogimiento» o «dejamiento» del alma a la voluntad de Dios. El último mote obedece a las reuniones de los místicos reformadores en conventículos y casas particulares a espaldas de la jerarquía eclesiástica, disuadiendo a los fieles de asistir los templos e iglesias[75].

## PRIMA LUCE. *LOS ALUMBRADOS DE TOLEDO (CA. 1512-1525): HISTORIA DE UNA MÍSTICA FRATRICIDA ENTRE RECOGIDOS Y DEJADOS/ABANDONADOS*

«Nada más significativo —reza la feliz sentencia de Bataillon— que los franciscanos de ascendencia judía hayan sido la puerta ancha del alumbradismo»[76]. De hecho, los orígenes doctrinales del movimiento de reforma autóctona retrotraen a un alumbradismo preexistente en la España de los conversos que se refugian en una espiritualidad mucho más interior, poco simpatizante con el aparato eclesial, ritual y dogmático del catolicismo. Las coincidencias entre el alumbradismo y la espiritualidad sufí, trazadas por Miguel Asín Palacios en su estudio inconcluso *Sadilies y alumbrados*[77], son diáfanas y merecen una reconsideración de la crítica actual. Con ánimo contrario al del arabista zaragozano, Eugenio Asensio contribuye en destacar el aspecto marginal del movimiento de reforma español, tal vez con el mismo celo religioso que abrasó al inquisidor general:

> La herejía de los alumbrados es la única que ha echado raíces en la España de los siglos XVI y XVII. Es el hermano negro del misticismo al que sigue como la sombra al cuerpo, o como la cizaña al trigo. Nada tiene de asombroso que haya

[75] Santiago Otero, 1955, pp. 615-617.
[76] Bataillon, 1982, p. 61.
[77] Asín Palacio, 1989.

brotado y rebrotado como una rama bastarda del gran árbol de la piedad franciscana, y que muchas veces se haya confundido con ella[78].

Sea como haya sido dicho ojo de agua, las ideas proféticas de fray Melchor, un misterioso iluminado, conforman un caudal de novedosa espiritualidad que motiva sendos informes en agosto y noviembre de 1512, dirigidos a Cisneros, por un tal fray Andrés, del monasterio de Lupiana, y por fray Juan de Cazalla —capellán del cardenal, futuro obispo *in partibus* de Verisa y sufragáneo de fray Francisco Ruiz, obispo de Ávila— que las denuncia tarde y de modo atenuante... Lo cierto es que Juan de Cazalla las había consentido por el paralelismo que guardaban con las de Charles de Bovelles —visionario francés que vaticinaba la transformación de la Iglesia con la caída de los reinos europeos— y con la tradición escrituraria de santa Brígida, santa Catalina de Siena y san Vicente Ferrer. No se habla aún de alumbrados ni de conventículos; pero aparece por vez primera el término «alumbrado» en contra del anónimo y piadoso fraile franciscano de Ocaña por el custodio fray Antonio de Pastrana[79].

Los comienzos de la actividad alumbradista deben anteceder al año 1512, cuando termina la predicación de fray Melchor, quien había ya coincidido con la beata Francisca Hernández, visionaria salmantina —no sabía escribir siquiera su nombre— que era laica, aunque muy cercana a la Tercera Orden franciscana. Con toda probabilidad, fray Melchor también se había relacionado con Isabel de la Cruz y su fiel discípulo, Pedro Ruiz de Alcaraz, dada su prolongada estancia en Guadalajara. En calidad de movimiento reformista, el alumbradismo corre paralelo con la *devotio moderna* de los Países Bajos, el paulinismo de Jean Colet en Inglaterra, el evangelismo *in extremis* de Lefevre d'Etaples en Francia y el protestantismo de Martín Lutero en Alemania[80]. Para resumir: surge como respuesta en España a las ansias de renovación espiritual fomentadas por los Reyes Católicos y Cisneros ante el malestar de una Europa lúgubre, que buscaba

[78] Asencio, 1952, p. 70.

[79] Bataillon, 1982, pp. 61-68.

[80] Antonio Márquez confirma esta tesis de coexistencia y de fortuitas tangencias entre el movimiento reformista autóctono y el foráneo: «El iluminismo arranca de la oración mental y a ella se revierte. Ahora bien, el iluminismo es la versión española de la Reforma. Entiéndase bien; no un agente extranjero de lo que ocurría en Alemania, sino una respuesta étnica original a una situación religiosa de evidente deterioro que cada cual trataba de reparar a su manera» (1968, p. 327).

«solución y salvación a una caída vertical, religiosa y espiritual, en que se había precipitado la Cristiandad a raíz del cisma de Occidente con el desprestigio del Papa, la falta de virtud y ciencia en el clero y en la jerarquía, y la decadencia de las órdenes religiosas»[81]. Nada que ver con el erasmismo, a pesar de sus acercamientos: rechazo a las formas exteriores de la piedad, abuso de la oración mental en defecto de la vocal; y en virtud de sus distanciamientos: sed insaciable de experiencias extraordinarias, exhibicionismo, ruptura con las normas de urbanidad en la convivencia y la insistencia en dar la obediencia al otro[82].

La primera fase del alumbradismo —la del Reino de Toledo, más natural, genuina, mística y asectaria— es la que importa a los efectos de este estudio, en razón de que los focos ulteriores (Llerena, Extremadura y Andalucía [Córdoba, Baeza, Úbeda, Jaén, Sevilla]), más débiles en doctrina que el originario, comportan desviaciones de índole teatral —afines con el mayor número de casos entre las «pseudovisionarias» indianas— y sexual, de rarísima incidencia en la Colonia.

Castilla la Nueva es el espacio de acción de los primeros alumbrados. Para mejor entender los núcleos y sus doctrinas místicas en las etapas inicial y de desarrollo del alumbradismo, me he ceñido a la división quincunce de fray R. de la Inmaculada, con los *dejados* o *abandonados* por eje de la discusión. Aparecen cinco grupos representativos y claramente diferenciables: los reformadores visionarios, los recogidos, los dejados o abandonados, los seguidores de Francisca Hernández y los de la espiritualidad interiorizante de los Cazallas.

Los visionarios tienen por cabecilla a fray Melchor, que busca consejo con la Beata de Piedrahíta, cuyas visiones entroncan con las de él y las de otros alumbrados recogidos[83]. Parece ser el heresiarca, el *primus pontifex* del movimiento, pues deja plantada la semilla en cada lugar visitado, que, a la corta o a la larga, resulta en potente foco de difusión[84].

Los recogidos conservan la ortodoxia doctrinal y moral en el seno del franciscanismo fiel a la reforma de Cisneros. Abarcan La Salceda y Pastrana,

[81] De la Inmaculada, 1957, p. 53

[82] Asencio, 1952, p. 72.

[83] Con ocasión de vislumbrar si era una alumbrada o no, se desató una acalorada disputa entre el padre Vicente Beltrán de Heredia (1942) y el padre Bernardino Llorca (1942) que suma intenso color al controvertido asunto del alumbradismo.

[84] De la Inmaculada, 1957, p. 58.

Guadalajara, Escalona y Toledo como movimiento de reacción no oficial a la reforma española, pues promueven una espiritualidad más interior, más subjetiva, más contemplativa y menos formulista[85]. Francisco de Osuna la codificó en su *Tercer abecedario espiritual* (1527), del que bebieron célebres místicos como Teresa de Jesús y Juan de Ávila. Quizá la versión más maravillosa y exaltada del recogimiento fue representada por fray Juan de Olmillos, fray Francisco de Ocaña y Francisco Ortiz, aficionado a la beata Francisca Hernández.

Los dejados o abandonados se originan en el mismo tiempo y espacio de los recogidos, con quienes intercambian impresiones. Isabel de la Cruz, costurera pobre, aunque bien recibida en los palacios de nobles prestigiosos y poderosos, y Pedro Ruiz de Alcaraz, su discípulo, contador del marqués de Priego y luego predicador particular del marqués de Villena en Escalona, son los líderes de esta tendencia. Alastair Hamilton apuesta por el misticismo de estos dos alumbrados: en su defensa ante el tribunal eclesiástico, ambos afirmaron que podían ser místicos. Alcaraz poseía un ejemplar del *Sol de contemplativos*, un tratado de Teología mística atribuido a Hugo de Balma (a fines del s. XIII), que citó en su defensa, aunque no tantas veces como la *Imitación de Cristo*. De igual modo aludió a las etapas místicas. Su maestra, Isabel de la Cruz, fue más específica en la descripción de la naturaleza mística y evolutiva del dejamiento como método de santificación. Estableció una tipología tripartita de la oración: vocal, mental y supramental, sin diferenciarlas. (Un aviso sufí efectúa la misma división con las debidas definiciones: «Rezar sin atención es oración, pero sólo vocal. Rezar con atención es oración mental. Perder, en la oración mental, hasta la conciencia del objeto del recuerdo, es oración extática y misteriosa, que se asienta en lo íntimo del alma»[86].) La mistagoga alumbrada también aconsejaba a los principiantes que se entregaran a la disciplina, al ayuno, a la oración y a la meditación en la Pasión, pues «los que estavan ynstrutos», los «avanzados», serían aquéllos que no tendrían que prestar atención a estas prácticas rudimentarias, sino mantenerse suspensos para siempre en el deseo y amor de Dios[87].

Descendiente de conversos y natural de Guadalajara, esta pareja de espirituales lee asiduamente la Biblia y otros libros de devoción con que for-

[85] De la Inmaculada, 1957, p. 58.
[86] Asín Palacios, 1989, p. 224.
[87] Hamilton, 1992, p. 32.

mulan la doctrina del dejamiento[88]. Por ser el ala más controvertida del alumbradismo y la más examinada por las autoridades eclesiásticas, precisa una detención ineludible.

Entre la escasa documentación existente sobre el alumbradismo, el Edicto de 1525 contra los alumbrados, dejados y perfectos del arzobispado de Toledo compone una pieza clave para entrever los yerros del tribunal

[88] De la Inmaculada, 1957, pp. 55-59. Bernardino Llorca ha querido definir dicha doctrina, fundamentado en dos proposiciones del proceso contra Alcaraz: «11. Que enseñaba que "para salvar el ánima no hay necesidad sino de un dejamiento de sí mismo en Dios; e que si pecare el que se hoviese ansí dejado, que Dios lo permite, e que no tiene que dalle cuenta della, pues se ha dejado en él". 12. «Item, que el dicho Alcaraz predica y enseña que se dejen a este amor de Dios, que ordena la persona de tal manera que no puede pecar mortal ni venialmente; e que no haya culpas veniales, sino si alguna cosa liviana pareciese, sería culpa sin culpa, diciendo que así como el súbdito debajo del prelado no tenía que dar cuenta a Dios ni a nadie de su ánima, ni más ni menos en este dejamiento, que no tiene que dar cuenta de su ánima ni de nada. E que no hagan nada sino que lo dejen al amor de Dios, porque si aquí algo quisiesen obrar, se hacen incapaces las operaciones deste amor de quien se han subjetado; e a quien esté en el dicho dejamiento, no ha menester ni oración ni recogimiento ni logar determinado; e que todos han de estar en un ser» (1951, p. 407)».

La impecabilidad con ocasión de una permisibilidad divina, la abolición de la conciencia a la noción de pecado, la superación de la subordinación a la jerarquía eclesiástica por la confesión o la dirección espiritual y la ruptura con todo tipo de ejercicio de meditación espiritual son algunos de los aspectos alarmantes del dejamiento atribuido a Alcaraz. El mismo estudioso cita las proposiciones IX-XII del Edicto de 1525 para complementar y ratificar el traslado de las ideas de Alcaraz sobre dicha doctrina (408), cosa que ha debatido Ángela Selke de Sánchez en virtud de que en ambos textos se manifiesta el afán de identificar dejamiento e impecabilidad. Sin embargo, fácilmente se puede convencer quien estudie los documentos del proceso de Alcaraz de que este nunca había enseñado, y menos practicado, la libertad de pecar y la irresponsabilidad moral como consecuencia del abandono a Dios. En su vida privada, ni la misma Inquisición pudo encontrar tacha moral, y, en todo cuanto él dice en las audiencias y escribe en sus cartas —plenamente corroborado por algunos testigos—, se advierte incluso una decidida tendencia al ascetismo (1952, p. 147).

Charles F. Fraker, Jr. comparte esta opinión sobre la impuesta impecabilidad del dejamiento de Alcaraz: «Alcaraz at his trial tried to dissociate himself from such views, an it should be stressed that in general this cluster of views was not thought of by Alcaraz and his followers as a sanction for material sin, as seems to be the case with other varieties of *alumbrados*. Alcaraz was himself a man of great austerity of life, and «mortificate membra vestra» his formula for holiness (1965, Vol. XXXIII, N. ° 2, p. 100)».

Más adelante, Selke de Sánchez formula su definición: «[...] el *dejamiento* de Alcaraz difiere tanto del *recogimiento* como del *dejamiento* practicados por los frailes místicos. Pues mientras en el caso de los franciscanos se trata de dos *métodos* de oración mental, de dos

eclesiástico y beldar las proposiciones a propósito de quedarnos con el grano del dejamiento. Selke de Sánchez es una de las voces más autorizadas que inician la corriente revisionista del alumbradismo —tradicionalmente estudiado desde la óptica de la víctima— y que ahora arroja luz desde la nueva perspectiva del victimario (1953). Importan, sobre todo, sus comentarios al Edicto de 1525 para ahondar en las acusaciones vertidas en el proceso de Alcaraz.

Promulgado el 23 de septiembre de 1525 por el inquisidor general, don Antonio Manrique, el Edicto contiene 48 proposiciones que lo perfilan como un verdadero cajón de sastre por su desastre demostrado en la pobre hermenéutica y la falta de ciencia teológica de sus redactores. Selke de Sánchez arremete contra los autores de entrada y sin ambages:

> están redactadas tan torpemente, son a menudo tan difusas, y los calificadores muestran tal desconcierto en su interpretación y condena, que ese Edicto, más que fruto de largas discusiones entre graves teólogos, parece reproducción directa de inconexas ideas y habladurías diversas de algún vecino[89].

Efectivamente, las proposiciones «no son otros tantos artículos —advierte Bataillon— de un credo confesado por todos los adeptos de una secta»; son más bien locuciones atribuidas a tal o cual persona. Eso sí, con alguna unidad de tendencia, que lleva al hispanista francés a una definición panorámica: «El iluminismo español es, en sentido amplio, un cristianismo interiorizado, un sentimiento vivo de la gracia», cuyos métodos incuban la rivalidad de dos corrientes (recogimiento y dejamiento) que mezclan sus caudales[90].

técnicas distintas pero ambas encaminadas, sobre todo, a alcanzar una experiencia mística, en Alcaraz y los suyos, el *dejamiento* es, fundamentalmente, una *actitud* constante, algo presente en todos los momentos de su vida: es la base de todas sus creencias y la fuente única de sus enseñanzas. Según se desprende de las palabras de Alcaraz, no es sino un total abandono de la voluntad, alma y cuerpo, a Dios; un sentirse en cada instante de la vida en manos de Él, un vivo anhelo de sentir a Dios en el corazón [...]» (1952, pp. 149-150).

Es en este punto donde la estudiosa identifica la mayor congruencia entre el dejamiento de Alcaraz y el pensamiento de Lutero: «Si hay algo de «místico» en el *dejamiento*, así entendido, sería el mismo misticismo que se encuentra en el fondo del luteranismo; y así como Lutero se apoya en Eckhart, Taulero y otros místicos nórdicos, así Alcaraz busca también el fundamento de sus enseñanzas en San Juan Clímaco, Santa Catalina [de Siena], Gersón y el Seudo-Dionisio» (1952, p. 150).

[89] Selke de Sánchez, 1953, p. 127.

[90] Bataillon, 1982, p. 167.

Lo cierto es que las fronteras de la heterodoxia no parecían tan fijas al toparse con el alumbradismo inajustable, por su novedad, a la cuadrícula de los calificadores desencajados, que no muestran el menor esfuerzo por precisar los postulados de la doctrina que condenaban[91]. Contrastado con el proceso realizado contra Alcaraz, muchas proposiciones del Edicto de 1525 figuran validadas a la luz de la doctrina del dejamiento, atribuida al capitán del movimiento en Guadalajara, puesto que proceden, «con pocas excepciones, de las acusaciones contra el mismo Alcaraz, aunque luego todas las proposiciones vuelvan a ser lanzadas contra él en su sentencia final (1529)»[92].

El discípulo estrella de Isabel de la Cruz fue delatado por cierta beata Mari-Núñez en 1519 y encarcelado en febrero de 1524. Un lustro le tomó a la Inquisición percibir el peligro de sus enseñanzas, curiosamente censurables a través del prisma del luteranismo[93]. El primer pliego acusatorio data del 31 de octubre de 1524: *ergo*, el grueso de las 48 proposiciones del Edicto contra los alumbrados estaba concebido un año antes, muchas veces en términos idénticos. Las acusaciones contra Alcaraz eran éstas: las negaciones del Infierno y de la presencia real del Salvador en la Eucaristía (prop. IV del Edicto), la prescindencia de la oración vocal (prop. XX), la garantía del amor de Dios sobre todo pecado (prop. IX), el desdén por los sacramentos (props. VII y VIII) y por las obras de caridad como instrumento de salvación (props.

[91] Hamilton justifica la duración del movimiento alumbradista y su irrefrenable proselitismo justamente por el desconocimiento de los calificadores eclesiásticos, desprovistos de un marco teologal que pudiera delimitar la doctrina herética para extirparla, así como por el favor de los nobles que los protegían: «The uncertainty about what was ortodox allows us to understand how the *alumbrados* of Toledo had been able to proselytise for some seven years, from about 1512 to 1519, before being denounced to the Inquisition, and how they were able to continue their activity for another five years before being condemned. It is also reflected in the attitude of those powerful noblemen who protected them» (1992, p. 21).

[92] Selke de Sánchez, 1952, p. 134.

[93] Fraker, Jr. disiente de la correlación alumbradismo/luteranismo que defiende Selke de Sánchez en todos sus escritos. El crítico pone sobre el tapete la improbabilidad de que en España se conocieran puntos medulares de la doctrina de Lutero durante ese primer cuarto del siglo XVI: «We do in fact find it difficult to believe that Luther's views on justification were well enough known in the Peninsula in these early years so that Alcaraz could repeat them already with modifications» (1965, p. 102). Y ofrece dos casos de acusados bajo el epíteto de «luteranos» para demostrar que era la usanza del momento emplear el mote para cualquiera que fuera cuestionado en la ortodoxia de su espiritualidad (1965, p. 102).

XIII y XVII) y, finalmente, algunas frases espontáneas como «que los soliloquios de san agustín eran cosas fantasseadas» (prop. XLVIII). No es extraño que el Edicto de 1525 apareciera íntegro —salvo la proposición XLVI— en la acusación definitiva que dictó la Inquisición de Toledo el 22 de julio de 1529. Ello permite —según la distinguida estudiosa— escindir el grupo de Alcaraz de otros grupos de alumbrados, no incluidos en el Edicto de 1525: los visionarios de un mesianismo reformador, los franciscanos recogidos, las beatas y las impostoras.

En sus cartas a los inquisidores, Alcaraz evidenciaba su hostilidad hacia el *recogimiento* de los franciscanos reformados. El vínculo de muchos frailes recogidos con «beatas revelanderas» y las profecías que éstos hacían, junto con las señales que comunicaban y los trances que experimentaban en las iglesias atestadas de feligreses maravillados eran, entre otros, factores que Alcaraz repudiaba de ellos. El guardián Juan de Olmillos y el visionario Francisco de Ocaña empezaron a descollar en la versión más exaltada del recogimiento hacia 1522 por sus trances y visiones de restauración radical de la institución. Alcaraz rugía contra estas extravagancias que atestiguaban no otras cosas que el amor propio y la vanidad: «toda exhibición de fe exasperada —subraya Selke de Sánchez— era incompatible con la religiosidad íntima de Alcaraz», que negaba la doctrina de los santos, se oponía a los letrados (teólogos y exegetas) para auscultar él mismo el sentido de las Escrituras, no alardeaba en público de sus visiones, enseñaba que los intermediarios entre Dios y el alma sobraban, anunciaba que el amor de Dios (la fe) era lo único que podía salvar a la humanidad caída y concluía que todas las obras pías y exteriores eran ataduras de vanidad para el alma[94]. No obstante, otra seguidilla de ideas heréticas fue copiada en la acusación final contra Alcaraz y en el Edicto de 1525: los dejados no veían propósito en persignarse con agua bendita (prop. XIV del Edicto); rehusaban reverenciar la Sagrada Forma en la procesión del Corpus (props. IV, XIII, XIX, XLI); consideraban que ponerse de pie, arrodillarse y realizar genuflexiones durante la misa era «jugar con el cuerpo» y sumarle ataduras al espíritu (prop. XIV). Quizá la más axial fue su desaprobación de las buenas obras por temor al Infierno, o por el egoísmo raso de ganar el Cielo (prop. XXXIV)[95], motivo del soneto anónimo «No me mueve, mi Dios, para quererte». La doctrina del dejamiento resume todas las oraciones vocales

[94] Selke de Sánchez, 1952, pp. 134-145.
[95] Fraker, 1965, p. 101.

en el versículo bíblico *fiat voluntas tua*[96], ya que se reacciona contra la vanidad de todo lo que parta de la iniciativa humana. No deja rastro de lubricidad ni aspavientos de trances hipócritas o de portentosos milagrerismos.

## HORA NONA. LA TEATRALIDAD DEL ÉXTASIS Y EL ÉXTASIS TEATRALIZADO

El grupo de Francisca Hernández responde a la admiración de un núcleo de franciscanos, clérigos y nobles señores que la distinguían por su «santidad». Especie de ángel fieramente humano, en la beata de Canillas (Salamanca) se conjugan lo sublime y lo sensual[97] mediante una pasmosa habilidad de sublimar las pasiones de sus devotos. El más ferviente lo fue el joven fray Francisco Ortiz, quien, ciego de amor puro y limpio, de veneración espiritual, sufre por ella cárcel, persecución y atropellos de sus superiores —a quienes desobedece— por ir a visitarla a fin de orbitarla y exponerse a su irradiante santidad. La Inquisición los llamó a capítulo en 1529 sin dar con posibilidad alguna de trato indecoroso entre ellos.

No ocurrió lo mismo con otros clérigos que la *solicitaban*: Bernardino de Tovar, Diego de Villarreal, Cabera, Gumiel, Gil López..., que hacia 1522 ya se habrían apartado de su lado. El bachiller Antonio de Medrano, cura de Navarrete, fue quien más intimó con ella[98]. Pese a los retratos caricaturescos de estudiosos como M. Serrano y Sanz (1902), para quien Medrano no es más que un animal de lascivia, hay visiones más objetivas, como la de Selke de Sánchez, cuyo trabajo viabiliza un mejor acercamiento a este personaje de enmarañada psicología. Siendo estudiante en Salamanca, la ascesis asperísima a la que somete su cuerpo lo enferma hasta el hastío psíquico; pasa, entonces, al punto opuesto del arco y vive como un licencioso. Cargos de conciencia previsibles lo atormentan hasta que conoce a la beata en 1517 y, entre consejos de cómo nutrir el alma sin necesidad de macerar el cuerpo, *parece* que disfrutaron de libertades físicas indeterminables. El potro inquisitorial le arrancó la confesión en la tercera ensillada, con lo cual se enturbia su valor documental. Con todo, el reo justifica su conduc-

[96] Bataillon, 1982, p. 173.

[97] Llorca (1933) enfoca el lado de *femme fatale* de la beata para calificarla de fingidora por su corrupción carnal con el joven y prestigioso predicador franciscano fray Francisco Ortiz.

[98] Cf. «Proceso contra el bachiller Antonio de Medrano», Archivo Histórico Nacional, Sección Inquisición de Toledo, leg. 104, n.° 15.

ta fundamentándose en un alumbradismo particular, que la estudiosa ha preferido llamar medranismo: los goces espirituales pueden producir placeres físicos, lo mismo que los físicos pueden derivar en deleites espirituales[99]. Es el compás su «mística». Da la impresión de ser —como afirma De la Inmaculada[100]— un caso puramente personal y el menos iluminista. Los calificadores intentaron en vano que confesara proposiciones heréticas.

El quinto y último núcleo corresponde al cristianismo interiorizante de los Cazalla, quienes se destacaron en el movimiento luterano de Valladolid y hospedaron generosamente a Francisca Hernández y a Antonio de Medrano. Los exponentes destacados son el obispo Juan Cazalla, capellán de Cisneros, y su hermana María Cazalla[101], esposa de Lope de Rueda, poderoso comerciante de Guadalajara. Representan lo más granado del alumbradismo gracias a su cultura y condición social elevadas. Conocida es la entrevista del obispo Cazalla con el andariego visionario fray Melchor, a quien, entre otras confidencias, le entregaría las cartas de la madre María Marta de la Cruz. Los Cazalla se relacionaron tanto con recogidos como con dejados sin inmiscuirse en su fuego cruzado, más bien adhiriéndose al movimiento de reforma muy a su manera. Parece que su misticismo personalizado tendía a generar experiencias exaltadas, que Alcaraz no dudó en atacar por considerarlas como manifestaciones hinchadas de vanidad y engreimiento. La teatralidad intrínseca del éxtasis (postura del cuerpo inamovible y —en raras ocasiones— verbalización involuntaria de una revelación infusa) era ampliamente difundida en la iconografía que decoraba los templos y acompañaba las hagiografías y la literatura mística (recuérdense la santa Teresa arrobada de Bernini o la aguafuerte de Diego de Astor sobre san Juan de la Cruz en éxtasis, insertada en la *editio princeps* de sus *Obras* [Alcalá, 1618] sin el «Cántico espiritual»). Dicha teatralidad del éxtasis, sugerida en la imagen hierática del santo receptivo y pasivo, se tornó, al cabo, en teatralización de éxtasis auténticos o fingidos por los visionarios de la reforma alumbradista. En cualquier caso, más que un alumbradismo *stricto sensu*, la espiritualidad interiorizante e independiente —¿exclusivista?— que cultivan los Cazalla se asimila de inmediato a las primeras corrientes de erasmistas en España. Mujer de ninguna autori-

[99] Selke de Sánchez, 1956, p. 416.

[100] De la Inmaculada, 1957, pp. 63-65.

[101] Cf. «Proceso de María Cazalla», Archivo Histórico Nacional, Sección Inquisición de Toledo, leg. 110, n.º 21.

dad en la institución religiosa, ni su dinero ni su parentesco con el capellán de Cisneros le sirvieron a María de Cazalla para evitar ser procesada, infructuosamente, por el tribunal eclesiástico en 1532[102].

## El ocaso. La sombra del alumbradismo en Llerena (ca. 1565-1582) y en Andalucía (ca. 1578-1627)

Es probable que el grupo de Llerena fuera un movimiento espontáneo de fervor espiritual, con ocasión de la prédica de san Juan de Ávila y de fray Luis de Granada por el obispado de Badajoz, donde se despertó un intenso apogeo de la vida cristiana, favorecido luego por los obispos don Cristóbal de Rojas y el beato Juan de Ribera[103]. Pero el fervor se tradujo en hervor desde 1565 y el celo implacable del dominico fray Alonso de la Fuente (m. 1594) lo empuja a prorrumpir en generalizaciones exageradas y datos inflados ante las autoridades religiosas que toman con pinzas sus palabras, pero no arrastran los pies en poner en marcha una extensa serie de procesos inquisitoriales a partir de 1573[104]. Fray Alonso había hecho las primeras denuncias. Juan López de Montoya recogió las informaciones y compuso un catálogo en 1574 que se adjuntó al Edicto de 1578[105].

El proselitismo de estos pseudoalumbrados se centra en las doncellas jóvenes, a quienes hablan peyorativamente de las religiones y del matrimonio, y las animan a que sean beatas, con una apariencia física que denote su consagración a Dios: cabellos cortos, nada de galas ni chapines, saya parda con cordón y manto negro sin cintas, tocas blancas y cierto desaliño. Debían jurar un voto de castidad y no confesarse con ningún otro fraile. A las primicias de sentimientos espirituales, les prohíben todo tipo de ascesis y de ayunos, para que se ejerciten sólo en la oración mental o de recogimiento, por encima de cualquier reconvención de sus padres y superiores. Su doctrina es una suerte de gnosis: «el secreto de la virtud y aun de la salvación». La solidez de la espiritualidad se calibra a base de la intensidad de

[102] De la Inmaculada, 1957, p. 66.

[103] De la Inmaculada, 1957, p. 67.

[104] Cf. Álvaro Huerga, 1973, pp. 39-46.

[105] Véanse una relación en el Archivo Histórico Nacional, Sección Inquisición, leg. 4426, n. ° 29, y la relación de este auto de fe de 1579 en el Archivo Histórico Nacional, Sección Inquisición, leg. 1988.

las emociones vividas en visiones, audiciones, pavores, desmayos, ardores, cansancios, rabias, saltos del corazón...[106].

Con una espiritualidad emocional, hambrienta de experiencias puntuales, la solicitación estaba a la orden del día. Once varones y nueve mujeres desfilaron en el auto de fe de 1579, condenados a las galeras, a ser azotados y a multas en metálico. Después de los autos de fe consecutivos en 1581 y 1582, se da por erradicado este movimiento de espiritualidad sensual, que dista mucho de los primeros alumbrados. Desgraciadamente, por él se caracterizó erróneamente todo el alumbradismo: «Este foco de Llerena es de los más conocidos y el que ha venido, con mucho, dando la pauta para hablar del iluminismo. Pero no es más que un foco doctrinalmente mucho más pobre que el movimiento de Castilla la Nueva. Sería pues inexacto y anticientífico juzgar de los alumbrados por este foco extremeño [...]»[107]. El peligro del grupo de Llerena radica más en su aberración moral y en sus casos de histerismo que en su doctrina epidérmica para mover las voluntades inmaduras.

En Andalucía, los focos no presentan disimilitud alguna con la doctrina insustancial y los métodos practicados en el de Extremadura. Se adjudica la posible reciprocidad de uno y otro al movimiento de renovación espiritual acaudillado por san Juan de Ávila. No debe extrañar que la primera edición del epistolario del santo —impresa en Baeza— circulara entre los alumbrados de Córdoba y Extremadura antes de 1578. Los procesos contra los alumbrados de esta latitud no han sido estudiados desde ninguna vertiente (crítica, histórica o literaria) por el encono con que fueron redactados. Su peso no es más que relativo en la valoración que nos ocupa.

Un grupo de beatas fue apresado en Montilla, donde murió el renovador santo abulense. Y en Lucena, se sabe de otro foco asiduo a conventículos secretos, que experimenta arrobos y devalúa la oración vocal y las imágenes. El obispo de Córdoba no toma medidas disciplinarias, a pesar de una carta acusatoria del prior de Santo Domingo, fray Martín de Castañeda. Desde 1546, Córdoba contaba ya con Magdalena de la Cruz, una visionaria a la que seguían y escuchaban muchos como si fuera un oráculo. Fuera de tres casos aislados —doctor Carleval, doctor Diego Pérez y doctor Ojeda, prior de San Marcos de Baeza y penitenciado en 1593—, Baeza y Úbeda no dan signos de alumbradismo, aun con la labor que desarrolló la

[106] Cf. Beltrán de Heredia, 1949, pp. 172-173.
[107] De la Inmaculada, 1957, p. 68.

Universidad de Baeza en la publicación de libros de oración, paralela a la Universidad de Alcalá[108].

La figura del maestro Gaspar Lucas y su grupo de beatas lideradas por la Romera promueven el alumbradismo en Jaén. La Inquisición le echaba una cadena perpetua a Leonor Hernández de Priego por mala doctrina, errores y herejía. Su discípulo y clérigo de Jaén, Francisco de Montoro, fue denunciado como «el primero y peor alumbrado»[109] y sentenciado a las galeras en 1588. La censura del alumbradismo jienense se debió principalmente a la teatralización del éxtasis: «un exacerbadísimo fingimiento, hipocresía y farsa de fenómenos sobrenaturales». La ciudad andaba alborotada con espectáculos de este tipo por las cuatro esquinas, al extremo de que la Inquisición planteó como prioridad detener el brote a toda costa y relegó la doctrina a un segundo plano. Las beatas vestían tal hábito con la toca blanca, una saya parda, manto negro ceñido con cordón franciscano y sin chapines. Ninguna se había casado. Las del círculo inmediato al maestro eran invariablemente mozas bellas. De nuevo, el visitador fue Juan López de Montoya, a raíz de la delación de cuatro beatas contra el maestro Gaspar Lucas por sus enseñanzas erróneas. Prendidos el maestro y su ayudante, la beata María Romera, se supo que sus arrebatos y éxtasis no eran más que juego o negocio de cartilla aprendida; tampoco su trato había sido limpio ni honesto. El maestro, las beatas más afines y dos zapateros salieron en procesión en el auto de fe de 1690[110].

Sevilla es la culminación del alumbradismo peninsular. El Memorial que recoge las informaciones del movimiento señala su importación desde Baeza por la madre Catalina de Jesús, discípula de fray Ojeda, un clérigo castigado por la Inquisición de Córdoba por alumbrado[111]. Su origen obliga a orientar el catalejo de la historia a antes de 1620. Los focos de luteranismo se dan pábulo en este principal puesto de comercio; de ahí que el clérigo portugués Francisco Méndez se instalara en Sevilla e imantara con su misticismo desequilibrado a un nutrido grupo de beatas que lo tenían por santo.

Ya en 1622, un movimiento de espiritualidad trabaja en hacer prosélitos en Sevilla y expande su radio de acción a una treintena de pueblos

108 De la Inmaculada, 1957, pp. 69-71.
109 Beltrán de Heredia, 1949, p. 447.
110 De la Inmaculada, 1957, pp. 72-73.
111 Cf. Llorca, 1932, p. 411.

limítrofes. Hay tanto adeptos rústicos e iletrados como cultos y aristocráticos, por causa de la fama de santidad de la madre Catalina de Jesús y del prestigioso aval del presbítero Juan de Villalpando. Los tres frailes que redactaron el famoso Memorial enviado a la Inquisición en 1625 sistematizaron la doctrina del alumbradismo sevillano, para nada distinta de la de los grupos de Llerena y Jaén. Se puede sintetizar en gula y sensualidad, en especial después de la penitencia y de la ascesis: «regalan su cuerpo con comidas opíparas, porque la oración mental desgasta mucho». Todos los exponentes principales fueron tachados de sensualidad; hasta hubo uno que enseñaba una práctica carnal como medio de madurez en el espíritu[112]. En la misma proporción se da el éxtasis ficticio. Dado al número considerable de los alumbrados sevillanos, el tribunal eclesiástico concedió un indulto por treinta días, prolongado otros sesenta con notables resultados. El proceso se llevó a cabo el 28 de febrero de 1627, contra la primerísima pareja, Juan de Villalpando y Catalina de Jesús —aprisionada desde 1622— y 29 más, que no pasaron por torturas ni sufrieron penitencias onerosas. Un dato curiosísimo: todos habían leído a san Juan de la Cruz, según el registro de sus casas, a cargo del cura Domingo de Farfán, que no pudo reprimir un lapsus de cándida ignorancia en su informe a los calificadores: «Siempre se hallaba el dicho libro y por eso le vine a conocer, que antes no tenía noticia de él»[113]. Seguramente era la *editio princeps* de las *Obras* (Alcalá, 1618) o las *Obras completas* (Madrid, 1630) por Jerónimo de San José. Cuesta creer que los mismos líderes del movimiento, rodeados de lo más selecto de Sevilla, procuraran algún dinero en la venta de las visiones de Catalina de Jesús y que ésta, a su vez, fingiera consecuentemente revelaciones punitivas para los que no le pagasen.

## «Alumbradismo» tardío en la Colonia

Desborda al objetivo de este trabajo la exposición minuciosa de la cara oscura del misticismo indiano, representada en las pseudovisionarias. Sin embargo, se precisan algunas palabras no sólo para convenir en cuán alejadas se muestran las criollas visionarias y ortodoxas de la Colonia, sino a rango de puntualizar la estrecha relación que las «falsarias» hispanoamericanas guardan con las alumbradas de la época tardía de la metrópoli.

[112] De la Inmaculada, 1957, pp. 74-75.
[113] Llorca, 1932, p. 416.

La heterodoxia femenina que mejor conozco —y apenas la empiezo a ver— es la del Perú por mi investigación en torno a santa Rosa de Santa María. La extensión de mis consideraciones a los virreinatos en Hispanoamérica —a propósito del tema doctoral— me confrontó, sólo casualmente, con escasas exponentes de la mística execrable en la Nueva España, como parece ser el caso de Ángela Carranza (1641-1698), monja agustina nacida en Tucumán y trasladada a Lima (ca. 1665), a quien la Inquisición de la Ciudad de los Reyes obligó a confesar en público su impostura en 1694[114], así como los diarios íntimos de otras dos «embusteras», que ha editado Edelmira Ramírez Leyva[115], y las incluidas en un estudio monográfico sobre la Inquisición transatlántica: Mariana de San Miguel[116], Rosa de Escalante[117] y Catalina de San Juan[118]. En fin, el campo de la marginalidad femenina en la mística novohispana queda abierto a profundizaciones prospectivas. Pasemos —¡Dios nos lleve...!— al Perú.

En la historia del segundo virreinato español, tres momentos sirvieron de escenario al tribunal de la Inquisición para abrir procesos y leer sentencia sobre «impostores» de la espiritualidad en Lima. Éstos son las décadas de 1575-1585, la de 1620 y a finales del siglo XVII. Nos interesa en especial el segundo momento (1620), el más cercano a Rosa de Santa María y que adquirió notoriedad por el florecimiento inesperado de la espiritualidad femenina laica. René Millar Corvacho comenta el fenómeno con agudo sentido:

> Lo que permite asociar el comportamiento de las mujeres limeñas con el iluminismo es la vertiente mística de su espiritualidad, manifestada en éxtasis, revelaciones y, en general, en una expedita comunicación con la divinidad. A eso había que agregar la condición de beatas de varias de ellas. Sin embargo, tales prácticas contemplativas no eran producto de un efectivo compromiso espiritual, sino simplemente de una impostura. De un afán por aparentar ante la sociedad una imagen de santidad, que en el mundo colonial implicaba prestigio, poder e influencia, sobre todo para la mujer, que de por sí estaba en una situación de marginalidad y que se acentuaba en el caso de las más pobres. El ser admiradas por sus vecinos, el ser requeridas por sacerdotes, algunos de gran renombre por su sabiduría, el ser recibidas por dignatarios civiles y eclesiásticos y el ser acogidas en casas de fortuna, para muchas mujeres resultaba una tenta-

[114] Lagos, 1995, p. 357.
[115] Ramírez Leyva, 1988.
[116] Holler, 1999, pp. 209-228.
[117] Curcio-Nagy, 1999, pp. 254-269.
[118] Myers, 1999, pp. 270-295.

ción muy grande, que las llevaba a fingir ese tipo de espiritualidad y la comunicación sobrenatural de la que hacían gala[119].

En efecto, el tribunal eclesiástico de Lima se vio precisado a tomar acción represora contra el «pseudomisticismo» de este racimo de mujeres, que encuentra —para la década de 1620— plausible justificación de su eclosión en el hecho más relevante de la espiritualidad virreinal limeña: la muerte de la beata Rosa de Santa María (1617) y su inmediato proceso de beatificación (1617-1618, 1623-1625).

El primer grupo de mujeres procesadas por el Santo Oficio de la Ciudad de los Reyes es el de Inés Velasco, Ana María Pérez, María de Santo Domingo e Isabel de Jesús —quienes salieron en el famoso auto de fe de 1625—, así como Inés de Ubitarte y Luisa de Melgarejo, cuyas causas fueron suspendidas después de prolongados trámites. Ángela de Olivitos y Ángela Carranza (mencionada arriba) fueron condenadas; otra falleció sin que su causa se hubiese concluido. Todas compartieron la misma acusación de «fingir *éxtasis* (suspensión de los sentidos), *arrobos* (enajenarse, quedarse fuera de sí), *visiones* (percepción sobrenatural de imágenes) y *revelaciones* (manifestación de verdades secretas)» en unánime confesión de vanidad y ambición de prestigio social[120]. Vale destacar sólo el primer grupo, por su cercanía cronológica y de estrecha amistad con Rosa.

Inés de Velasco, conocida como *la Voladora*, fue acusada de trasladarse de una sala a otra del templo para simular los efectos de la levitación; de estarse en la iglesia del Noviciado toda la mañana con frecuentes arrobos y de falsas visiones que le revelaban el lugar designado (Purgatorio o Cielo) en la otra vida a personas conocidas. De igual modo, Ana María Pérez recibió enérgicas censuras por haber sido vista en templos de diversas congregaciones religiosas en flagrante teatralización, como arrobada de rodillas «mientras hacía con el cuerpo diversos movimientos y giraba la cabeza de un lado a otro por alrededor de un cuarto de hora»; además, había sido denunciada por las revelaciones que comunicaba a no pocos testigos sobre sus vidas privadas y por haber asegurado que había tocado clavicordio, vihuela, arpa y cítara con los ángeles en el Cielo[121].

Otro caso similar es el de la joven beata apodada *la Dedos Pegados*, María de Santo Domingo, que dio a entender que tenía adherido el dedo pulgar

[119] Millar Carvacho, 2000b, pp. 111-112.
[120] Millar Carvacho, 2000a, p. 281.
[121] Millar Carvacho, 2000a, p. 282.

sobre el índice por acto de la Virgen, para dejarle una señal de sus encuentros; también, relataba sus visiones con la Virgen y con santos como Pedro y Pablo, que le comunicaban cuál persona se iba a condenar o a salvar. De Isabel de Jesús —como vulgarmente conocían a Isabel de Ormaza— se sabe que, desde los siete años de edad, se había entregado a la vida contemplativa, de la que había obtenido una visión corpórea de Cristo en forma de llamarada —ella podía verlo con los ojos físicos—, al cual le salían de sus ojos —no de sus labios— las irresistibles palabras de «pide cuanto quieres», y así ella pudo conocer si su madre se había salvado. En el caso de la monja profesa Inés de Ubitarte, fue su propio hermano —en calidad de religioso dominico— quien la delató a instancias de un compañero que lo había advertido sobre el edicto del inquisidor general. Inés no sólo había experimentado visiones del Cielo, del Purgatorio y del Infierno, sino que «se arrobaba todos los días, "arrimándose para ello a la primera pared o sentándose" [...] "en público o en el coro, donde la viesen, quedándose con los brazos y los dedos tiesos [...] tres cuartos de hora y hora cabal"»[122].

Párrafo aparte merece Luisa de Melgarejo, mujer de la nobleza que fue acusada de engañar con falsas experiencias sobrenaturales —según ha ilustrado el citado historiador— a varios sacerdotes y a algunos seglares. Típico de esta mujer era caer en éxtasis todos los días en la iglesia de la Compañía de Jesús, justamente cuando más concurrida lucía, aunque —invariablemente—, repicada la hora del mediodía, se levantara para irse a su casa. Hubo un testigo que afirmó haberla visto solemnemente arrobada y que, de momento, actuó como de ordinario en el templo de San Francisco:

> mirándola con particular cuidado, vio que tenía la cabeza arrimada a la pared y los ojos hacia arriba, entre abiertos, sin menear y pestañear ni miembro alguno de su cuerpo en todo el tiempo que se dijo la misa ni cuando se alzó el santísimo sacramento y, al acabar la misa, estando el sacerdote en el último evangelio entró una negrita y la llegó a hablar al oído y no fue tan paso que este declarante dejase de oír lo que la [*sic*] dijo, y la dijo si quería que los huevos fuesen estrellados o pasados por agua, y volvió la cabeza y la dijo, abiertos los ojos, "estrellados", y luego, al punto, se volvió a poner como estaba, arrobada[123].

De hecho, por haber sido muy amiga de Rosa, se le permitió acceso al aposento de la santa el día de su muerte. Fallecida la doncella boricuo-

[122] Millar Carvacho, 2000a, pp. 283-284.
[123] Millar Carvacho, 2000a, pp. 284-285.

peruana, la Melgarejo no se demoró en adoptar una postura de rapto con el objeto de proferir, desde la una y media de la mañana hasta el filo de las cinco, una prolongadísima visión profética que certificaba a la difunta glorificada en el seno de la Trinidad, documentada en el *Primer Proceso Ordinario*[124].

Todas las procesadas fueron descritas por los inquisidores como embusteras e ilusas, víctimas de la influencia del demonio. Éstos, incluso, llegaron a adjudicar sus «fantasías, inventos y artimañas» a su condición femenina. Practicada —de forma auténtica o no— una espiritualidad de tipo místico, las procesadas exhibían admirables logros, como el alcanzar la unión beatífica sin haber evidenciado un tránsito por las vías purgativa e iluminativa[125]. Rosa de Santa María es, entonces, la joven que, a pesar de haberse declarado ante los inquisidores del examen —oral y extraoficial— de conciencia como impecable, inmortal e incorruptible, y no obligada a responder a la autoridad eclesiástica incompetente, resultó incólume ante el afán de un Santo Oficio por extirpar «herejías» y eliminar a «heterodoxos» que amenazaban con agrietar la fe monolítica del catolicismo en el virreinato peruano[126]. ¿Cómo se puede explicar que, en 1736, un tal Pedro de Ubau fuera acusado de «quietismo»[127] por los calificadores de Lima al afirmar

[124] *Primer Proceso Ordinario*, 2002, pp. 535-539.

[125] Millar Carvacho, 2000a, p. 289.

[126] Millar Carvacho, 2000b, p. 48.

[127] Estudios más recientes de la espiritualidad española reivindican a Miguel de Molinos con una merecida dispensa *in memoriam*. Es el caso del concienzudo trabajo del padre Eulogio Pacho, que pone de relieve la aceptación y prestigio que gozaba Molinos en calidad de célebre director de almas antes de que estallara la crisis del «quietismo» en la segunda mitad del siglo XVII. Hasta hoy, han prevalecido dos posturas diametralmente opuestas con relación al místico aragonés: la tradicional, que lo condena como hereje inmoral, y la de admiración, que lo da por místico entre la ortodoxia y la heterodoxia, razón por la cual fue más bien incomprendido y perseguido. Pacho subraya, además, la imposibilidad de leer pasajes que sean confesiones directas de la vida espiritual íntima de Molinos; sin embargo, una lectura detenida de sus páginas revela el carácter místico de su magisterio, dadas ciertas claves reiteradas machaconamente a todo lo largo y lo ancho de su obra escrita. Una de ellas es el énfasis molinosista en el conocimiento práctico —y no teórico únicamente— para enseñar a los contemplativos a ser iniciados. Tal insistencia —entiende el crítico— supone «una carga experimental indudable» en las palabras del maestro espiritual español. Pero aquí no está todo: otra clave molinosista es la denuncia sin tregua de la ineptitud de guías espirituales que desconocen el camino interior del recogimiento o de la mística en defecto de la experiencia. Molinos, por tanto, se sabía en posesión de esa experiencia fundamental para la orientación de contemplativos a ser iniciados. Creer lo contrario hubiera expuesto a

que, mediante la contemplación adquirida, se alcanza «un estado de no hacer más pecados, ni mortales ni veniales, y así que puesta el alma en este grado de espíritu no tiene entrada ni puede entrar el demonio porque es reino de paz»?[128] La pregunta conduce a revisar otro caso que colma la copa de la ironía.

Poco después de la muerte de santa Rosa, el doctor Juan del Castillo —como se sabe, un médico seglar del Santo Oficio de Lima, reputado experto en Teología mística y confesor de la santa— se dedicó a elaborar una teología especulativa fundamentada en sus conversaciones con Rosa, que le granjeó una fulminante sanción de parte de las autoridades eclesiásticas. Una experiencia sobrenatural, acaecida en 1620 a Del Castillo y descrita en su libro íntimo de revelaciones, llamó la atención de los inquisidores limeños:

> [siento] ardores afficacísimos que exceden a los ordinarios, que me abrasan el alma y el corazón; y pierdo los sentidos interiores y exteriores; y las potencias del alma parece que se mueren y anichilan, y que a todo puncto no veo exterior, ni interiormente nada, sino que estoy como cosa muerta o anichilada de todas las potencias sensitivas o yntelectuales; y después vuelvo en sí como quien nace de nuevo; y véome en unión con Dios[129].

Molinos a la burla de sus detractores y a su autodesacreditación por incongruente al tratar de enseñar lo que desconocía por experiencia (Pacho, 1996, pp. 85-101).

Importa detenerse en la noción de impecabilidad que la doctrina quietista promulgaba en el texto *Les torrents spirituels* de *madame* Guyon: las almas agraciadas en lograr el «estado divino», aun cuando se vieran forzadas a realizar las peores acciones, eran inmunes a la corrupción que dichas obras pudieran ocasionar, ya que, en virtud de la esencial unidad que han guardado con Dios, para ellas resultaría inexistente el mal en cualquier cosa. Como está perdida completamente en Dios, es como si ella misma no existiera, y el que no existe es incapaz de pecar (Graef, 1970, p. 326). Advirtamos cómo la herejía medieval de impecabilidad mesialista sigue resonando a su manera en el quietismo, que recurrió a fuentes como santa Teresa de Jesús y san Juan de la Cruz para exponer su ideario sobre el camino místico en proposiciones que hoy no dan señas de ser heterodoxas según las concepciones actuales (Tietz, 2000, p. 741).

[128] Millar Carvacho, 2000b, p. 48.

[129] Millar Carvacho, 2000b, pp. 115, 135. El 28 de mayo de 1637, los calificadores del Santo Oficio enviaron una carta en la que informaban a la Suprema de Madrid sobre el paradero de este libro de revelaciones y lo que había dispuesto su autor antes de morir: «Mando que el libro de sus Rebelaçiones que tenía en poder de una hija, Monja de santa Clara; luego que el muriera y se entregara a los frailes de Santo Domingo como se hizo» (Archivo Histórico Nacional de Madrid, Sección Inquisición, Libro 1.041, fol. 272).

Sobre esta descripción «extática», Juan Muñoz se preguntaba cómo era posible para el alma recordar a Dios si no operaban en ella ni el entendimiento, ni la memoria, ni la razón. Lejos de ser un éxtasis —arguyó este calificador—, lo que más bien habría experimentado Del Castillo sería un simple pasmo o desmayo. Otro inquisidor, Andrés Hernández, lo censuró no sólo por su interpretación errónea de las Escrituras, sino por su osadía de corregir los textos de Teresa de Ávila. Por otro lado, el licenciado Joan Gaytán defendía la tesis de que los escritos del médico seglar iban dirigidos a las beatas. Es así como, el primero de mayo de 1624, le envió al «relator» del tribunal eclesiástico un libro de revelaciones propias[130] y cuatro cuadernos sobre el compendio y revelaciones de la santa abulense[131], no sin dejar de referirse a su autor como un murmurador y mordaz, a quien en Lima todo el mundo tenía «por aturdido [siendo] el zensor de todas las cosas de spiritu, con que quieren [*sic*] engañar a muchas mujercillas viendo que en otras es mercanzía segura». En efecto, Del Castillo había participado en algunos procesos abiertos contra beatas «alumbradas», como los de María de Santo Domingo e Inés de Velasco.

El 19 de abril de 1624, Juan Muñoz aseguró categóricamente que los textos del doctor Del Castillo contenían disparates y que si el mismo Muñoz no conociera de años al autor, lo hubiera tachado de mentecato. Sin embargo, las especulaciones «heréticas» del «Aquiles místico» no diferían mucho de aquéllas que les acarrearon procesos inquisitoriales a los alumbrados españoles, que entendían la privilegiada unión beatífica como una experiencia del alma con Dios y al alcance de todos. Es así como en el médico seglar de la Inquisición limeña —quien, en 1614, había demostrado que las melancolías rosarianas eran de raigambre divina y, en 1617, había testificado a favor de la beatificación de la virgen limeña— semejantes melancolías denunciaban todo lo contrario. El veredicto final se descargó como un rayo devastador. El 24 de abril de 1624, el tribunal del Santo

[130] El doctor Pedro de Ortega de Sotomayor, otro calificador del Santo Oficio, había recibido este libro de revelaciones cerca de 1625; de igual modo, el arzobispo de Mira contaba con un ejemplar de manos del propio autor y lo pasó al conde de Oropesa, quien se comprometió a su vez a enviarlo al cardenal Borja para que el papa lo examinara (Mujica Pinilla, 2001, p. 178).

[131] Los 310 folios de las *Revelaciones propias* fueron escritos por Del Castillo a instancias de su confesor y guía espiritual, el padre Diego Álvarez de la Paz. El otro libro titulado *Comentario sobre el compendio y revelaciones de la santa Madre Teresa de Jesús* consta —según Rosenbrock, 1996, p. 130— de cinco cuadernos con 17 capítulos redactados entre 1610 y 1611.

Oficio de Lima dictaminó que los escritos del doctor Juan del Castillo contenían «mui grandes disparates en rigor theológico y místico, [...] proposiciones temerarias y muchas rebelaciones ridículas, visiones indignas». Juan Muñoz, asimismo, había calificado a Del Castillo de «alumbrado» por su teoría de la oración de unión, cuyas ideas compartía con Teresa de Jesús. Según Del Castillo entendía la oración de unión (un tipo de conocimiento sobrenatural que hacía impecable al contemplativo a la vez que lo capacitaba para ver todas las cosas creadas y las por crear), no sólo Teresa de Ávila la había practicado, sino la misma Rosa de Santa María, a quien se le había reconocido el don de profecía desde el mismo *Primer Proceso Ordinario*. Aunque Del Castillo atribuía todas sus visiones y profecías a la acción intercesora de Rosa, se sabe que sus primeras visiones imaginarias datan de 1616, año en que todavía guiaba en el espíritu a la joven contemplativa. En 1621, las visiones del médico seglar se le habían multiplicado grandemente, conociendo, por locución intelectual, todas las revelaciones y visiones imaginarias que escribiría en su libro íntimo de experiencias sobrenaturales[132].

¿Sería la muerte, entonces, lo que salvó a Rosa de protagonizar el patético drama de ver cómo las autoridades eclesiásticas ponían en entredicho su espiritualidad, al extremo de que se le pudiera abrir un proceso —el auto de fe de 1625 fue celebrado ocho años después del óbito de la doncella americana (1617)— en la capital del virreinato del Perú? Sobre este asunto, se impone citar una suposición de Fernando Iwasaki Cauti:

> Si Rosa de Santa María hubiera dado rienda suelta a su devoción en alguna ciudad española a principios del siglo XVII, quizá su suerte habría sido la misma que la de cientos de santurronas que dieron con sus huesos en la celda de la Inquisición, mas un azar insondable quiso que su destino estuviera en los altares y no en los calabozos. Sin embargo, otras mujeres de Lima —acaso tan virtuosas como la propia Isabel Flores de Oliva— no corrieron la misma suerte y fueron procesadas por el Santo Oficio[133].

Este estudioso lleva razón en que, efectivamente, cabe la posibilidad de que se cometieran arbitrariedades contra muchas de ellas con el propósito de obligarlas a declarar lo que en los folios del Santo Oficio limeño figura como las «mentiras» confesadas sobre su espiritualidad «fingida», cuando la realidad pudo haber ido en dirección contraria. No obstante, la virgen

[132] Mujica Pinilla, 1996, pp. 118-119, 122-124.
[133] Iwasaki Cauti, 1993, p. 76.

americana se diferencia de algunas procesadas por su afán de huir de la mirilla pública y evitar ser advertida, sobre todo en sus estados más altos de contemplación. En pocas palabras: Rosa jamás hubiera dado rienda suelta a su devoción, sino a sus confesores, y aun esto le propinó una infinidad de tormentos. Por lo demás, el tiempo ha demostrado que la Iglesia ha condenado a figuras —como la de Molinos, por ejemplo— que ahora resultan ser extraordinarios contemplativos.

Como en algunos focos tardíos de la Península (Córdoba, Baeza y Úbeda), el alumbradismo en la Colonia no refleja el menor asomo de amenaza doctrinal para la institución, sino de alegadas teatralizaciones de éxtasis y de revelaciones falsas con el fin de ganar prestigio y progresar en la sociedad patriarcal. Tampoco abundan los casos de lubricidad (como en los grupos de Francisca Hernández, Llerena, Jaén y Sevilla) ni mucho menos los de herejes relajados al fuego secular[134]. Más que todo, en la Colonia se pretende extirpar la falsedad de una conducta y de unas experiencias que desdicen del canon de perfección para la humanidad, según la tradición cristiana. No se debe descartar que, de paso, la jerarquía eclesiástica masculina se afianzara en su papel de proteger al sexo más vulnerable a semejantes desviaciones de conducta y de conciencia en una sociedad de procedimientos y de nociones de género altamente codificados. El quietismo se había diseminado hasta Francia y el sentimiento de renovación espiritual y de reforma religiosa tocó, del mismo modo, las colonias españolas de ultramar, donde no es extraño toparse con una reimpresión de las *Cuatelas espirituales contra el demonio, mundo y carne. Compuestas por el místico doctor San Juan de la Cruz, primer carmelita descalzo*[135], un texto idóneo a estos propósitos en la Nueva España. Para más decir, un ambiente común y fértil a estas tendencias espirituales exageradamente subjetivas parece definir las circunstancias de alarmante crisis religiosa a ambos lados del Atlántico.

[134] Selke de Sánchez identifica apenas tres relajados a la pira: el maestro Juan del Castillo, el clérigo Alonso Garzón y Juan López de Celain (1488-1530), capellán real de Granada. A este último, la estudiosa le ve un luteranismo tan claro que no lleva a error pensar en la arbitrariedad y la alternancia del epíteto de alumbrado para cualquier sujeto de heterodoxia, aun los sentenciados a muerte, que exigirían una atención más minuciosa por parte de los calificadores (1960, pp. 136, 139-155).

[135] El título completo es *Cuartelas espirituales contra el demonio, mundo y carne. Compuestas por el místico doctor San Juan de la Cruz, primer carmelita descalzo. Con licencia. Concede su Señoría Ilustrísima, el señor obispo de Puebla, quarenta días de Indulgencia a quien leyere estas Cautelas* (Puebla de los Ángeles, Diego Fernández de León, 1692). Agradezco a Manuel Ramos Medina este precioso dato en su correo electrónico del 6 de septiembre de 2005.

Tercer capítulo

# EL CONNUBIO DEL ICONO Y LA PALABRA: HACIA UNA REVOLUCIÓN DEL LENGUAJE LITERARIO-ESPIRITUAL EN LOS HOLÓGRAFOS ROSARIANOS

> ¿De dónde habrá surgido esta palabra
> escondida como un insecto en mi memoria;
> picada como una mariposa diseca
> en la caja de coleópteros de mi memoria,
> y ahora viva, insistiendo, revoloteando ciega
> contra la luz ofuscadora del recuerdo?
> Luis Palés Matos

> Yo fui la más callada.
> La voz casi sin eco.
> La conciencia tendida en sílaba de angustia,
> desamparada y tierna, por todos los silencios.
> Julia de Burgos

De acuerdo con los estudios de Josefina Muriel[1], un trío de místicas novohispanas aventaja en cronología a la santa boricuo-peruana: sor Beatriz de Santiago (española, 1557-1647), sor María Magdalena de Lorravaquio Muñoz (criolla, 1576-1635) y sor María de Jesús Tomelín (criolla, 1579-1637). De la primera y de la última, no se conserva obra escrita de su autoría; sólo de sor María Magdalena existe un extenso manuscrito autobiográfico (1632), en cuyas páginas predomina la narración de sus visiones, que fueron remitidas a sus dos confesores —los padres jesuitas Juan Sánchez y Jerónimo Ramírez— con estricto propósito de

[1] Muriel, 1983, pp. 319-329.

servirles de bitácora para la guía espiritual[2]. A Rosa de Lima le bastaron dos medios pliegos de papel para, con un lenguaje ingeniosamente híbrido, musitar el testimonio de sus 15 silencios 15 veces recortados y poetizados en lo que comporta nada menos que el primer discurso *conscientemente creativo* del pensamiento místico a este lado del Atlántico. En vista de la complejidad de sus hológrafos, procede primero identificar la escasa obra poético-cancioneril de la santa, que, además de tratarse de composiciones muy breves, resultan mucho más sencillas comparadas con aquéllos.

## Cánticos rosarianos

Rosa de Santa María es la primera criolla místico-visionaria de obra con verdadera calidad estética en Hispanoamérica, aunque muy poco conocida. Domingo de Angulo (1917) publicó un manojo de sus cartas, de temática de devoción religiosa, y fray Luis G. Alonso Getino (1937, 1943), los hológrafos descubiertos por él en 1923.

Otra historia es la de su autobiografía espiritual, encuadernada en un tomo y enviada apresuradamente a la Inquisición española poco después de su deceso. Hay un acuse de recibo —Libro 353, fol. 168, Sección Inquisición del Archivo Histórico Nacional de Madrid— que lo comprueba. La carta contiene una serie de comentarios y advertencias sobre el auge de unas supuestas místicas, mal calificadas de «alumbradas», como se ha clarificado en el capítulo anterior. Hecha la aclaración, va la transcripción *ad pedem litterae* de la anotación —algunos corchetes para resolver ambigüedades—, que Mujica Pinilla[3] también ha publicado con ligeras supresiones y añadidos para mayor comprensión del texto:

168r- El libro Manuscripto de la hermana rosa y calificacio-
nes que a el se an dado q. todo vino con carta de 4 de Mayo

[2] El título completo de este texto es *Libro que contiene la vida de la Madre Magdalena Lorravaquio Muñoz, hija de Domingo Lorravaquio y de Ysabel Muñoz, su legítima mujer*, Ms. 1244, Nettie Lee Benson Latin American Collection, Biblioteca de la Universidad de Texas (Austin). Con el propósito de determinar la naturaleza de su espiritualidad a la luz del análisis de la simbólica en su lenguaje visionario, he realizado el primer comentario a una selección de más de 80 de las 214 experiencias extraordinarias, registradas en su autobiografía espiritual (Báez Rivera, 2005, pp. 111-170).

[3] Mujica Pinilla, 2001, p. 78.

del año passado de 1622. Se queda mirando y a su tiempo
se os ordenara SS.[e] [señores] lo que devaís haçer y entretanto consultando
con el Ilmo. Sr. Inquy.[or] G.[l] [Inquisidor General] esto y lo demas q contiene otra
carta azerca de las q se hazen santas con fingidas
arrobaciones que decis llaman comunm.[te] aturdidas [,]
[h]a parecido que vais continuando las causas que an sobre-
venido y adelante resultaren con mucho recato recibien
do las testificaciones y haciendolas calificar
añadiendo a los edictos de fee loque vieredes q conviene

168v- advertir el pueblo azerca de la matería y Ha
ciendo lo demas que parece conveniente para
reprimír estas novedades deque ireis dando
aviso y de lo que resultare de las dichas diligencías
en M.[d] [Madrid] de 12 de ag[to] 1623. ff[d]hos [firman los dichos]

Los apellidos de los firmantes (Tapia, Ayala, Cifontes Frías) aparecen al final de la anotación primera que termina en el folio 168r, de modo que esta locución abreviada remite a ellos[4].

Motivado por la pesquisa, en agosto de 2003 me instalé en Madrid para revisar toda la correspondencia original entre el Tribunal del Santo Oficio de Lima y la Suprema Inquisición en Madrid. Constaté lo previsible: ni rastro de los cuadernos de santa Rosa. Descubrí otra realidad: desde 1569 hasta 1695 (libros 1.033-1.046, Inquisición de Lima), tampoco hay una sola carta que dé noticias sobre la asidua labor conjunta de España con el virreinato peruano, concertada por Roma, a favor de Rosa de Santa María. Nada se dice sobre los procesos inquisitoriales; nada se reseña sobre la beatificación; nada... de la canonización. Semejante e injustificable hiato documental levanta serios interrogantes.

Es de suponer que los cuadernos fueran acompañados por los dos medios pliegos de papel con el fin de ilustrar la serie cíclica de éxtasis místicos y visiones a su confesor[5]. En estos folios, la autora llegó a detallar, al

[4] Agradezco la revisión de mi transcripción al doctor José Cruz Arrigoitia, historiador y paleógrafo del Centro de Investigaciones Históricas de la Universidad de Puerto Rico.

[5] Acaso la precaución de la jerarquía eclesiástica local los retuvo discretamente entre las pertenencias de la joven beata, en flagrante desconocimiento de su valor literario-artístico, hasta que fueron descubiertos por Alonso Getino. La autenticidad de la mística rosariana que vibra en los testimonios de su confesor estrella, el doctor Juan del

confesor que se lo pidió —posiblemente Juan de Lorenzana—, las mercedes de Dios a partir de sus 23 años de edad. Para justipreciar su valor, se me antoja homologarlos a los comentarios de san Juan de la Cruz a sus poemas mayores. Lamentable pérdida. A falta de ellos, el descubridor dominico ha llamado «acertijos místicos» a los dibujos rosarianos, término aceptado por los contados estudiosos que se han ocupado de desentrañar la teología del icono de la doncella americana.

La raíz del motivo de la desaparición de los cuadernos se encuentra, como se sabe, en el escándalo que suscitó el proceso de alumbradismo abierto por el Tribunal de Lima contra la neogranadina Luisa de Melgarejo, en 1622. La Orden de Predicadores y los inquisidores de Lima se negaron a entregar todos los hológrafos que conservaban de la santa, requeridos por el Vaticano como parte de la documentación del *Proceso Apostólico* de 1630-1632[6]. Desde enero de 1624 hasta 1630, estos cuadernos todavía estaban en poder de la Inquisición limeña, aunque Carolina Ibáñez-Murphy[7] no descarta que —de acuerdo con lo que le dijo sor Ana María Torres, priora del convento de Santa Rosa de las Madres— se hubieran perdido durante la Guerra del Pacífico entre Perú y Chile o que incluso hubieran sido destruidos. No debe parecer extraño que, en 1624, el inquisidor Andrés Juan Gaitán requisara todas las pertenencias de Rosa que se conservaban en la casa de la santa y dispusiera la remoción inmediata del cuerpo y del retrato venerados en la iglesia de Santo Domingo[8].

## Poesía atribuida

Para sorpresa de quienes la conocen sólo por su santidad, Rosa de Santa María no fue poeta ni teóloga, al estilo de una Teresa de Jesús. Los escasos versos que se le atribuyen no pasan de ser imitaciones *à suo modo* de los clásicos españoles. Así, por ejemplo, la popularísima copla: «Las doce son dadas / mi Jesús no viene. / ¿Quién será la dichosa / que lo entretiene?» fue comentada por Alonso Getino como «calcados en los cuatro últimos

Castillo, para las informaciones conducentes al *Primer Proceso Ordinario*, se cristaliza en dichos hológrafos, conservados en el Monasterio de Santa Rosa de Santa María de Lima, en el Perú.

[6] Hampe Martínez, 1998, p. 53; Millar Carvacho, 2000b, p. 104.

[7] Ibáñez-Murphy, 1997, p. 152.

[8] Cf. Mujica Pinilla, 2001, p. 80; y Myers, 2003, p. 264.

que canta Melibea en el acto XIX de *La Celestina*, donde tienen, como es de suponer, un sentido enteramente carnal». El fraile hace su tanto en excusar a Rosa la paráfrasis poética de un texto profano impudoroso: «Rosita *los había oído cantar*, y, *o no los entendió*, o *quiso variarlos algún tanto* y aplicarlos a las ausencias de su Amado, cuando tardaba en aparecérsele»[9]. Nótese que Alonso Getino descarta entre líneas la posibilidad de que semejante texto cayera en manos de santa Rosa («los había oído cantar»), lo cual contribuye a creer en la escasa educación literaria —no teológico-espiritual— de la virgen de la Ciudad de los Reyes.

Otra copla muy divulgada en las hagiografías rosarianas es la que dice: «¡Oh! Jesús de mi alma, / qué bien pareces / entre rosas y flores / y olivas verdes». Alonso Getino asimismo establece su influencia literaria en Lope de Vega, que la versifica en el acto II de su obra *Lo cierto por lo dudoso* como sigue: «Río de Sevilla, / ¡cuán bien pareces / con las galeras blancas / y ramos verdes!»[10]. Sin embargo, no se debe restar mérito al ingenioso juego de palabras rosariano que alude a sus apellidos paterno (Flores) y materno (Oliva); además de incluirse a sí y a todas las que, como ella, formarían una guirnalda de rosas para Jesús.

Fuera de estos versos atribuidos —no son los únicos—, la obra literaria de santa Rosa de Lima se limita a unas composiciones breves, registradas en el *Primer Proceso Ordinario*, y a los dos medios pliegos de papel ya mencionados, que hoy se conservan en el convento de Santa Rosa de las Madres, en Lima. Ningún biógrafo se permite suprimir la anécdota maravillosa de los cánticos rosarianos en medio de la naturaleza de su huerto que la secundaba: los árboles movían sus ramas al compás de la vihuela que ella tocaba, y, en su último año de vida, durante toda la Cuaresma apareció un ruiseñor que se posaba en la rama de un árbol delante de la ventana de su celda para acompañar los versos que ella componía al momento, de los cuales Alonso Getino ha publicado éstos que dicen: «¿Cómo te amaré, mi Dios, / siendo yo la criatura / y tú mi Creador? / Tú [el ruiseñor] alaba a tu Creador. / Yo alabaré a mi Redentor». Al cabo de una hora de cánticos alternados, el ruiseñor se marchaba y Rosa le cantaba una cuarteta heptasilábica a su Esposo siempre presente: «Aunque se va y me deja / volando el pajarillo, / mi Dios conmigo queda: / por siempre sea bendito»[11].

[9] Alonso Getino, 1943, p. 165 (cursivas mías).
[10] Alonso Getino, 1943, p. 165.
[11] Alonso Getino, 1943, pp. 166-168.

Otras composiciones de la santa figuran en los testimonios del contador, don Gonzalo de la Maza, y en el de su esposa, doña María de Uzátegui, en el *Primer Proceso Ordinario*: «Ángel de mi guarda, / vuela y di a mi Dios / que por qué se tarda, / que por qué se tarda»[12]. Del mismo modo, en respuesta a la pregunta 18, Juan Costilla de Benavides, oficial mayor de la Contaduría de la Santa Cruzada de estas Provincias, cita éstos: «Mi Jesús, pues sois mis amores / enviadme dolores». Por último, en un segundo interrogatorio, De la Maza añade otros: «Oh, si te amase, mi Dios, / oh, mi Dios, y si te amase / y amándote me quedase, / ardiendo en llamas de amor, como te amare, Dios mío, / como te amare, Señor, / siendo yo criatura, / y tú mi Criador»[13].

Salta a la vista que las canciones de Rosa no revisten tentativa alguna de abordar la experiencia mística de su ipseidad devenida en la del Otro. Por eso, su poética resulta muy apocada con relación a la teresiana, de fortísimo aroma popular espiritualizante, y a la sanjuanista, la mayor cumbre de toda la mística española. Para apreciar el alcance de su expresión artístico-espiritual, tendremos que acudir a la poesía visual[14] de sus hológrafos, que son la piedra angular de la poesía mística en Hispanoamérica.

## Dos medios pliegos de papel: «Mercedes» o «Heridas del alma» y «Escala espiritual»

En la punta opuesta del arco se ubican los hológrafos, que muestran 15 gráficos sobre las mercedes que Dios le había concedido a la santa, con glosas que echan por tierra la imagen tradicional de la joven humilde e iletrada, confiriéndole un giro enteramente intelectual. Compuestas el 23 de agosto de 1616, las «Mercedes» o «Heridas del alma» (primer pliego) y la «Escala espiritual» (segundo pliego) constituyen el primer documento de calidad artística de una autobiografía espiritual femenina compuesta por una criolla en Hispanoamérica.

[12] *Primer Proceso Ordinario*, 2002, pp. 75-76, 130.

[13] *Primer Proceso Ordinario*, 2002, pp. 420, 437.

[14] Tomo el término de Rosa Saravia, quien lo acuña en su importante libro *La poesía visual de Vicente Huidobro* (2007) para aludir a los textos ideogramáticos o de tipo caligrama de este primerísimo poeta de la vanguardia hispánica.

Estos nuevos documentos habían yacido en el improfanable silencio del claustro cenobial durante siglos, hasta su descubrimiento en 1923, que merece ser narrado íntegramente, casi con el terror y la fascinación que rezuma la anécdota de su descubridor:

> Estábamos de visita en Lima en junio y julio de 1923, y aunque vivíamos en la casa misma de Santa Rosa, tan llena de recuerdos suyos, de objetos que le habían pertenecido, nos devoraba la idea de visitar la habitación donde había muerto la dulce cantora del Rimac, habitación que se conserva dentro de la clausura de SANTA ROSA DE LAS MADRES
>
> No había fórmula para poder traspasar aquel recinto por una simple curiosidad, ni siquiera coloreada con el título de devoción, ni con el epígrafe de investigación y de estudio.
>
> Finalmente, cuando estaba yo con un pie casi en el estribo para salir de Lima, la grave enfermedad de una monja reclamó la entrada en la clausura del confesor de la Comunidad, y éste me eligió de compañero para entrar en la clausura.
>
> Aquí fue la mía. Mientras él confesaba a la enferma, yo me solacé en curiosear cuanto se conservaba en la estancia donde había muerto Santa Rosa [...]
>
> Apenas había comenzado el análisis de estatuas, cuadros y relicarios, algunos de valor imponderable, cuando mi manía de examinar papeles viejos me llevó a reparar en dos de aspecto cabalístico, plagados de gráficos, elaborados a tijera con fragmentos papiráceos y con telas de distintos tonos, que estaban pegadas al blanco pliego de papel que sirve de fondo a los emblemas.
>
> Nuestra sorpresa, nuestra admiración, nuestro gozo, no tuvieron límites al advertir que se trataba de dos recuerdos de Santa Rosa, de los trabajos suyos primorosos e ingeniosísimos redactados de un tirón y con referencia a una glosa, que en vano buscamos en su sacro recinto. [...]
>
> [...] Tan inadmisible era el hallazgo, que al comunicarlo yo a algunos de los Prelados que habían concurrido a las conferencias episcopales limeñas de 1923, se mostraron un poco escépticos de que Santa tan estudiada tuviese todavía tan valiosa producción en el misterio[15].

Esgrimiendo seis argumentos, Alonso Getino dirime la autenticidad de los holÓgrafos: 1) la localización del hallazgo («el altar de las reliquias de la celda donde murió la santa»), 2) la identidad caligráfica, 3) la congruencia del ideario, 4) la devoción a san Bartolomé, 5) el *caveat* de no quemar los papeles sin antes quitar las imágenes de Dios en caso de que su destinatario

[15] Alonso Getino, 1943, pp. 59-62.

«Mercedes» o «Heridas del alma». Fuente: Ramón Mujica Pinilla, *Rosa limensis*, pp. 138 (primer medio pliego) y 139 (segundo medio pliego)

«Escala espiritual». Fuente: Ramón Mujica Pinilla, *Rosa limensis*, pp. 138 (primer medio pliego) y 139 (segundo medio pliego)

los hallare errados y 6) el testimonio unánime de la comunidad «por escrito marcado al pie de la reliquia misma»[16].

Está claro que no se puede hablar de una obra literaria en el caso de Rosa de Santa María, sino de algo mucho más enigmático y fascinante que he preferido llamar poética visual del Inefable, sirviéndome del término propuesto por Sarabia[17], quien ha acertado en puntualizar que sería «una miopía crítica» no reconocer una experimentación, muy anticipada a la del padre del Creacionismo, en el «Cubus matematicus», un poema tridimensional en forma de jaula con alambres, de Juan Caramuel; o en la instalación icónico-verbal del «Neptuno alegórico», de sor Juana Inés de la Cruz; o en las «Décimas acrósticas» dedicadas a Fernando VI, que forman un sol cuyos rayos son los versos, de Mariana Navarro, otra poetisa mexicana del siglo XVIII. A esta serie de manifestaciones iconoverbales de la literatura áurea hispánica faltaría añadir los dos holósgrafos de la santa limeña, que los precede a todos.

Estos dos medios pliegos de papel exhiben ilustraciones a modo de *collage*[18] circunvalados por lemas aclaratorios o frases temáticas en torno a las mercedes otorgadas por Dios; además, hay unas glosas genéricas sobre el propósito de los pliegos y cuidadosas advertencias a su destinatario: el confesor. Los lemas aclaratorios, a vuelta redonda de los corazones, dialogan con tradiciones como la del arte de la memoria y la emblemática renacentista, así como se pueden sumar a la tradición del caligrama, de antigua estirpe griega y reformulado por Guillaume Apollinaire (1880-1918). Veamos, ahora, los holósgrafos en detalle.

[16] Alonso Getino, 1943, pp. 63-64.

[17] Sarabia, 2007, p. 19.

[18] Rosenbrock (1996, p. 146) aduce que el hilo de coser sustituye el pegamento clásico en el *collage*, lo cual supone que los corazones fueron bordados en los dos pliegos. Nada más distante de la realidad. Ninguna puntada de aguja se evidencia en los bordes de los corazones recortados; éstos fueron más bien aplicados al papel con algún tipo de pegamento que, de hecho, se refleja en la mancha periférica presente en cada lugar donde fue colocado para adherir los cortes de tela al pliego.

## PRIMER MEDIO PLIEGO: «MERCEDES» O «HERIDAS DEL ALMA»

Las dulces heridas de las «Mercedes» fueron experimentadas —como afirma Alonso Getino— poco antes de la famosa confesión general (el examen de conciencia de 1614), después de dos años —esto es, a partir de 1612— de «grandes penas, tribulaciones, desconsuelos, desamparos, tentaciones...», según anotó la santa en la glosa. De otra parte, las heridas regaladas y plasmadas en la «Escala espiritual» le acaecieron —citando a la propia santa—: «en diferentes ocasiones, que no puedo numerar»[19], seguramente entre enero y julio de 1614 si se considera correcta la fecha anotada por Rosenbrock[20] para la elaboración de los pliegos: el 23 de agosto de 1614. No obstante, las 15 heridas del alma fueron recortadas, pegadas y tematizadas de un tirón, en un solo día (la víspera de san Bartolomé); pero recortadas con maestría incomparable, como admite el estudioso dominico: «Maneja las tijeras para trazar sus gráficos con la misma destreza con que las manejaría para cortar un traje», aunque en los lemas aclaratorios «olvida y aun confunde palabras»[21].

El órgano receptor de las 15 mercedes es siempre el corazón de la santa panhispánica de ultramar, cuya forma en los gráficos exhibe un espacio superior que supone la presencia de los grandes vasos sanguíneos truncados, por los cuales se unía al cuerpo. Es, sin duda, una representación esquemática, pero muy realista, del órgano cordial como músculo biológico. Ello conduce a concebirlo por lo menos de dos maneras recíprocas: ora como símbolo de su alma que, poéticamente, está dotada de carne, ora físicamente como el músculo orgánico donde habita su alma, la cual proyecta su sensibilidad en las paredes fibrosas de su *domus* vulnerado. Por lo demás, tanto los corazones como las cruces y otros artefactos —muchos de la Pasión de Cristo— son recortes de tela adheridos con pegamento en ambos pliegos.

Los corazones de Rosa parecen apartarse de lo que denominaré la cardiosofía mística de la tradición medieval y renacentista, fundamentalmente femenina —recuérdese el caso de la poética de las beguinas medievales, basada en el amor cortés a lo divino—, que otorga el papel protagónico al corazón sangrante de Jesús como símbolo de la *unio mystica*. Sin embargo,

[19] Alonso Getino, 1943, p. 65.
[20] Rosenbrock, 1996, p. 125.
[21] Alonso Getino, 1943, p. 65.

Rosa no descarta los símbolos de las *arma Christi*, con que explora estéticamente modos de expresión para sus mercedes sobrenaturales. Para el comentario a las quince mercedes rosarianas en ambos pliegos, he incluido una reproducción artística ampliada de cada una de ellas a fin de destacar los detalles de su contenido figurativo-verbal, al igual que hacer legibles las divisas de puño y letra de la doncella criolla.

Fuera de discusión está que las glosas rosarianas muestran una premura en el proceso de redacción, no sólo por las incorrecciones (básicas muchas de ellas, como la ausencia de la letra mayúscula al inicio de oración y su presencia en nombres comunes, amén de la escasa puntuación, que tiende a suprimir el punto final de los enunciados), sino por el incómodo lapso que tuvo para crear los 15 emblemas, tematizarlos y glosar el motivo de su hechura en los medios pliegos. En las «Mercedes» figura la exposición sucinta de la autora para justificar los tres gráficos que aparecen en este pliego y los del segundo, «Escala espiritual», donde continúa la narración emblemática de su mística de la Pasión nupcial. Distribuidas en tres columnas (una a la izquierda, una en el centro inferior y otra a la derecha) que inician a la mitad del papel (dos líneas verticales delimitan el espacio textual entre ellas), las transcribo con ligeros corchetes para facilitar la comprensión del texto. En la primera glosa (columna de la izquierda) se lee:

> bispera de mi Pre. [Padre] y Apostol
> S.ⁿ [San] Bartolome ise las
> dos obras que remito en
> dos medios pliegos de pa-
> pel. lo que remito a V.ª [Vuestra] P.ᵈ [Paternidad]
> como mi unico P. [Padre] espi
> ritual, para que corrija
> mis yerros y enmiende lo
> que en dicha obra falta
> re por mi ignorancia. mu
> chos yerros i faltas se a-
> yará por ser explicada de
> mi mano) [*sic*] i si se ayare que
> es bueno, sera solo por a-
> ber sido las mercedes de Dios.
> Vale con toda berdad.
> Confieso con toda berdad
> en precencia de Dios que to
> das las mercedes que [he] escrito

> asi en los quadernos como es
> culpidas i retratadas en es
> tos dos papeles ni las e bisto
> ni leido en libro alguno, so
> lo si obradas en esta pecado
> ra de la poderosa mano del
> Señor, en cuyo libro leo, que
> es sabiduria eterna, quien
> confunde a los sobervios
> y ensalsa a los humildes
> cumpliéndose que lo que es
> condio a los prudentes i sabios
> revela a los Parvulos.

En cuanto a este «único padre espiritual» al que la santa alude haberle remitido los pliegos y los cuadernos perdidos, Rosenbrock ha sugerido a Juan de Lorenzana. No obstante, éste —a pesar de que la comenzó a tratar en 1614, siendo calificador del Santo Oficio de Lima— se incluye entre los directores espirituales que desacertaron en el diagnóstico de las melancolías de la joven mística. De hecho, fue uno de los tres confesores que tuvo Rosa de Santa María a partir de 1614, de los cuales Diego Martínez y el doctor Juan del Castillo cierran con broche de oro esta nómina por ser, precisamente, quienes timonearon hacia puerto seguro la que estaba a punto de zozobrar entre las «calumnias de confesores» inexpertos, como ella misma dejó patente en la glosa central, siguiente en el orden de este comentario. Considerando esto a profundidad, la petición —y permiso— al confesor innominado para que corrigiera y enmendara, debe tomarse como una actitud de modestia afectada —más bien, un mero recurso retórico de la literatura espiritual[22]—, en el caso de Juan de Lorenzana, o de

[22] Josefina Ludmer ha estudiado esta estrategia discursiva en los escritos polémicos de sor Juana, de la cual arguye que su consabida ignorancia —su no saber decir las cosas en materia de Teología y de autoridad eclesial— llevaba por objeto subrayar su posición de subalternidad. De ahí que se deba entender el silencio de la «Décima Musa» como «un *locus* retórico denominado "modestia afectada"», interesante «en la medida en que magnifica al otro y lo marca con un exceso que produce no saber decir» (1985, pp. 48-49). Este silencio premeditado es una calculada estrategia de manipulación autorial para burlar el poder jerárquico del superior en tanto que el poder sapiencial del subalterno se solaza repudiando el más mínimo interés en despuntar sobre el discurso masculino paternalista.

sincera humildad si estos documentos hubieran sido remitidos a cualquiera de los dos últimos: Martínez o Del Castillo. Recuérdese que Rosa se expresó muy satisfecha de Diego Martínez, que la había comprendido en su *iter* espiritual como si lo hubiera transitado. Ni qué decir tiene el médico seglar, que presidió su examen de conciencia y la acompañó nutriéndose a la vez en las hablas espirituales, solicitadas por ella.

Otro asunto que exige dilucidación es la absoluta originalidad que santa Rosa reclamó para su trabajo literario-plástico tanto en los pliegos como en los cuadernos desaparecidos: «ni las he visto ni leido en libro alguno». Nada más lejos de la realidad. En sus mercedes, Rosa de Lima revela un influyo innegable y poderoso de la literatura patrística y de los místicos peninsulares, que se verá con detenimiento en los comentarios individuales a cada una de ellas. Muy cierto es que nada nace en el vacío; sobre todo si se atiende a los parámetros culturales que el místico traduce necesariamente en sus textos al devenir lenguaje su experiencia teopática. De modo que, probablemente, se trate de una estratégica proposición como mecanismo de defensa contra cualquier sospecha de alumbradismo literario[23], quizá sugerida por el propio confesor en conversaciones precedentes a la redacción de la glosa.

El uso de la imagen de Dios como *aeternae sapientiae liber* hermana nuevamente a Rosa de Lima con la santa abulense, que lo afirmaba en su autobiografía:

> Cuando se quitaron muchos libros de romance, que no se leyesen, yo sentí mucho, porque algunos me dava recreación leerlos, y yo no podía ya, por dejarlos en latín; me dijo el Señor: «No tengas pena, que yo te daré libro vivo». [...] ha tenido tanto amor el Señor conmigo para enseñarme de muchas maneras, que muy poca u casi ninguna necesidad he tenido de libros. Su majestad ha sido el libro verdadero a donde he visto las verdades[24].

Es probable que Rosa haya asimilado esta referencia en las conversaciones con Juan del Castillo que, por estudioso y comentarista de la obra tere-

[23] No se debe perder de vista que todavía estaba muy fresco el sinsabor del primer movimiento conducente a la extirpación de esta herejía por parte del Tribunal eclesiástico de Lima en la década de 1575-1585. Por otro lado, tampoco se puede ignorar la influencia perniciosa del *Índice* de Valdés (1559), que censuraba obras espirituales como las de fray Luis de Granada, tachado de alumbrado en la metrópoli europea.

[24] De Jesús, 1986, p. 142

siana, había sufrido duras censuras del Santo Oficio de la Ciudad de los Reyes. Con todo, esta primera columna culmina con una paráfrasis que hilvana dos pasajes bíblicos: el que trata de los que se tienen por justos y desprecian a los demás (Lc 28, 14), y el pasaje donde Jesús se llena de gozo en el Espíritu Santo y agradece a Dios Padre la revelación de sus misterios sólo a los pequeños (los humildes) y no a los entendidos (Lc 10, 21), quienes resultan proclives a confiar en su inteligencia más para entender que para vivir las Escrituras. Este trenzado bíblico desempeña un doble propósito en la autora: de reivindicación, por un lado, ante los confesores ensalzados que —tarde o temprano— serían reducidos a la humillación y, por otro, de autoafirmación en su autoridad *a divinis* por conocimiento vivencial de Dios.

En lo que toca a la glosa central, los tres gráficos ilustrados en el pliego de las «Heridas del alma» confrontan un interesante problema de datación por la ambigüedad cronológica en el texto:

> Estas tres mercedes [las] recevi de la piedad divina antes de
> la gran tribulasion que padesi en la Confesion Jegeral
> por mandado de aquel confesor que me dio tanto en
> que mereser.) [*sic*] despues de aber echo la Conbfesion Jene
> ral i de aber padesido serca de dos años de grandes
> penas tribulaciones desconsuelos desamparos, tenta
> siones batallas con los demonios, calumnias de confeso
> res i de las criaturas, enfermedades, dolores, calentu
> ras, i para decirlo todo las mayores penas de infierno
> que se pueda imaginar.) [*sic*] en estos años ultimos abra
> unos sinco años que recibo del Señor las mercedes que
> en ese medio pliego de papel e puesto, por ispiracion del
> Señor i esperiencia en mi propio corazon aunque indigno.

Rosa de Santa María empieza por decir que las recibió *antes* de la «Confesion Jeneral», que fue el famoso examen de conciencia de 1614[25], único interrogatorio al que se sometió la joven visionaria —cabe proponer, por iniciativa de Juan de Lorenzana[26]— y donde tuvo que consignar

[25] Por el contrario, Ibáñez-Murphy presume que esta confesión general es la que corresponde al momento de ingreso al convento, hecho que nunca sucedió respecto a Rosa (1997, p. 125).

[26] Como calificador del Santo Oficio de Lima, tendría sus reparos al tratar con Rosa. Las reservas que mostró en el momento de los desposorios, cuando «se excusó a

una descripción pormenorizada de sus experiencias sobrenaturales. Semejante confesión significó, entonces, una «gran tribulasion» para la santa americana porque, además de tratarse de acontecimientos inenarrables, dicho interrogatorio la colocaba en la incómoda posición de atestiguar sobre su propia santidad, en especial aquellas experiencias en que su espíritu se deificaba. Luego, casi al final de la glosa, indica un presente vago en la frase «en estos últimos años» y continúa con «abra unos sinco años que recibo del Señor las mercedes que en este medio pliego de papel e puesto». Esta información es crucial para precisar la fecha de recepción de las primeras mercedes y la de composición de los hológrafos. La locución «en estos ultimos años» no admite pensar otra cosa que los dos que sucedieron al interrogatorio de 1614, los cuales se proyectan indiscutiblemente hacia 1616, en razón de que Rosa murió en 1617. Por tanto, los hológrafos fueron trabajados el 23 de agosto de 1616, con lo cual parece improbable que Alonso Getino[27] atribuya la tercera merced de este pliego a su desposorio espiritual[28]. Cinco años retrospectivos con relación a los dos de arideces resultarían en el año 1611 como el de inicio de la recepción de las tres mercedes ilustradas en los hológrafos.

La glosa de la columna derecha culmina la exposición verbal más extensa de los hológrafos rosarianos. Dice así:

> Si a V. P.ᵈ le parese qui
> tando las ymagenes de
> Dios puede quemar los
> Corazones
> Al glorioso Apost S.ⁿ Bar
> tolome lo amo tanto de
> corazon muchos años á
> Solo por aber oido en un
> sermon que por los mu
> chos deseos que tuvo en es
> ta vida de ber a Dios
> le dio su magestad mu
> chisimos grados de glo

última hora» y no le quiso colocar el anillo en la ceremonia privada —cosa que hizo fray Alonso Velásquez—, no dan pábulo a otra interpretación.

27 Alonso Getino, 1943, p. 69.

28 Hampe Martínez (1998, p. 15) discrepa en que los desposorios se celebraron después de la misa de Resurrección, el 26 de marzo de 1617.

ria. S.$^{to}$ que deseo tanto
ber a Dios amole mucho.
Fuera de sus grandes vir
tudes aquellos que mas
se esmeraron en amar me
roban la voluntad.
echas todas estas merce
des en diferentes ocasiones
que no puedo numerar
por que las e recevido
repetidas beses alter
nandose gran pade
ser i muy esquisitos
crisoles. Como en ba
rias ocasiones tengo es
crito para gloria
de Dios i confusion
del infierno, para
consuelo de muchas
almas por mandato de Dios.

Tan pronto como se institucionalizó la censura en España, su repercusión no se hizo esperar en los virreinatos de ultramar. Los índices o listas de títulos prohibidos quedaron establecidos a partir del decreto del 7 de septiembre de 1558, firmado por la regente, doña Juana, en nombre de Felipe II. En el abanico de criterios para la prohibición, figura un artículo que ocasiona un temor especial en Rosa de Lima en cuanto a los corazones recortados de sus hológrafos: «todas las imágenes y figuras irrespetuosas para la religión»[29]. Así se explica la advertencia de la santa en su glosa de las «Mercedes», donde se ampara en el discernimiento de su confesor para que, «quitando las imagenes [*sic*] de Dios», proceda según su juicio a quemar «los Corazones».

La autora deja mano libre al confesor para que discierna sobre la ortodoxia de los corazones en sus gráficos, único contenido que, por estimarlo tan personal, habrá pensado ser susceptible de censura eclesiástica. Por un lado, el respeto por las imágenes de Dios subraya la vigencia de la *devotio imaginis* contrarreformista; por otro, la presencia del fuego incide en que

[29] López-Baralt, 1988, p. 177.

Rosa de Lima conocía los ruidos que provocaba una falsa espiritualidad sometida al juicio implacable del tribunal inquisitorial limeño. Acto seguido, desarrolla una prolongada doxología en torno a san Bartolomé (m. 71)[30], de quien admira principalmente su ferviente deseo cumplido de ver a Dios —ella misma también había recibido el inigualable regalo—, así como de todos los santos que, «fuera de sus grandes virtudes», la dejan sin aliento por sus esfuerzos supremos en amar; todo ello resumido en la hermosa frase: «me roban la voluntad». Mediante la prédica y la función doctrinal de los sermones, se refuerza el carácter ortodoxo del misticismo femenino conventual, a todas luces diferente del de los alumbrados. La memoria de la doncella americana parece desafiar el tiempo en que escuchó un solo sermón en torno al santo patrón, para explicar su adhesión a él y a su veneración hasta la víspera misma de las fiestas, en el penúltimo año de su vida de intensa actividad socio-espiritual en la Ciudad de los Reyes.

La última observación que aparece en las «Mercedes» debe, con toda probabilidad, referirse a las restantes heridas plasmadas en el segundo medio pliego, la «Escala espiritual». La frase «todas esas mercedes» insta a pensar en más de tres, con lo que, en efecto, Alonso Getino lleva razón en extender a «las del segundo [pliego]» la sentencia rosariana «en diferentes ocasiones que no puedo numerar»[31]. Pero aquí hay mucho más. Se levanta la intrigante salvedad de que no puede numerar las ocasiones porque las ha recibido «repetidas beses». Esta aseveración plantea una incongruencia entre el número de mercedes representadas en los gráficos y el número de las experiencias, que podrían exceder de 30 aproximando como cantidad mínima la duplicada de cada emblema. La santa especifica: «las e recevido repetidas beses»; es decir, que en más de una ocasión experimentó la misma merced, de modo que los 15 gráficos representan las diversas formas de traducir la experiencia teopática, oscilante entre «gran padeser i muy esquisitos crisoles», al estilo de los colores alucinantes de un caleidoscopio.

[30] San Bartolomé apóstol es el Natanael que Felipe llevó ante Jesús y que, consecuentemente, integró los primeros doce discípulos. Su apostolado se desarrolló en Armenia, Persia, Arabia y la India, donde se dice que vertió al hindi el Evangelio de Mateo. A causa de haber destruido un ídolo de un templo, el rey pagano lo encarceló y ordenó que lo desollaran para, luego, decapitarlo. La iconografía lo representa con su piel y el cuchillo del verdugo en sus manos. A ello se debe que sea el patrono de peleteros, curtidores, carniceros, entre otros obreros afines (Montes, 1996, pp. 61-62).

[31] Alonso Getino, 1943, p. 65.

Sobra admitir que la última oración de esta columna denota una referencia a los cuadernos extraviados, espacio donde la joven contemplativa habría escrito y descrito «en barias ocasiones» —a su antojo, por así decirlo— la teología *sui generis* de sus experiencias zigzagueantes entre el dolor y el placer indecibles, giratorios y perfectamente recurrentes, como los reflejos infinitamente proyectados de un objeto sitiado por un sinfín de espejos.

Allanados los caminos de las glosas que aparecen en las «Mercedes», el tiempo ha madurado para comentar sus tres emblemas, estimados —en estas páginas— como poemas que se sirven del lenguaje figurativo (la imagen) y verbal (la palabra) para traducir las experiencias místicas de la santa. Es de notar, además, que los versos o líneas poéticas no obedecen a la horizontalidad tradicional de la escritura, sino que adoptan la forma que la imagen les dicta, como la silueta cordial o la arqueada que simula alas, etc. No obstante, esta escritura que forma imágenes es antiquísima: se conoce desde la caligrafía árabe, que dibujaba elementos de la fauna como el simbólico pájaro solitario del sufismo[32], y los dibujos de árboles, pájaros y otros elementos de flora y fauna, elaborados por los trovadores provenzales. En este sentido, Rosa de Santa María tiende un puente con las tradiciones escriturarias *avant-coureur* del vanguardismo futurista, establecido por Filippo Tomasso Marinetti (1879-1944) en su *Manifiesto técnico de la literatura futurista*, dado a la luz el 11 de marzo de 1912 en Milán[33].

[32] También usurpado por san Juan de la Cruz en los esbozos alegóricos que se conservan: «uno en los *Dichos de luz y amor* y otro [el más extenso] en las glosas al "Cántico"», además de una breve alusión en el capítulo 14, Libro II, de la *Subida* (López-Baralt, 1985, pp. 59-72).

[33] López Estrada, 1987, p. 101.

## PRIMERA MERCED

La frase aclaratoria en este primer gráfico comienza por consignar lo que son éste y todos los demás: «primera *merced de eridas que recevi de Dios*» (cursivas mías), proposición que no se volverá a repetir. Hace las veces de identificación del mensaje figurativo-verbal a continuación, al estilo de las canciones del místico de Fontiveros sin título, mas encabezadas por un epígrafe de síntesis explicativa.

El corazón de tela pegado al pliego en este emblema —y en todos los demás— siempre es simbólico del alma que, como voz poético-plástica, se expresa verbalmente en los lemas aclaratorios que son, a mi parecer, genuinas líneas poéticas. La cruz, principal símbolo de la Pasión de Cristo, ocupa el centro en su totalidad, desde el ápice donde se ubican la vena cava superior, el cayado de la aorta y la vena pulmonar hasta el ápice inferior del miocardio. Una herida abierta en su aurícula izquierda[34] se alarga verticalmente: es producto de una lanzada.

La poesía de la santa comienza, propiamente, en la frase «con lansa de asero me irio i se escondio». La disposición gráfica de sus palabras, no lineal y transgresora de la horizontalidad tradicional del lenguaje —aun en la poesía barroca hispanoamericana—, circunvalan el corazón de tela y adquiere una extraordinaria similitud con los caligramas del poeta surrea-

[34] La vista frontal del corazón promueve confundir sus lados. De ahí la inexactitud de Rosenbrock cuando identifica la aurícula a la derecha, como describe en su estudio (1996, p. 178).

lista francés Apollinaire, anticipándose a ellos por más de dos siglos[35]; pero Rosa no los inventó[36], sino que —en este y en todos los casos que la divisa se ciñe a la forma cardiaca— los intuyó, por frasearlo de algún modo, con genuino valor artístico. Las mercedes rosarianas producen esa sensación lúdica entre la idea y la forma, haciendo la salvedad de que su autora no contó con una formación académica artística, lo cual las hace *sui generis* más meritorias.

La lanzada establece un interesante vínculo con la *imitatio crucis* por parte del corazón (= alma). Aunque en el Evangelio no se especifica el costado lanceado de Cristo[37], no es fortuita la ubicación de la herida en la zona auricular izquierda del corazón, que representa el alma herida (la variante pronominal identifica una voz lírica personalísima: «*me* irio») en el hemisferio donde se halla el corazón mismo. No se debe pasar por alto la influencia directa de santa Catalina de Siena, que concebía la lanzada de Cristo justo a la altura de su corazón, de modo que su costado era el umbral conducente al Sagrado Corazón de Jesús. Es la razón de que en esta merced la herida se localice en la aurícula izquierda —por la altura del lado— y no en el ventrículo. Pero hay más. La lanza, que es arma arrojadiza, exige una cierta distancia con relación al objetivo para vulnerarlo eficazmente. Sin embargo, cabe inferir que la lanzada de Cristo fue infligida a muy corta distancia, justo a los pies de la cruz —que no solía ser muy elevada—, y en el costado izquierdo para atravesar el corazón y ratificar la muerte. En este caso, Jesús es el soldado divino que vulnera con su lanza, sinécdoque de su brazo alargado y retirado de súbito —imagen con sobretono erótico, por cierto—, al alma habitada por la cruz.

La ausencia de la lanza en el gráfico denota también, por otro lado, la huida del victimario que «irio i se escondio». Justamente por este doble acto de herir y ocultarse, los primeros estudiosos de las «Mercedes» destacan la influencia juancrucista del verso de Rosa, al citar la primera lira del «Cántico espiritual»[38], en el que la protagonista lírica también gime justo al saberse herida por la ausencia. El paralelismo es innegable, sobre todo si

[35] Cf. Apollinaire, 1985, p. 81; Gómez de la Serna, 1931, p. 113.

[36] Báez Rivera, 2001, pp. 144-145.

[37] El único evangelista que registra la lanzada de Cristo es Juan: «Pero al llegar a Jesús, como le vieron ya muerto, no le quebraron las piernas, sino que uno de los soldados le atravesó el costado con una lanza y al instante salió sangre y agua» (Jn 19, 33-34).

[38] Cf. Alonso Getino, 1943, p. 80; García del Castillo, 1995, p. 58; Mujica Pinilla, 1996, p. 98; Rosenbrock, 1996, pp. 178-179.

se pondera la probabilidad de que la poesía conventual se recitaba y cantaba por tradición oral o se utilizaba para la meditación con manuscritos que circulaban según el movimiento de las órdenes religiosas. Sólo así se hace admisible el influjo directo de estos versos del místico carmelita, publicados en la *editio princeps* de sus obras en 1618[39], un año después del óbito de la patrona de América. Más irrefutable resulta el influjo de la santa abulense, cuyas obras ya habían sido editadas nada menos que por fray Luis de León en 1588[40]. Así, mientras Alonso Getino[41] destaca el eco teresiano, citando el celebérrimo pasaje de la transverberación[42] —que, en mi opinión, guarda mayor relación con las mercedes undécima y duodécima—, Rosenbrock hace su parte en cederle la palabra a la reformadora en las "Sextas Moradas": «algunas veces —en especial a los principios— la hace estremecer y *aun* quejar, sin ser cosa que le duele. Siente ser herida sabrosísimamente, mas no atina cómo ni quién la hirió; más bien conoce ser cosa preciosa y jamás querría ser sana de aquella herida»[43].

Es fuerza decir que Rosa se hace eco de una larga tradición medievo-cristiana —por ejemplo, Raimundo Lulio (1235-1315) y Juan Rusbroquio (1294-1381)— en el cultivo del tema de Dios a título de cazador divino que persigue a la presa —el alma contempladora— para hacerla su prisionera de amor. Este bagaje le fue heredado a Rosa por Teresa, sin duda, como demuestra el denso estudio de Helmut Hatzfeld[44]. De otra parte —y mucho más remota en sus orígenes—, es indeleble la aportación del *Cantar de los cantares*:

> ¡Mi amado *metió la mano*
> *por la hendedura*;
> y por él *se estremecieron mis entrañas*!
> ..............................................
> Abrí a mi amado,
> pero mi amado *se había ido de largo.*
> *Le busqué y no le hallé,*
> *le llamé, y no me respondió* (5, 4 y 6).

[39] De Iglesia, 1982, p. XLI.
[40] De la Madre de Dios y Steggink, 1986, p. 29.
[41] Alonso Getino, 1943, pp. 81-82.
[42] De Jesús, 1986, pp. 157-158.
[43] De Jesús, 1986, p. 529.
[44] Hatzfeld, 1976, pp. 37-121.

Con lo destacado en estos versículos del *Cantar*, queda claro el vínculo primigenio entre san Juan y santa Rosa. Sólo resta observar que el Amado del *Cantar* se muestra impaciente —mejor, intolerante de la pereza de la joven que se demora negligentemente— y no se inhibe de meter la mano por la hendedura de la cerradura. El erotismo de estos versículos se corona con el estremecimiento interior de la amada, que proyecta su sensibilidad en la estructura física de la vivienda o, al contrario, la edificación donde habita su alma es metáfora de su cuerpo[45], espacio cerrado que el Amado intentó ocupar fallidamente. De forma paralela, el verso rosariano destaca la penetración del hierro puntiagudo y cortante (= mano[46], sinécdoque del Amado) de la lanza (= brazo del Amado) que, en este caso, hizo una herida (= hendedura) en la aurícula izquierda (= puerta); se retiró —«mi amado se había ido de largo»— y se escondió —«Le busqué y no le hallé, le llamé, y no me respondió»—.

[45] A tono con las observaciones de Leigh Gilmore, lugar común en el misticismo medieval es la concepción metafórica del cuerpo como espacio donde se cumple el éxtasis, el *topos* donde se ubica la actividad mística. En especial, para las religiosas, el cuerpo era plurivalente, dada la polisémica lectura que podía conceder a los diversos estadios de la experiencia. La (auto)representación mística podía significar una inhabitación del cuerpo femenino por el de Cristo (presencia del cuerpo de Cristo en el de la religiosa, simbolizado usualmente por el corazón) o viceversa. El cuerpo de Cristo es el marco de referencia para que acaezcan los episodios emocionales, somáticos y de percepción por parte de las contemplativas. La mortificación de la carne se eleva a un rango de proceso de recreación, de transformación del cuerpo femenino en la fiel imagen del siervo sufriente. Gilmore profundiza: «Bodily wounds [...] replicate Christ's own fragile and broken flesh in an embodied sympathy. [...] Medieval women mystics were obsessed with the body as metaphor, as material, and as the intimate ground of ecstasy, healing, and suffering. The body becomes for them the *topos* where mysticism is situated» (1993, p. 134).

[46] La imagen cobra mayor plasticidad si los cuatro dedos de la mano se unen al pulgar, con lo que se forma una conicidad análoga a la punta de la lanza.

SEGUNDA MERCED

La cruz está hincada en el ápice de vasos sanguíneos. Una imagen recortada del Niño Dios sentado aparece en el espacio céntrico de la silueta cordial. El corazón —como *locus*— es, en esta ocasión, basílica identificada al estilo de los templos o lugares de oficio sagrado que muestran la cruz en el punto más alto del tejado. En su centro —o nave principal— rige el rey de reyes entronizado desde sus más tiernos años. La frase contiene una declaración que dispara la temperatura del discurso poético: «aqui descanso Jesus abrasandome el corazon».

Basándose en una revelación de la venerable Mariana de Santo Domingo, transcrita por Alonso Getino a fin de señalar experiencias análogas a las de esta merced rosariana, Rosenbrock ha entendido la imagen del Niño Dios como figura alada. A continuación, los fragmentos más importantes de lo que Alonso Getino copió sobre las visiones de la monja del convento de Madre de Dios de Sevilla:

> [se] me apareció el Niño Jesús como de tres años, descalzo, con una túnica morada y el pelito tendido [...], y me dijo: 'Esposa mía, [...] dame tus brazos para descansar en ellos'.
>
> [...] y le pedí que se entrara en mi corazón y que no se me fuera, y así sucedió. Estando en oración, me parecía que dentro de mi corazón estaba el Señor chiquito, todo ardiendo en llamas, y me dijo: 'Yo en estas llamas me conservo, que soy el fénix de amor, que lo enciendo y pongo de la mejor leña [...] En

esto pongo la centella de mi amor, que como es leña dispuesta para ello, arde y *Yo la soplo con mis alas*[47].

Como nota curiosa, en la «Llama» juancrucista, al final, el Amado —no infante, sino adulto— permanece en el centro del alma, que es su morada. De lo subrayado, Rosenbrock colige: «Por las palabras del Niño Jesús, su figura era alada como la que la santa colocó en el centro de su corazón»[48]. Pero se impone preguntar si Rosa de Santa María conocía a esta visionaria mencionada por Alonso Getino como caso análogo de experiencias sobrenaturales. La interrogante nace del estudio cuidadoso del pliego: la imagen del Niño Dios de la segunda merced, sencillamente, no exhibe alas. Prueba de ello es que el propio Alonso Getino[49] no las menciona —tampoco García del Castillo[50] ni Mujica Pinilla[51]— en la descripción de la imagen. En síntesis: el alma (= basílica) ha recibido al Niño Dios como huésped permanente, que no se había ido ni escondido más lejos de ella misma. El Niño Dios se entroniza en su centro para gobernarla, reconfortándose en ella (= trono-cuna), donde reposa confiado. Sin embargo, los efectos de su pequeña divinidad son monumentalmente devastadores en el corazón (= hondón) del alma, es decir, en el corazón del corazón, esta vez espacio de un incendio interior causado por la esencia flamígera del Niño Dios. Lo más céntrico y profundo del alma cordial se consume («abrasándome el corazón») acunándolo en un trono ígneo que es escenario de una combustión espiritual total.

No sería ocioso advertir que la figura del Niño ha sido extraída de una imagen que, con toda probabilidad, incluía a la Virgen que lo tomaba en brazos, dada la postura de reposo del Niño y de sus piernitas al aire en el antebrazo materno, como suele representarlo la iconografía cristiana en esta etapa de su cronología humana. Esta exclusión voluntaria y consciente de la Virgen por parte de Rosa obedece a la naturaleza del contenido teológico de los holágrafos, cuya expresión lírica arranca de no otra fuente que la mística nupcial de la Pasión[52].

[47] Alonso Getino, 1943, pp. 84-86.

[48] Rosenbrock, 1996, p. 184.

[49] Alonso Getino, 1943, p. 83.

[50] García del Castillo, 1995, p. 60.

[51] Mujica Pinilla, 1996, p. 99; 2001, p. 145.

[52] La mística de la Pasión parte del ideario paulino en torno a la disciplina corporal, expuesto en sus cartas: Ro 6, 6; 12, 1; 1 Co 6, 18-19; 9, 25-27; 2 Co 4, 10-11; Gál 6,

Es fuerza citar aquí la tradición artístico-devocional de las monjas alemanas de San Walburgo, cuyas obras abundan en la temática del corazón vulnerado y del corazón como una casa donde el alma encuentra descanso en el banquete con Cristo o en el abrazo de la Trinidad. A diferencia de la devoción al Sagrado Corazón y de su identificación con el cuerpo ultrajado de Cristo, hay cuatro dibujos de esta anónima religiosa que se enfocan en el corazón como hogar donde acontece la unión del alma con el Hijo glorificado en la Trinidad. En los dibujos «Crucifixión simbólica» y «Corazón en la cruz», la cruz, curiosamente, no evoca la Pasión ni los sacramentos, sino la experiencia mística del alma con Cristo. Más ilustrativos son «El banquete eucarístico» y «El corazón como una casa», en los cuales el corazón de la monja equivale a su propia conciencia, al asiento de su alma, donde se interna en busca de la unión contemplativa. En el banquete, el alma ha sido representada con su atuendo de monja, ante la Trinidad. Sentada a la mesa entre Dios Padre y Dios Hijo, Cristo presenta a su novia al Padre, con cierta resonancia de la Asunción. En el corazón cosificado en casa, el eje temático es la consecución de la *unio mystica* mediante la oración interior. Sobre este último símbolo de interioridad, apologistas tanto protestantes como católicos desarrollaron la imagen en emblemas y en tratados que los acompañaban. Los emblemas más exitosos de este *topos* fueron los de Antoine II Wierix (ca. 1555-1604), autor de una serie de impresos (1585-1586) que representaban el corazón humano conquistado por el Niño Jesús[53].

El emblema rosariano se hace eco de esta tradición con la impronta amorosa del *Cantar*: el alma (= basílica) ha recibido al Niño-Dios como huésped permanente, que no se había ido ni escondido más lejos de ella misma. El Niño-Dios se entroniza en su centro para gobernarla como Esposo[54], reconfortándose en ella (= trono-cuna), donde Él gusta descan-

14; Flp 1, 20-21; 3, 17-18, entre otros pasajes. A fin de lograr la limpieza de corazón que viabiliza el encuentro íntimo con la Divinidad, esta vía espiritual alcanzó su plenitud con los estigmas de Francisco de Asís (1181/1182-1226) en La Verna (1224), con quien la contemplación gana un nuevo eje en la Pasión de Cristo: la *imitatio crucis*, la cual suscitó adeptos durante toda la Edad Media hasta la época actual, cuando se han registrado cerca de 350 casos —de mujeres casi todos— en la tradición cristiana-católica. Especialmente en ellas, la *imitatio crucis* se concibe desde la óptica amorosa y nupcial, cuya fuente primera se identifica en el *Cantar* como en la exégesis simbólica de Orígenes (185/186-254) y los escritos de san Bernardo de Claraval (1090-1153).

[53] Hamburger, 1997, pp. 137-152.

[54] La esencia de los ritos de consagración femenina adopta por icono la figura del Niño, a quien la monja toma por Esposo en votos de coyunda eterna. Tratándose de un

sar. Sin embargo, los efectos de su párvula divinidad son monumentalmente devastadores en el corazón (= hondón) del alma, es decir, en el corazón del corazón, esta vez espacio de un incendio interior causado por la esencia flamígera del Niño-Dios. Lo más céntrico y profundo del alma cordial se consume acunándolo en un trono ígneo que es escenario de una combustión espiritual total.

## TERCERA MERCED

La importancia que reviste el diseño gráfico de la última merced de las «Heridas del alma» ha sido admirado y aplaudido unánimemente por los estudiosos, quienes lo entienden bien como símbolo de «los divinos *Desposorios*»[55], o bien como «un arrobo»[56], hasta justipreciarlo en la lacónica y elocuente expresión: «es único»[57].

El alma cordial va en pos de Dios por el espacio aéreo, dotada de dos pares de alas, de las que se distinguen sólo las plumas remeras. Un par le ha brotado en las aurículas y otro en los ventrículos. Cada ala presenta en su plumaje la frase «buela para Dios» con una leve forma arqueada, conforme la estructura ósea de esta extremidad; aquí, la palabra se somete a la forma

desposorio místico, la representación de Cristo como niño y no como adulto era una convención a propósito de exaltar los instintos maternales en vez de sublimar los deseos sexuales. La monja desposada se identificaba, necesariamente, con la Virgen y su casta función nutricia para el hijo amado (Hamburger, 1997, pp. 56-57).

55 Alonso Getino, 1943, p. 87.

56 Mujica Pinilla, 2001, p. 145.

57 Rosenbrock, 1996, p. 185.

de la imagen, así como ocurre en la poesía más experimental de la literatura vanguardista. La cruz permanece hincada en el ápice cordial y —lo más sorprendente— otro corazón sin tallo, de menor tamaño y de tonalidad más clara, ha sido aplicado en el interior del de la voz lírica que clama en la inscripción circunvalante: «el campo del corazon lo lleno Dios de su amor asiendo morada del [de él]».

Dios, quien es amor (1 Jn 4, 8), se corporiza en otro órgano cordial más quintaesenciado —mucho más claro en su tonalidad, por perfecto y puro, en contraste con la intensidad del recipiente—, que carece de tronco de vasos sanguíneos. Esto es un acierto teológico de la santa hecho diseño gráfico. Dios, el increado que no tiene principio ni fin —mas, paradójicamente, es el Alfa y la Omega (Ap 1, 8), el principio y el fin de todas las cosas—, se une al alma sin necesidad de los vasos principales por su naturaleza metafísica, no limitada a irrigar los órganos de un cuerpo material. Él, como creador, es el Espíritu en esencia, contrario a la creatura, que es la suma de espíritu, alma y cuerpo orgánico. Consciente de esta realidad teologal, la protagonista poética canta jubilosa que «el amor de Dios» —como decir Dios en Él mismo— la ha invadido llenándole su vacío, que sólo con Él puede ser ocupado por poseer aquél, exactamente, las dimensiones del tamaño de Dios. Por eso el corazón de la voz lírica se ha trocado en campo, espacio abierto del cual cada pulgada de su inmensidad ha sido habitada por la total claridad de Dios. Según el apóstol Pablo, es el Espíritu Santo quien actúa como agente pasivo que realiza semejante prodigio (Ro 5, 5). Entonces, la imagen del Niño Dios de la segunda merced ha devenido luz amorosa del Espíritu, que alcanza todos los rincones del recinto sagrado del alma cordial, disipando la más insignificante oscuridad.

El alma es, en este instante, luz plena que vuela —el amor le ha dado las alas— a la plenitud de Luz que la habita. Luego, he aquí el mayor logro estético-teologal de la patrona panhispánica de ultramar: el alma vuela no hacia otra dirección que la de su interioridad, donde está la *omnipotens Lux*. El lema reiterado en las cuatro alas hace mejor sentido: «buela para Dios», que equivale a proferir —da lo mismo si en forma imperativa o declarativa— «vuela para *ti*». Dios está en todos los rincones del alma; no en balde cada ala lleva inscrito sobre su plumaje la misma divisa, como queriendo abarcar las cuatro esquinas de la morada interior, de su ipseidad en continuo proceso de revelación y asimilación. Aquí resuena la máxima pletórica de dicha de san Agustín: «*In interiori hominis habitat veritas*». Y la verdad es, en efecto, la única luz que conduce a los hombres a la libertad.

Reconociéndose Luz, el alma exclama libremente —disparándose hacia todas las rutas de ella misma— que el amor la impulsa a realizar un imposible: elevarse hacia adentro. Esta merced es la forma más bella de aproximar la noticia del vuelo introspectivo deificante.

La noción del vuelo como ejercicio unitivo del desposorio espiritual ya había sido poetizada en el *Cantar*, donde el amado compara a su amada con la paloma: «Paloma mía, en las grietas de la roca, / en escarpados escondrijos, / muéstrame tu semblante» (2, 14), instada a volar hacia Él: «Ven del Líbano, novia mía, / ven del Líbano, vente. / Otea desde la cumbre del Amaná, / desde la cumbre del Sinaí y del Hermón» (4, 8). Por supuesto, santa Teresa de Jesús hizo otro tanto al teorizar sobre las alas de paloma que le nacen al alma para la consumación de los desposorios en el *Libro de la vida*:

> Tengo para mí que, un alma que allega a este estado, que ya ella no habla ni hace cosa por sí, sino que de todo lo que ha de hacer tiene cuidado este soberano Rey. ¡Oh, válame Dios, [...] cómo se entiende tenía razón y la ternán todos de pedir alas de paloma! Entiéndese claro es vuelo el que da el espíritu para levantarse de todo lo criado y de sí mesmo el primero, mas es vuelo suave, es vuelo deleitoso, vuelo sin ruido[58].

El corazón alado de Rosa hunde raíces, por tanto, en una larga tradición renacentista de autores cuya iconografía codificaba una «interpretación neoplatónica de la melancolía amorosa». En el *Le Livre du Cueur d'Amours Espris* (1457), el rey René d'Anjou había narrado la cruzada riesgosa del caballero Cueur, que lucía en su armadura la insignia de un corazón alado, con el propósito de poner en libertad a su amada Dulce Misericordia. Otra descripción que se vale de este emblema es el texto *De gli Eroici Furore* (1585) de Giordano Bruno, quien detallaba los dones que el perverso humor melancólico le otorgaba al corazón humano, enjaulado en la prisión del cuerpo, donde agitaba sendas alas platónicas (entendimiento y voluntad), que la melancolía vivificaba y con las cuales podía remontarse a las cumbres del conocimiento sagrado. Más tarde, los jesuitas y los carmelitas descalzos hicieron del emblema una temática asiduamente socorriada[59].

[58] De Jesús, 1986, p. 115.
[59] Mujica Pinilla, 2001, pp. 145-146.

No empece estos antecedentes en los que el emblema parece conservar su diseño gráfico, Rosa de Santa María innovó en dos aspectos: en la cantidad de alas que exhibe el emblema (le anadió uno y hasta dos pares) y en la finalidad de traducir una experiencia teopática inenarrable. Indudablemente, algunos de los corazones rosarianos —como el de la presente merced— portan más de un par de alas, al modo de las representaciones bíblicas de seres espirituales relacionadas con el trono de Dios y su augustísima presencia, como se verá en la decimoquinta merced. Abundando más, el uso de dicho emblema cobra un giro completamente místico, de vuelo introspectivo que comporta el autorreconocimiento de la identidad divina revelada y asumida por merced de Dios. No cabe duda de que la vivencia mística tras la emblemática rosariana de esta merced es equiparable a las experiencias de luz y exentas de imágenes de san Juan de la Cruz.

Con una idea más clara del enriquecimiento que ha ganado esta iconografía renacentista en las tijeras y en el cálamo de santa Rosa, es momento de pasar a su segundo hológrafo, la «Escala espiritual», en el cual la glosa cede definitivamente el turno de expresión a los gráficos tematizados que conforman una poética transgresora de los límites de la palabra.

## Segundo medio pliego: «Escala espiritual»

Es la continuación de las mercedes que conforman la mística de la Pasión nupcial de la santa americana. Las mercedes están distribuidas en tres columnas: cinco en cada una de las laterales y dos en la central, que es la más ancha porque contiene, además, una escalera portátil compuesta de 17 tiras de papel blanco (las dos más gruesas y largas son los largueros; las restantes, los travesaños) pegadas al pliego de color más opaco. A todo lo largo del primer larguero, en perfecta correspondencia con los travesaños y desde el extremo inferior al superior, se lee: «e / s / c / a / l / a / m / í / s / t / i / c / a / y»; al centro de la escalera, casi dividida en sílabas conforme a los travesaños, se completa la inscripción de abajo hacia arriba: «gra / dos / del / a / m / o / r / d / i / v / i / no / per / fecta [*sic*]», lo que Rosenbrock translitera alterando la sintaxis: «escala mística perfecta y grados del amor divino»[60]; de ahí el nombre con que la había bautizado su descubridor. En el segundo larguero, aparece otra frase de lectura opuesta

[60] Rosenbrock, 1996, p. 222.

—de arriba hacia abajo— a las divisas anteriores: «p / e / r / f / ec / s / i / o / n- / hu / mi / lla / ci / on».

Probablemente la autora leyó la *Klimax tou paradeisou* (*Escalera del paraíso*, a la que debe su sobrenombre), de san Juan Clímaco (ca. 575-650 o 525-600), traducida y anotada por fray Luis de Granada en 1562, aunque la cantidad de escalones que ella considera es justamente la mitad de los que aquél propuso para la suya. No obstante, su antecedente literario más remoto es el pasaje bíblico de la escala de Jacob (Gn 28, 12), como aparece también en la autobiografía espiritual de su homóloga novohispana, María Magdalena Lorravaquio Muñoz[61].

Hay una concisa glosa en la esquina inferior derecha del papel, que lee:

> Mersedes echas todas a un ena
> morado corazon tiernamente de
> Dios a una sclaba de Cristo indig
> na de ser contada entre los hi
> jos de Dios estampadas aqui con
> particular luz del cielo la correcsion
> pide del yerro.

Se constata, con lenguaje amoroso, la gratitud de las mercedes recibidas inmerecidamente. La frase «una sclaba de Cristo indigna de ser contada entre los hijos de Dios» conviene en una autohumillación a propósito de las más excelsas gratificaciones de Dios al alma, «estampadas —en los pliegos— con particular luz del cielo», frase con la que se excusa —y defiende— de las interpretaciones desviadas y malintencionadas. El resto de la glosa parece ininteligible; pero puede distinguirse, al cabo, con un buen esfuerzo: pide corrección a la vez que se cura en salud, según reza el dicho. Otra nota al pie que pertenece a la comunidad identifica la obra con su autora en defecto de su firma y certifica la calidad y procedencia de su mística:

> Estos son los grados de amor de Dios; en que ardia N.M.S. Rosa
> y las grandes mercedes que recibio de N. S.$^{r}$ y por su inspiracion los escul
> pio en los corazones de estos medios pliegos; de su letra y puño escritos pa
> ra gloria de dios.

[61] Báez Rivera, 2005, pp. 128, 132-133; 2007, p. 107.

Finalmente, una divisa de difícil lectura por la diminuta caligrafía aparece debajo del primer travesaño de la escalera, casi tocando la glosa de la santa. Pertenece a la decimocuarta merced, donde será comentada.

## Cuarta merced

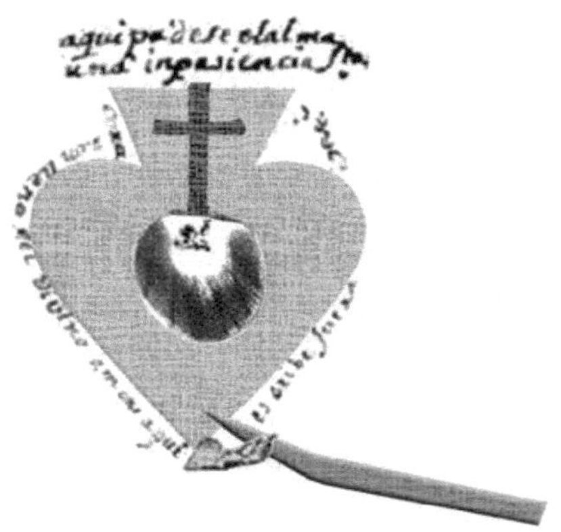

La cruz se yergue tocando el borde superior de una circunferencia céntrica y oscura en su interior, semejante a un abismo del cual emerge la imagen recortada —no en contorno— de una paloma en vuelo, rodeada de lumínica nubosidad. Al lado derecho del ápice del miocardio, una mano con su antebrazo empuña un cálamo. Sobre el tronco de vasos cordiales se lee un epígrafe rectilíneo: «aqui padese elalma [el alma] una impasiencia S$^{ta}$.»; y circunvalando el órgano receptor: «corazon lleno del divino amor aqui escribe fuera de si».

La paloma es el símbolo antonomásico del Espíritu Santo, aunque su polivalencia admite el sentido de 'alma'. El Espíritu, por consiguiente, ilumina al alma agraciada en divino arrebato («fuera de si»), infundiendo en ella el conocimiento arcano de Dios, que la impele a escribir de inmediato. Desde esta perspectiva, sería plausible sospechar en Rosa algún tipo de escritura automática, en la cual la contempladora no puede ofrecer resistencia al ejercicio de escribir, puesto que es dominada por una fuerza superior y espiritual que le subyuga por completo la voluntad y la impulsa irrefrenablemente a poner en blanco y negro un mensaje dictado durante todo ese instante extraordinario. La ilustración —recortada en contorno— del brazo humano que sostiene un cortecito de tela representativo del cálamo sustenta la idea de la presencia activa del cuerpo como canal transmisor del mensaje, dictado durante el trance místico. El principio del «Salmo 45», poema perteneciente a un epitalamio real y —por tanto— cantado en las bodas de un rey, sirve de himno celebrativo de la unión de Dios con su pueblo, que el cristianismo concibe como posible en la persona de Jesús Cristo: «Bulle mi corazón de palabras graciosas; / voy a recitar mi poema para un rey: / mi lengua es pluma de un escriba veloz». En sentido metonímico, el cálamo rosariano es la lengua que, presurosa, pone en palabras lo que pronuncia durante el trance de escritura automática en el que el corazón-alma, fuera de sí y pletórico del divino amor, articula la experiencia sobrenatural en la lacónica divisa exterior.

Santa Catalina de Siena es proverbialmente conocida en la historia del misticismo cristiano por sus *Diálogos*, escritos en este estado de conciencia alterada. No extrañaría nada que su discípula más fiel en América hubiera experimentado el mismo fenómeno, sobre todo cuando, en la glosa de las «Mercedes», dejó abierta la posibilidad de que los cuadernos y los gráficos de ambos pliegos fueran realizados el mismo día.

El corazón ha perdido los dos pares de alas que portaba en la tercera merced, en vuelo interior hacia sí. La paloma emerge —ahora va hacia afuera— de las entrañas cordiales como de un abismo oscuro, análogo a las grietas de la roca o a los escarpados escondrijos donde mora la paloma del *Cantar*, que es la amada. Aquí bien puede entenderse que Dios en su Espíritu sale simbólicamente del hondón del alma arrobada y dispuesta a escribir su contemplación, o que el alma deificada abandona la estrechez de su morada física (= corazón), con el nuevo cuerpo lumínico del Espíritu de Dios que, en una asombrosa *coincidentia oppositorum*, agiliza la mano humana y escribe a la vez que bate sus alas de paloma en vuelo presuroso, exteriorizante.

## QUINTA MERCED

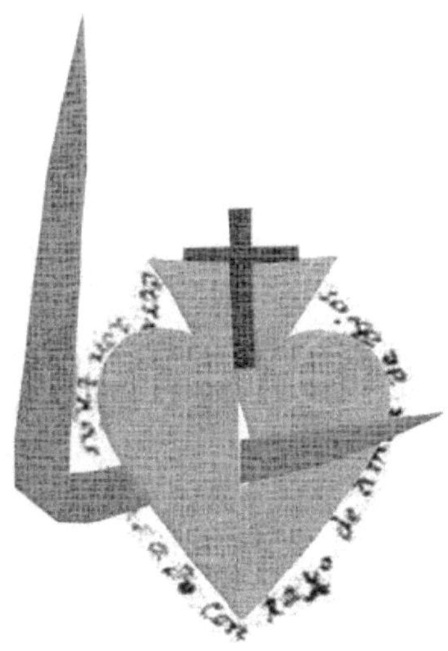

Sobre el tronco venoso del corazón, la cruz luce hincada en el extremo superior de una herida alargada verticalmente en el centro del órgano receptor. La herida es producida por un rayo —ingenioso corte delgado de tela, puntiagudo en los extremos y doblado a modo de ángulo agudo—, cuyo tramo inferior la atraviesa. El lema resplandece alrededor del corazón vulnerado: «corazon traspasado con rayo de amor de Dios».

Es la segunda merced que ilustra una penetración violenta, causante de la desgarradora y prolongada herida producida siempre en el centro del órgano cordial. Este rayo *ex nihilo* —no hay nube que oriente su origen—se descarga traspasando, atravesando de lado a lado el centro del corazón. Su falta de orientación puede plantear una doble lectura del fenómeno místico: golpe frontal que, no bien atraviesa el corazón, se refracta verticalmente en súbito ascenso (llámese «origen A»); o caída que se refracta al instante y embiste la parte posterior del corazón, traspasándolo hasta salir por la herida frontal («origen B»). La primera lectura corresponde al origen A. La paloma que había volado hacia afuera recupera su naturaleza lumínica —esta vez, concentrada en el rayo— y regresa al alma con tal energía que aquélla no la puede contener en sí. Como el cristal que no puede obstaculizar el paso y la presencia de la luz en y fuera de una habitación, así el alma no es óbice para que el rayo esté delante, dentro y detrás de ella simultáneamente.

Desde el origen B, la segunda lectura propone el regreso sorpresivo, a espaldas del alma que se desgarra incapaz de evitar la salida frontal del violento invasor.

La «perforadora tira» —así la describe Alonso Getino[62] — es un verdadero logro estético: su doblez reproduce la impredecible dirección del rayo cuando culebrea buscando su destino terrestre. Todavía más: el corazón sirve de pararrayos que lo atrae. La energía del alma, entonces, empalma y aumenta de repente con la del amor vuelto rayo devastadoramente cauterizante. El rayo no es imagen nueva en la literatura mística universal: lo acuñaron los sufíes como símbolo típico de éxtasis transformante. Igual alude a una centella lanzada por Zeus y, ensayando el lenguaje apofático, Dionisio Pseudo-Areopagita lo adoptó en su enigmática paradoja «rayo de Tiniebla».

Elogiando la inventiva de la mano artística rosariana, Alonso Getino declara: «este gráfico denuncia una imaginación más vivaz». Y recapitulando, cabe añadir que el ingenio literario-plástico de esta merced proclama las nupcias de la luz, cuya energía transforma de manera violenta y tierna, como el «cauterio suave» juancrucista.

## Sexta merced

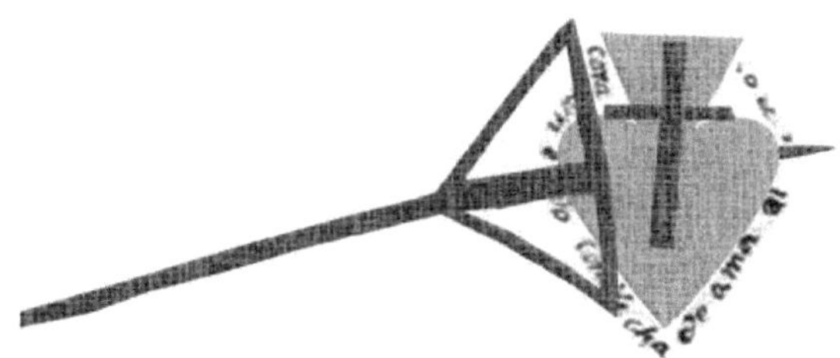

El madero vertical de la cruz ocupa el centro —tapando el lugar donde se hallaba la herida cauterizada por el rayo— hasta alcanzar con el madero horizontal el ápice venoso del corazón. Una ballesta sin disparar lo inflige con su flecha cuya punta no sólo penetra la aurícula derecha, sino aparece detrás de la izquierda. La divisa en torno dice: «corazon erido con fle cha de amor di vi no».

[62] Alonso Getino, 1943, p. 97.

A diferencia de la lanza y del rayo, que abrieron grandes heridas, la penetración del acero de la flecha no se evidencia, más bien se oculta tras la verga de la ballesta[63] que entra en contacto con la pared auricular. La voz lírica se declara herida por una flecha de amor divino que *no* ha sido disparada[64], según evidencia el cáñamo tensado de la ballesta, cuya cureña sobrepasa el borde del pliego y toca, con algunas pulgadas de longitud sobrante, el marco decorativo[65]. Quizá, al modo de la lanza, esta ballesta es sinécdoque del bazo del divino cazador que se acerca, le entierra el proyectil sin disparar el arma y se retira dejándola con una herida imperceptible, mas «afistolada, pues la flecha se queda dentro, ludiendo y restregando la herida»[66]. La idea de Dios como cazador divino antecede al medioevo y al Renacimiento; es tan antigua como la tradición bíblica, que ya la había empleado en el *Cantar*, donde se comparan las mercedes divinas con saetas de fuego, que es la llama del amor de Dios (Ct 8, 6).

También hay que recalcar que la presencia de la ballesta cargada resulta en doble amenaza para el alma: el disparo no realizado y el peso del arma que incrementa el dolor en cada pulsación del órgano cordial. Pero Alonso

[63] De origen medieval bastante incierto —se atribuye a los mallorquines en el siglo IX—, su empleo se difundió por toda Europa después de las Cruzadas, con lo que se cree que fue legado de los bizantinos. Como arma de combate dotada de mayor precisión que el antiquísimo arco, sus efectos devastadores alcanzaron niveles insospechados, al extremo de que el segundo concilio de Letrán (1139) prohibió su uso contra los cristianos, disposición que —por supuesto— no se acató en lo más mínimo. Rosa debió conocerla por la exposición directa de su padre al contexto bélico.

[64] Difiero en este punto con los comentaristas de la «Escala espiritual», que coinciden en que se trata de una «flecha, dibujada con el arco que la dispara» (Alonso Getino, 1943, p. 97), «una ballesta o arco dispara contra él [corazón] una poderosa flecha» (Mujica Pinilla, 2001, p. 154) y «una flecha lanzada por un arco» (Rosenbrock, 1996, p. 202).

[65] En dos bodegones de 1910 titulados *Violín y jarra* y *Violín y paleta*, Braque pintó unos clavos en el borde superior del marco, que sobresalen plásticamente de la superficie (Wescher, 1976, p. 23). Rosa no sólo coincide con la transgresión de los límites internos de su obra literario-plástica, sino que parece anteceder a los cubistas en la incorporación de objetos de la vida cotidiana en forma novedosa, concediéndoles un giro estético-místico que sería impensable en la ballesta, por ejemplo, como armamento bélico: esto es, lo que de ordinario se usa para destruir y deshacerse del enemigo, el Esposo rosariano lo emplea para infligir una herida edificante que devendrá identidad divina, descubierta, reconocida y asumida por el corazón. Por lo demás, Rosa repite la transgresión del espacio del pliego en el penacho del arpón de la undécima merced y en un ala cordial de la decimoquinta merced.

[66] Alonso Getino, 1943, p. 47.

Getino observa con agudeza el lema, y concluye —citando las «Sextas Moradas» teresianas— que el alma así vulnerada muy bien quisiera estar muriendo mil muertes, porque no ha sido infligida su herida con «flecha de madera, de hueso, de hierro ni de acero, sino con *flecha de amor*»[67]. La flecha no es problema. Y el peso de la ballesta, mucho menos; al contrario, lástima que la mano del cazador divino no la sacuda de vez en cuando. Eso sí: que no la dispare, porque —de hacerlo— caería ésta y acabaría de salir la flecha que la apasiona indecible, insoportablemente.

## Séptima merced

La ballesta, arma que modela una cruz, remite ahora a este crucifijo en el centro del corazón ya cicatrizado de las pasadas heridas (las de la lanza, el rayo y la flecha de ballesta), empuñado por el brazo izquierdo de la protagonista poética en una imagen recortada a contorno. El alma, en este instante, recita unos versos del *Cantar* que parecen enigmáticos con relación al crucifijo: «alle al que ama mi anima. Tendrele i no le degare [dejaré]» (Ct 3, 4). El contexto de la amada en el *Cantar* es muy diferente al de la imagen rosariana. Notando que su Amado ha abandonado el tálamo, la amada bíblica se resuelve salir por la ciudad, las calles y las plazas para encontrarlo. Transida

[67] Alonso Getino, 1943, pp. 97-98.

de angustia, pregunta a los centinelas si han visto al amor de su alma, y no espera la respuesta; antes bien, reanuda la búsqueda y da con el Amado apenas ha pasado el lugar de vigilancia. ¿Qué relación tiene el Amado muerto, hierático y sufriente de Rosa de Lima con éste del *Cantar*, que está vivo, es dinámico y gusta de esconderse de su amada? Aquí sale a flote la ideología religiosa medieval que la santa limeña heredó de su mimesis de la santa sienesa: la *imitatio crucis* de las beguinas y terciarias. El Amado rosariano es el Cristo que demostró los quilates de su amor en el crisol de la Pasión. Así pues, a base de mucho sufrimiento, el alma entona su mejor himno a la santidad alcanzada por una autonegación sin tregua, porque no persigue otro objeto que consumar sus nupcias con el Cordero inmolado en la cruz, poniendo por obra la *imitatio Cristi*. El único lenguaje comprensible para el alma «*in crescendo* [como] el volcán del amor» —atina a anotar Alonso Getino[68]— es el de la sangre derramada, el del oprobio y la desolación en el madero.

Una vez conquistada esta cima espiritual —«alle al que ama mi anima»—, el alma expresa su negativa rotunda —«Tendrele i no le degare»— a desandar un *largo* camino de muerte que le ha costado tanto sudor y sangre vivificantes. Igual creyó Alonso Getino cuando infiere: «El quedar el crucifijo enclavado en su corazón, como formando parte de él, hubo de sumirla en éxtasis inacabable, en esa especie de endiosamiento que lleva a las almas a creerse una cosa con Dios, hasta decir como el Apóstol: *No vivo yo, sino Cristo vive en mí*»[69].

[68] Alonso Getino, 1943, p. 98.
[69] Alonso Getino, 1943, p. 99.

## OCTAVA MERCED

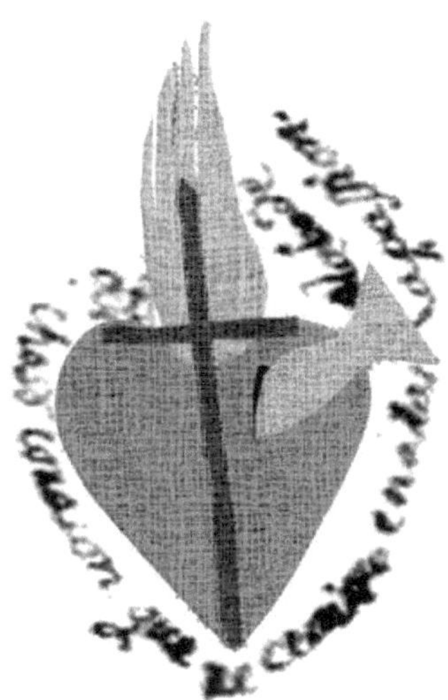

La presencia del crucifijo sirvió de preámbulo a esta merced gozosamente dolorosa. El clavo, sinécdoque de la cruz, atraviesa de lado a lado[70] el centro de la cara frontal del órgano receptor. No toca el madero vertical de la cruz, prolongada desde el extremo inferior del miocardio hasta el ápice de vasos cordiales, donde fulgura una llamarada ascendente. En combustión sobrenatural, el alma exclama: «odi choso corazon que receviste en arras el clabo de la passion».

La imagen, aquí, habla más que las palabras. El Esposo no ha martillado el clavo, que parece prendido superficialmente a la epidermis del alma —como un alfiler de costura— a modo de recuerdo de lo que le espera por no haber soltado el crucifijo. La disposición del clavo denota la conciencia

[70] De otro modo, sería injustificable la segunda herida, que aparece en el gráfico un poco más abajo que la que exhibe el clavo penetrante. Las heridas, indudablemente, corresponden al paso diagonal del clavo en la fibra muscular; por consiguiente, no es aventurado pensar que el extremo puntiagudo del clavo se haya desprendido y extraviado del pliego. Alonso Getino afirmaba lo contrario: «Por cierto, que la Santa le hace dos aberturas: en una coloca el clavo y la otra queda como un tijeretazo equivocado» (1943, p. 99). Nada más lejos de la realidad. Rosa de Santa María demuestra en sus dos pliegos una elaboración cuidadosa y minuciosa de su lenguaje literario-plástico que no admite semejantes deslices.

de la voz lírica sobre los recursos del lenguaje iconográfico en el momento de expresar un detalle como éste. Su exclamación suple el porqué de semejante disposición: el clavo, instrumento de pasión, es la prenda y señal que Dios le da a ella para sellar su compromiso con Él («Tendrele i no le degare»); es, además, símbolo del sustento que le promete Dios, como desposado, a ella, su desposada, en el connubio espiritual; y es, finalmente, metáfora del Espíritu Santo, como dice el apóstol: «Y es Dios el que [...] nos marcó con su sello y nos dio en arras el Espíritu en nuestros corazones» (2 Co 1, 21-22). El sustento de Dios para el alma no es otro que el de proveerle el instrumental necesario para que ella se mantenga clavada en su propia cruz.

La voz lírica rosariana anuncia con júbilo el comienzo de la ceremonia nupcial: Dios ya le ha incrustado las arras al alma abrasada en deseos por Él; de ahí la llamarada que la corona en combustión amorosa, de transformación espiritual irreversible, porque la forma que se ha dejado tocar por el fuego es irrecuperable. No en balde se vale del recurso retórico de la *exclamatio*: «¡Oh, dichoso corazón...!» El alma, reducida a «ceniza con sentido» o a «polvo enamorado» —como atestigua Quevedo, «desde *otra* ladera»—, habla, también, con un lenguaje culminado en cenizas pasionales que estalla en una apoteósica exclamación para salvarse de la reclusión ineludible del silencio. Ya Juan de la Cruz, lúcido teórico del lenguaje místico, lo había glosado en su prosa a la «Llama»:

> Para encarecer el alma el sentimiento y aprecio con que habla en estas cuatro canciones, pone en todas ellas estos términos: *¡oh!* y *¡cuán!*, que significan encarecimiento afectuoso. Los cuales cada vez que se dicen dan a entender del interior más de lo que se dice por la lengua; y sirve el *¡oh!* para mucho desear y para mucho rogar persuadiendo [...][71].

Importa establecer, por último, el paralelismo que Rosa de Santa María guarda con el clavo como las arras nupciales del espíritu en Teresa de Jesús. La santa reformadora habla en la decimonovena cuenta de conciencia (Ávila, 18 de noviembre de 1572) de esta merced recibida por la comunión que tomó de manos de san Juan de la Cruz. Dios se le reveló «por visión imaginaria, como otras veces, muy en lo interior», le dio su mano derecha y le dijo: «Mira este clavo, que es señal que serás mi esposa desde

[71] De la Cruz, 1982, pp. 746-747.

hoy; hasta ahora no lo havías merecido; de aquí adelante, no sólo como Criador y como Rey y tu Dios mirarás mi honra, sino como verdadera esposa mía: mi honra es ya tuya y la tuya mía»[72]. Pero la imagen del clavo en un contexto nupcial adquiere sobretonos eróticos obvios: en esta merced, su entrada y salida —aunque unidireccional— en la epidermis, por así decirlo, de la pared cordial (= pecho del alma) habla por sí sola.

## NOVENA MERCED

El corazón muestra una llaga circular sobre cuya tonalidad intensamente lumínica se destaca la frase: «Solo sana / quien iá [ya, ahí] la / bra con / amor». La cruz enclavada en el borde superior de la llaga ocupa todo el tallo de vasos. La divisa indica en el exterior de la silueta cordial: «llagado corazon con el fuego del amor de Dios en cuya fragua se labra».

El hondón del alma se ha cambiado en fragua, taller donde el herrero o artesano[73] divino trabaja la vida espiritual, porque el corazón que se somete

[72] De Jesús, 1986, p. 605. Esta merced del clavo es rara en los místicos y propia de los estigmatizados; algunos de ellos han recibido hasta cuatro clavos en el corazón, a saber: santa Verónica Giuliani (Rosenbrock, 1996, pp. 206-207).

[73] Tomo de Corominas y Pascual la etimología del latín *fabrica* 'arte del herrero', 'fragua', 'arquitectura', derivado de *faber* 'herrero', 'artesano' (1991, p. 941).

a este ejercicio amoroso «en esta fragua divina soporta las mayores pruebas, se remoza y sana en medio del dolor. El dolor viene a ser su elemento, su constante manera de acrisolarse»[74]. La llaga es, por lo tanto, un crisol incandescente donde el corazón (= alma) se argentiniza sangrando sus impurezas con el fuego y adquiriendo un modelado preliminar con el martinete, que «le saca la escoria y siempre a martillazos [...] da la primera forma» deseada por el artesano del hierro[75]. No es que el alma se diafanice de la maldad, sino de su propia bondad que se tiene que cambiar por la bondad y santidad de Dios, como canta el salmista: «Mi corazón tú sondas, de noche me visitas, / me pruebas en el crisol sin hallar nada malo en mí» (Sal 57, 8).

El lugar, los recursos y el autor de la purificación y primera forma de perfección están *in interiori hominis*; allí, en ella misma, el alma vuelve a incursionar en vuelo introspectivo (se vuelve hacia sí) en busca de mayor perfección para sus fibras y su forma. Las paredes del órgano cordial son, en esta merced, de hierro colado en la fragua de Dios, quien, paradójicamente, lo derrite con el fuego de su amor para hacerlo más fuerte, absolutamente invulnerable a los proyectiles del *tiñoso*, como llamó Rosa al Demonio. La teología paulina profiere el *caveat* poéticamente: es imprescindible revestirse de las armas de Dios, «embrazando el escudo de la Fe», para «apagar con él todos los encendidos dardos del Maligno» (Ef 6, 16).

El simbolismo espiritual de la llaga como fragua parece ser un *Leitmotiv* predilecto en la literatura mística que aborda los estados más altos de la experiencia teopática. No debe sorprender el paralelismo de esta novena merced rosariana con las glosas juancrucistas a la canción segunda de la «Llama», que rezuman de esencia teresiana. El alma inflamada en amor divino, de repente, es embestida por «una flecha o dardo enherbolado encendidísimo en fuego de amor» —anota el místico carmelita— que un serafín (ángel de fuego) le ha arrojado traspasándola y cauterizándola, de manera que la llama del alma «sube de punto con vehemencia, al modo que un encendido horno o fragua cuando le hornaguean o trabucan el fuego y afervora[n] la llama». La herida de esta saeta seráfica produce un sobrehumano deleite en la llaga del alma, que «siente la herida fina y la yerba con que vivamente iba templando el hierro con una viva punta en la sustancia del espíritu, como en el corazón del alma traspasado»[76].

[74] Alonso Getino, 1943, p. 100.
[75] Rosenbrock, 1996, p. 207.
[76] De la Cruz, 1982, p. 779.

La voz rosariana ha arribado a lo que Luce López-Baralt denomina como el *axis* de «la unión transformante, del ensanchamiento del hondón incendiado del alma a niveles infinitos e incomprensibles». A partir de esta merced, las imágenes desaparecen por completo. La altura de la experiencia teopática no las admite, porque lo que existe es un «calor abismal que se registra, sin verse». El ojo espiritual del alma «no puede percibir imágenes porque Dios no es imagen»[77]. El Invisible sólo se manifiesta en energía térmica que es, igualmente, indeterminable; mas, lo único que se conoce de ella es su efecto transformante e irreversible.

## DÉCIMA MERCED

La blanca (= incandescente) llaga circular ha sufrido un alargamiento vertical, más prolongado que la lanzada de la primera merced: desde el ápice cordial hasta el miocardio, sin tocar su extremo inferior. De igual modo sigue siendo la llaga y no una nueva herida[78]. Su similitud con el órgano femenino es irrefutable, dado el corte vertical que representa la

[77] López-Baralt, 1998, pp. 196-199.

[78] Me alejo de la descripción de Alonso Getino: «La Santa lo dibuja como desfallecido con *una larga herida, larga y con laxitud*, sin torturador instrumento» (1943, p. 100, cursivas mías). No hay evidencia de torturador instrumento, como admite el comentarista; de modo que pensar la llaga como herida es añadir un contenido no contemplado por

metamorfosis de la llaga. (No en vano ha tomado como divisa un verso textual del *Cantar*, en la versión de la Vulgata.) La cruz, sembrada en la comisura superior de la llaga (= zona erógena), se yergue de manera que su travesaño supera el tallo de vasos cardiacos. La voz poemática mimetiza la gozosa agonía de la amada del *Cantar* en palabras que figuran como encabezado de la merced: «enferma estoy de amores / ofiebre [oh, fiebre] quemuero [que muero] de ella». Cercando el órgano receptor, un verso del *Cantar* percute sus sílabas de austero latín: «fulcite me flóribus, stipate me malis. quia amore Langueo» («Sostenedme con flores[79], cercadme de manzanas, que estoy enferma de amor»: 2, 5).

El verso del *Cantar* detona la pregunta: ¿sabría latín Rosa de Santa María? Alonso Getino asiente: «Desde luego, el texto de los cantares lo entendía, cuando tan a cuento lo alega, sin equivocar una letra. Bien pudo haberlo leído en Fr. Luis de Granada, que es el único que sabemos formaba el fondo de sus lecturas»[80]. La precisión ortográfica no excluye que, además de la fuente del fraile granadino —una entre otras tantas—, Rosa hubiera conocido el sentido bíblico de este verso en sus conversaciones con el médico seglar, Juan del Castillo. Y no sólo este sentido, sino el giro

la protagonista poética de la «Escala espiritual». Así de lógico es el lenguaje literario-plástico de la santa.

[79] Las traducciones de este verso del *Cantar* son conflictivas. Tomando el verbo latino *fulcire* en su sentido de 'apoyar', '*sostener*', 'sustentar' (Blánquez Fraile, 1984, p. 211), Alonso Getino, que leyó la versión castellana de fray Luis de Granada —en su *Guía de pecadores* (Libro 1, XVI, 1)—, lo transcribe así: «Sostenedme con flores...» (Rosenbrock, 1996, p. 213), traducción que el mismo Rosenbrock da por buena. Mujica Pinilla, primero, lo copia con el sentido verbal de 'reparar', 'reanimar las fuerzas', 'dar ánimos' (Blánquez Fraile, 1984, p. 211): «Reanimadme con flores...» (1996, p. 104); aunque luego se decanta por «Adornadme con flores...» (2001, p. 154). Y el mejor traductor de este libro bíblico, el hebraísta salmantino fray Luis de León, lo vuelca al castellano: «Esforzadme, rodeadme de vasos de vino [en sustitución de las flores]...» (1981, p. 36), glosando más adelante: «vencido de gozo el corazón y el deseo, hállome desmayada; esforzadme con buenos vinos y cosas olorosas para que revoque el corazón en su fuerza y torne en sí el enfermo con tales socorros» (1981, p. 42). El erotismo sin ambages del epitalamio judío, cantado especialmente en las festividades de connubio, privilegiaba etimológicamente la embriaguez de los sentidos en manifestación amorosa; de ahí la presencia del vino con su olor penetrante. Sin embargo, hay otras traducciones más libres que recogen parcialmente el insumo de la cultura judía, como la realizada por los traductores de la edición española de la *Biblia de Jerusalén*: «Confortadme con pasteles de pasas, / con manzanas reanimadme...» (1987, p. 969).

[80] Alonso Getino, 1943, p. 101.

místico que le confirió Teresa en sus *Meditaciones sobre los Cantares* (7, 9), en las que el «árbol de la Cruz» es el manzano, porque —la santa abulense cita del *Cantar* (8, 5)—: «Debajo del manzano te resucité»[81].

Atendiendo a este sentido teresiano-místico del verso del *Cantar* (cruz = manzano, manzano = Esposo), la cruz de la «Escala espiritual» cobra un sobretono erótico inusitado: es la cosificación del Amado hincado en la comisura superior de la llaga alargada como un hilo de metal fundido vertido desde sus pies. Por eso es llaga y no herida: el hondón-fragua del alma aún conserva la incandescencia y la ductilidad térmica. La temperatura aumenta porque se ha cerrado la abertura de la fragua, donde ella se purifica, y se han extinguido las llamas del ápice cordial. Es la plenitud del calor que, por no entrar en contacto con el aire debido a su clausura, ha usurpado el dominio a las llamas. La voz lírica no tiene más alternativa que musitar —muy pocas fuerzas le quedan para exclamar—: «enferma estoi de amores»; igual que si dijera: «mi enfermedad es Dios (= amor)». La sensualidad que comporta el verso del *Cantar* la importa la declaración de la protagonista rosariana, sumida en un deleite ígneo *in crescendo* descontroladamente en fluido térmico de agonía vivificante.

La voz lírica sublima el clímax de este placer letal en la exclamación: «¡oh fiebre que muero de ella!» La hipertermia generada en la clausura es el recurso del que se vale el artesano para ratificar la perfección total que el alma ha ganado, semejante a la dureza que un ánfora adquiere en el horno al cocinarse la arcilla.

[81] De Jesús, 1986, p. 467.

## Undécima merced

La fragua ha terminado, el alma está forjada en hierro puro y es invencible, mas no invulnerable para Dios. La cruz ha bajado escaso margen y parece sólidamente enclavada en la pared cicatrizada del corazón. Un potente arpón, empero, lo traspasa de lado a lado infligiéndole una horrorosa herida, que poco le falta para escindirlo por completo en dos, separando las aurículas de los ventrículos. El alma celebra el paradójico efecto gratificante de semejante agresión divina con estas palabras: «Dulce martirio que con arpon de fuego me a erido».

Alonso Getino intenta resolver la aparente contradicción en el lema, utilizando un par de ellas harto socorridas en la literatura mística: «Ya es mucho llamar dulce a un martirio; mas si este es producido por un arpón, que destroza la más sensible víscera, es porque *la caridad alegra los huesos* [...]; es porque *llaga y sana, da muerte y vida*»[82]. Sólo el amor es capaz de anexar sentidos gramaticalmente opuestos, como el oxímoron «*dulce* martirio» o las antítesis «llaga y sana», «muerte y vida». La explicación se encuentra en la estructura física del arma empleada por el cazador divino. El arpón, astil de madera que posee una punta de acero dotada de tres lengüetas (una central para herir y dos para enganchar la presa), es empleado por el Esposo para capturar, sin posibilidad de escape, al alma que participa

[82] Alonso Getino, 1943, p. 103.

de su fortaleza avasallante. La destroza Dios con su arpón para que el alma cobre conciencia de su ipseidad, siempre necesitada del amparo de Él y experimente otra oportunidad de restauración cauterizante. Más aún, es un arpón incendiario y duradero; su punta de acero candente permanece atravesándola por las lengüetas laterales que impiden su extracción.

## Duodécima merced

Por haber sido arpón de fuego cauterizante, la atroz herida horizontal de la undécima merced ha cicatrizado con rapidez. El travesaño de la cruz ocupa la raíz de los vasos cordiales. Su madero vertical se ha prolongado a todo lo largo de los vasos y del centro cordial sin llegar al extremo del miocardio. Un dardo hiere verticalmente el ventrículo izquierdo y su punta romboide sale por detrás de la aurícula derecha. La divisa circundante lee: «corazon erido condar do [con dardo] de amor divino da boses por quien la irio».

Semejante a la lanza, pero más pequeño y delgado, el dardo es arma arrojadiza de relativa corta distancia. El divino cazador no ha hecho nada por recuperarlo —igual que con la ballesta—, con lo que el dolor persiste en el alma traspasada. Hay que notar que, idéntico a la lanzada, el dardo abre una herida en la aurícula izquierda del alma y le asesta un golpe mortal al centro vital de su espíritu. A diferencia de la lanzada, el dardo no sólo atraviesa las entrañas, sino que abre una herida en la parte posterior cordial, por donde sale con gran parte de su longitud.

Así, transido de dicha por ser dardo amorosamente asestado, el corazón confiesa que da voces por quien lo hirió. Es cierto lo que opina Alonso Getino: estas voces son no otra cosa que «un cántico exultante» a título de respuesta para el «divino atormentador»; son, además, «un grito desolador»[83].

## Decimotercera merced

La desolación se acentúa en el alma, que ahora está crucificada, como si se la contemplara desde detrás del madero. No hay evidencia de la presencia dinámica y atormentadora del Esposo. Cero heridas. Cero armas[84]. Sólo el corazón, visto de espaldas[85], descansa clavado en la cruz hincada en

[83] Alonso Getino, 1943, p. 104.

[84] Mujica Pinilla presume que el corazón ha sido horadado por una enorme cruz (2001, p. 155). Sin embargo, no existe herida en la parte superior ni en la inferior que sugiera la entrada y salida del madero vertical; tampoco el fragmento que horada se oculta debajo del corte de tela, al estilo en que la santa suele expresar las penetraciones en el corazón-alma.

[85] Por la configuración de la cruz, cuyo segmento vertical superior se interseca perpendicularmente con los segmentos congruentes del travesaño, no cabe otra manera de

el vacío, cuyo madero vertical sobresale en la parte inferior del miocardio. La ausencia de puntuación anticipa dos posibles lecturas del mote: «purificate corazon rrecibe cente lla de amor para amar a su creador». La primera resalta un imperativo —dirigido por la voz lírica a sí en la palabra «corazón» como vocativo— flanqueado por un segundo imperativo, esto es: «purificate, corazón; recibe...». La segunda, un imperativo seguido por el sujeto explícito de una proposición declarativa: «purificate. corazon rrecibe...». En cualquier caso, es la voz lírica la que se dirige a sí misma en un imperativo que obtiene fruto inmediato por parte del Esposo, que envía la centella abrasadora y regenerativa, como el fluido ígneo de la pasada llaga. Cuando parecía que el alma agonizaba en absoluta soledad, la declaración verbal del alma consigna la acción de socorro del Esposo, que le concede la centella para que el alma pueda amarlo como creador.

El automandato a purificarse puede tomar desprevenido al lector de la «Escala espiritual»: ¿no había pasado el corazón por la fragua, que tiene ese propósito? Sin embargo, el sentimiento de desamparo que abate al alma crucificada es lo propio del proceso evolutivo de esta etapa mística. Tiene que hacer unos reajustes: durante todas las mercedes anteriores ha percibido la presencia del Esposo en diversas formas; pero ahora está sola en la cruz, asumiendo una autoinmolación deificante.

En la *imitatio Christi*, es ineludible la soledad del madero, porque exactamente igual le había acaecido a Jesús cuando, cercana la hora nona, clamó con fuerte voz aquellas desgarradoras palabras: «"*¡Elí, Elí! ¿lemá sabactaní?*", esto es: "¡Dios mío, Dios mío! ¿por qué me has abandonado?"» (Mt 27, 46). En este estado de unión de soledad, el alma despierta del dulce sueño de las embriagueces y seguridades prósperas de las mercedes divinas, a fin de cobrar plena conciencia de que la muerte mística definitiva es un profundo y poderoso acto de comunión con la soledad de Dios y del universo. Al parecer, es un episodio que se puede asociar con la noche oscura del alma, lapso en que el contemplador desespera de igual manera al reconocerse sorpresivamente desamparado de Dios. La ausencia de Dios suscita la duda; la duda genera la desesperación, y la desesperación justifica la búsqueda. En efecto, después de la «duda» mística, por así decirlo, Jesús encomendó su espíritu al Padre: exhaló y «el velo del Santuario se rasgó en dos, de arriba a abajo; tembló la tierra y las rocas se hundieron. Se abrieron los sepulcros, y muchos cuerpos de santos difuntos resucitaron» (Mt 27, 50-52).

crucifixión que el madero a espaldas del cuerpo; de lo contrario, el rostro del crucificado daría contra el madero vertical superior.

La voz lírica rosariana concuerda con san Buenaventura, que entendía esta etapa final del estado de contemplación como la muerte mística, durante la cual se acallan todos los ensayos discursivos y el corazón se reconoce desolado, habiendo trascendido la inteligencia y el conocimiento, la imaginación y los sentidos[86].

## DECIMOCUARTA MERCED

La repercusión de la muerte mística no se hace esperar. El alma, aún crucificada[87], se eleva en ascuas con un par de alas brotadas en sendas aurículas. Es la forma de entregar su espíritu inmortal al Creador, que la gratifica con una llamarada en el corte de los vasos cordiales, semejante al incendio volcánico de la octava merced, pero de menor tamaño y con una cuerda ascendente desde sus llamas hasta el extremo inferior de la cruz de la última merced. Por segunda y última vez, el corazón realiza una erup-

[86] Dreyer, 1990, p. 42.

[87] Mujica Pinilla la concibe aún «traspasada» por la cruz (2001, p. 155), descripción de la cual me alejo por las razones expuestas en el comentario a la merced anterior.

ción flamígera de tal naturaleza. Hay dos motes grabados en el plumaje de las alas: en la derecha —recuérdese que el corazón está de espaldas—, «amor puro»; en la izquierda, «temorsanto [temor santo]». A los pies de la cruz, finalmente, se lee la frase que aparenta ser formada por una cuerda atada al madero: «la / vida / es cruz», que interesantemente continúa hasta conectar con la divisa debajo del primer travesaño de la escalera: «desata Señor el nudo que me detiene».

El alma vuela hacia la eternidad ostentando sendos motes. Acontecida ya la muerte mística, el corazón se ha purificado con el amor por la pasión a una fidelísima *imitatio Christi*, a tal nivel que, ahora, puede ver a Dios cara a cara, a tenor con la sexta bienaventuranza: «Dichosos los limpios de corazón, porque ellos verán a Dios» (Mt 5, 8).

El amor puro es, también, la invitación del temor (no cobardía, sino respeto, asombro) santo, conscientemente asumido. Varios pasajes bíblicos, tanto vetero como neotestamentarios, hacen hincapié en esta cualidad espiritual. Así, la visión de Isaías en el templo, relatada en el *Libro del Emmanuel*: «Se conmovieron los quicios y los dinteles a la voz de los que clamaban, y la Casa se llenó de humo. / Y dije: "¡Ay de mí, que estoy perdido, pues soy un hombre de labios impuros, y entre un pueblo de labios impuros habito: que al rey Yahveh Sebaot (el Dios de los Ejércitos) han visto mis ojos"» (Is 6, 4-5). O, en el tercer sinóptico, el relato de la pesca milagrosa realizada por orden de Jesús, a quien Pedro había advertido su fallido intento durante toda la noche: «Al verlo Pedro, cayó a las rodillas de Jesús, diciendo: "Aléjate de mí, Señor, que soy un hombre pecador". Pues el asombro se había apoderado de él y de cuantos con él estaban a causa de los peces que habían pescado» (Lc 5, 4-9).

El temor es la perplejidad que causa la manifestación portentosa de lo desconocido, que lleva al contemplador al autorreconocimiento de su poquedad. El amor puro y el temor santo son las únicas alas —sugiere la voz lírica— que elevan al corazón en pos de Dios, el Invisible, el Innombrable, para permanecer *ad eternam* en su presencia de rey de reyes que lo ocupa todo, según sus haldas (sinécdoque de su persona divina) cubren la sala más importante del templo en el pasaje de Isaías.

El alma vuela presurosa, a pesar de la cuerda que la retiene en el nivel humano. Significa uno de los mayores aciertos de la teología iconográfica rosariana. Por un lado, el alma clama a su Esposo: «desata, Señor, este nudo que me detiene», entroncando con la teología neoplatónica que concebía el cuerpo como la prisión del alma. También guarda asombroso paralelismo con Abraham Abulafia (n. 1240)[88], quien explicaba el esfuerzo del alma por lograr su libertad de las cadenas materiales en términos de un nudo que urge desatar, no cortar. Igual poetizó Teresa de Ávila en su celebrado «Muero porque no muero»: «¡Oh, ñudo que así juntáis / dos cosas tan desiguales! / No sé por qué os desatáis, / pues atado fuerza dais / a tener por bien los males»[89], con cierta ironía; o en la penúltima estrofa de sus «Ayes del destierro»: «Haz, Señor, que acabe / tan larga agonía, / socorre a tu sierva / que por ti suspira. / Rompe aquestos hierros / y sea feliz. / *Ansiosa de verte / deseo morir*»[90].

Cierta extensión de la cuerda simula formar las palabras de una sentencia de luz mística al pie de la cruz: «la vida es cruz». Su estructura de ecuación conforma no sólo una metáfora *in præsentia* (vida = cruz, cruz = muerte), sino las premisas de un silogismo cuya conclusión no aparece, mas se puede deducir: la vida es muerte, paradoja y lugar común en la literatura mística de todos los tiempos y de todas las culturas. Luego, la lírica rosariana elabora una teología mística no refractaria a herramientas del pensamiento lógico, como es el silogismo.

Importa subrayar un último detalle. La cuerda se prolonga de la metáfora silogística (vida = muerte) a la petición de auxilio: «desata, Señor, este nudo...». A diferencia de la metáfora mística (vida = cruz), escrita en forma de pirámide, este ruego posee una estructura lineal no fortuita: su disposición responde a la lógica del lenguaje (lineal y sucesivo), que reproduce el orden horizontal de la tierra, de la humanidad. La metáfora mística (vida = cruz), al contrario: su forma piramidal deviene punto, ápice donde se pierde la completa horizontalidad de la base rectilínea y se comienza la verticalidad de la cuerda ascendente que conduce a la última merced, la decimoquinta.

Todavía queda más por decir. La paradójica sentencia mística piramidal es el recurso rosariano de mayor tangencia con los caligramas o ideogramas líricos de Apollinaire. La voz lírica acomoda las palabras de su cuadro

[88] Desarrolló una técnica meditativa sobre los nombres de Dios a tenor con la ciencia combinatoria de las letras del alfabeto hebraico que incitaba, mediante la asociación cambiante de las letras, a la contemplación místico-profética. Sin ser un trance, el éxtasis abulafiano es más bien una visión profética al estilo de Maimónides y de los filósofos judíos medievales: «la unión efímera del entendimiento humano con Dios». Practicó igualmente técnicas de tipo yóguico: «ritmo respiratorio, posturas especiales, diversas formas de recitación, etc.» (Eliade, 1999, pp. 220-221).

[89] De Jesús, 1986, p. 655.

[90] De Jesús, 1986, p. 657.

parlante «la / vida / es cruz» como pirámide cuya mayor cantidad de letras figura, plausiblemente, en la base (= horizontalidad, plano humano) hasta reducirse, en perfecta sustracción de dos letras, a la letra *l* en la cúspide, donde sobresale con su verticalidad haciéndose parte de la cuerda que se funde con la cruz. Cabe preguntar por qué las palabras de este mote místico no fueron escritas en forma de cruz, que justificaría su contenido literal. Dos razones son admisibes: 1) la cruz ya está presente en el gráfico, con lo que se estrecha aún más el vínculo de la palabra y del diseño, de la idea plástica y de la idea textual; 2) la pirámide es un mausoleo: la connotación de la muerte, entonces, comienza desde el diseño de la cruz y se consuma en la fosa ideogramática piramidal en virtud de otra admirable fusión figurativo-verbal.

### DECIMOQUINTA MERCED

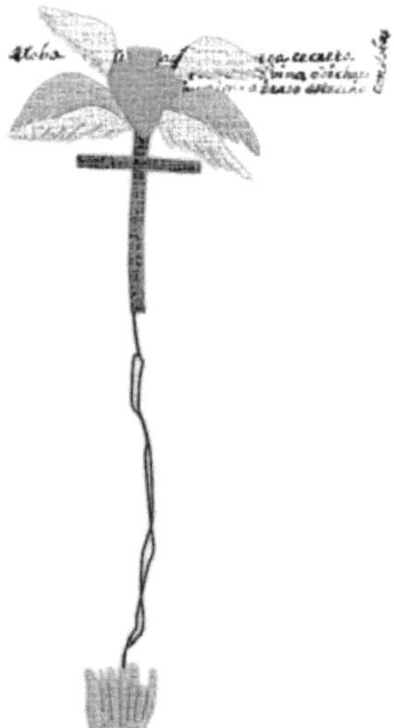

El corazón, que había comenzado a volar con un solo par de alas desde la cruz, parece serafín con tres pares ubicados en las aurículas, en los ventrículos y en la punta inferior del miocardio. La cruz pende por su parte superior adherida a la punta inferior del corazón, que no presenta herida alguna en sus paredes. Completamente regenerada, el alma vuela salmodiando: «Arobo. embriaguez en la bodega, secretos del amor divino, o [oh] dichosa union abraso estrecho con Dios».

Los serafines aparecen en la tradición veterotestamentaria en el trono de Dios, el Santo de los santos. La visión de Isaías respecto a su vocación profética es ejemplar en la descripción de estos seres espirituales: «El año de la muerte del rey Ozías vi al Señor sentado en un trono excelso y elevado y sus haldas llenaban el templo. Unos serafines se mantenían erguidos por encima de él; cada uno tenía seis alas: con un par se cubrían la faz, con otro par se cubrían los pies y con el otro par aleteaban» (Is 6, 1-2). Y otro texto que gravita en este contexto es el de las *Jerarquías celestes* del Pseudo-Areopagita. El corazón rosariano no ha arribado aún al trono de Dios; por eso no se representa hierático, suspendiéndose tan sólo con un par de alas mientras se cubre pies y faz con los otros dos. Sin desasirse de la cruz, vuela para colocarse sobre el trono de Dios, metaforizado en bodega. Allí conocerá los secretos del amor divino, intoxicada con la presencia de Dios, unida definitivamente a Él en un abrazo de intimidad y de fusión incandescente.

La intimidad de esta escena rosariana encuentra su antecedente en el *Cantar* (2, 4-6), cuando la amada declara que el Esposo la ha introducido en la bodega (= alcoba nupcial) donde ondea sobre ella el pendón del amor. El sexto verso de este pasaje es medular para comprender la naturaleza de la unión mística rosariana: «Su izquierda está debajo de mi cabeza, / y su diestra me abraza». El Esposo la abraza en un movimiento simultáneo de sostenerla en el aire hasta colocarla en el tálamo; por eso la amada especifica que la mano izquierda del Esposo está debajo de su cabeza en decúbito, y no detrás. La embriaguez es el modo humano de aludir a un profundo estado alterado de conciencia, por unión sensual o suprasensorial, como la experiencia teopática de los místicos. De la frase «embriaguez en la bodega» se desprende una serie de metáforas *in absentia*: éxtasis = embriaguez, Dios = licor, centro del alma = bodega (= cámara nupcial). Quedan connotados quién, cómo, qué goza y dónde se goza en esta lacónica frase, que admite la siguiente paráfrasis: el alma embriagada con Dios en la bodega se delecta con todos sus sentidos espirituales de que Dios la ocupa en perfecta unión deificante. De cierto, en un verso de la «Llama» juancrucista, como «rompe la tela de este dulce encuentro», coexisten el sentido espiritual y un inuendo sexual imposible de pasar inadvertido —nada extraño respecto al erotismo de la literatura mística—, porque «san Juan, el más alto místico de la lengua, es también el poeta de amor humano más intenso del Renacimiento español. Y el menos neoplatónico»[91]. A propósito del erotismo en el plano espiritual, san Buenaventura explica, valiéndose de imágenes sensoriales, el cuarto tramo de la incursión mística:

> When the soul by faith believes in Jesus Christ as in the uncreated Word, [...] she recovers her spiritual hearing and sight to view the splendors of the Light. When the soul longs with hope to receive the inspired Word, she recovers, [...] the spiritual sense of smell. When she embraces with love the Incarnate Word, [...] she recovers her sense of taste and touch[92].

Son justos los paralelismos que guarda la voz lírica rosariana no sólo con san Juan de la Cruz y santa Teresa de Ávila, sino con la antiquísima tradición del misticismo islámico que establece la equivalencia embriaguez = éxtasis. Rosa dialoga con esta extensa trayectoria escrituraria espiritual. Del místico carmelita, vale citar las liras 26 y 27 de su *Cántico espiritual*:

> En la interior bodega
> de mi Amado bebí, y, cuando salía
> por toda aquesta vega,
> ya cosa no sabía
> y el ganado perdí que antes tenía.
> Allí me dio su pecho,
> allí me enseñó ciencia muy sabrosa,
> y yo le di de hecho
> a mí sin dejar cosa;
> allí le prometí de ser su esposa[93].

Y de la reformadora abulense, la descripción de la unión mística connubial en sus «Séptimas Moradas»: «me parece es como en la edificación del templo de Salomón, adonde no se havía de oír ningún ruido: ansí en este templo de Dios, en esta morada suya, sólo Él y el alma se gozan con grandísimo silencio»[94]. La connotación erótica del verbo «gozar» en el lenguaje literario místico apunta a la consabida comparación del amor místico con el amor humano, para fines comunicativos. Adviértase la semejanza de

[91] López-Baralt, 1998, pp. 203-204.
[92] Dreyer, 1990, p. 38.
[93] De la Cruz, 1982, p. 570.
[94] De Jesús, 1986, p. 576.

este castillo de diamante, la séptima morada teresiana, con la transformación del corazón rosariano en serafín: en el magnífico templo de Salomón, Dios y el alma se gozan en silencio (con solemnidad); sobre el trono de Dios, los serafines exultan incesantemente la santidad del Innombrable. Sin embargo, el serafín de Rosa —muy juancrucista también— no vuela hacia su Esposo para flotar hieráticamente sobre su trono: vuela para embriagarse ardorosamente con él. La última morada teresiana también resulta paradigmática bodega de ejercicio unitivo: «esforzado con el esfuerzo que tiene el alma beviendo del vino de esta bodega adonde la ha traído su Esposo y no la deja salir»[95].

Desclavado y libre, como resucitado, el corazón seráfico rosariano asciende al trono de Dios (= bodega, bodega = cámara nupcial) para consumar la *unio mystica* definitiva en el tálamo de la eternidad.

## Merced apócrifa

Atribuida a santa Rosa —mas no comentada como las anteriores— por Alonso Getino, esta merced aparenta ser un añadido posterior al enmarcado de la «Escala espiritual». Semejante ornamento era muy usual en los

[95] De Jesús, 1986, p. 580.

tapices decorados con bordes florales por las monjas alemanas[96]. En lo que es un dibujo coloreado, se representa a cada una de las Personas de la Trinidad: Dios Padre, a la derecha; la simbólica paloma en vuelo del Espíritu Santo, en una nube de fondo desde la cual irradia luz hacia todas partes; y Jesús, a la izquierda, con el pecho desnudo, una capa y su brazo derecho levantado. Dos querubines participan en la ilustración: uno a la izquierda del Padre y otro a la diestra del Hijo. La figura más grande es la de un corazón al estilo de los recortados por Rosa; completamente en blanco —y semejante a un ánfora—, protagoniza el diseño gráfico.

Por varias razones, es fuertemente improbable la autenticidad de esta «merced» en la «Escala espiritual»[97]. Primero, la santa carecía de habilidad para el dibujo o la pintura; no así para el diseño, pues con tijera pudo dar forma a todo el contenido gráfico de sus mercedes. El mismo Alonso Getino ya lo había advertido: «Rosa no sabe manejar la brocha ni el pincel; no pinta ni dibuja, y, sin embargo, emergen los cuadros de su mano como si surgieran al conjuro de su palabra»[98]. En efecto, el diestro manejo de las tijeras la llevó a recortar imágenes o fragmentos de ellas al contorno, en evidente ademán de aversión al trazo de formas complejas, como es el caso de la figura humana. Segundo: el corazón *está* ubicado en el margen superior del enmarcado, aislado, por así decirlo, del contenido original del pliego. Tercero: no hay inscripción, a modo de divisa circundante, manuscrita por Rosa. Cuarto: la omnipresente cruz en *todas* las mercedes anteriores tampoco aparece. Por último, los tres pares de alas de la decimoquinta merced denotan una curiosa combinación de colores sólidos conscientemente distribuidos, como sigue: el color claro lo llevan las alas superiores e inferiores del corazón; el más oscuro —no por accidente, el mismo color del corazón— las del centro. Ello genera una interpretación ontológica teologal de esta merced: el corazón proteico de Rosa se ha tornado en la misma Trinidad, representada por los tres pares de alas correspondientes a las

[96] Hamburger, 1997, p. 46.

[97] Alonso Getino vacila cuando alude al número total de las mercedes: «Muy posible es que los quince grados de la escala o comentario que de ella escribió fueran un simple bordado o glosa de las *quince o diez y seis figuras* de marquetería que conservamos» (1943, p. 127; cursivas mías). En tanto que Mujica Pinilla se suscribe a la opinión del descubridor de los hológrafos: «En la parte superior de este segundo pliego, según Luis G. Alonso Getino, en la cima de la escala espiritual, Rosa dibujó la Trinidad entronizada por un corazón blanco» (2001, p. 156).

[98] Alonso Getino, 1943, p. 64.

Personas divinas, cuyos pares de alas más claros pertenecen a Dios Padre y a Dios Espíritu (Primera y Tercera Personas: primer y tercer par de alas), mientras que el más oscuro lo lleva Dios Hijo (Segunda Persona: segundo par de alas), la única Persona que compartió la naturaleza humana; por eso, luce el mismo color del corazón beatíficamente deificado. La redundancia de la «decimosexta merced» es evidente. Las mercedes coinciden con la cantidad de travesaños de la escalera central del segundo pliego, con lo cual queda clara la impecable coherencia del lenguaje iconoléxico de santa Rosa.

## CUARTO CAPÍTULO

# TODOS LOS RÍOS EL RÍO: TRADICIONES CULTURALES (IN)FLUYENTES EN EL LENGUAJE LITERARIO-ESPIRITUAL DE LA ROSA DE INDIAS

> Nuestras vidas son los ríos...
>
> Jorge Manrique

> En tiempos de Sócrates, el orador solía preguntar al auditorio cuál era su modo de expresión, o género, preferido: ¿el mito, o sea el relato, o bien la argumentación lógica? En la época del libro, no se puede dejar esta decisión al público: ha sido necesario hacer una elección previa para que el libro exista, y uno se conforma con imaginar, o desear, un público que respondiera de tal manera con preferencia a tal otra; y uno se conforma, también, con escuchar la respuesta que sugiere o impone el tema mismo.
>
> Tzvetan Todorov

La riqueza y la complejidad de los dos medios pliegos titulados «Heridas del alma» y «Escala espiritual» obedece a un hilvanado de tradiciones culturales que confluyen en el lenguaje iconoléxico de la santa boricuo-peruana. A fin de apreciar esa mina cultural legada por su pasado y por su época, comentaré las cinco tradiciones principales que he identificado desde mi primer estudio de los hológrafos[1] y que, de suyo, pueden conformar temas de mayor profundización independiente. Éstas son el *collage*, el arte de la memoria, la emblemática renacentista, el corazón como espacio

[1] Báez Rivera, 2001.

de experiencias místicas (con una sólida tradición icónica, como la del Sagrado Corazón de Jesús) y los ideogramas líricos. Vayamos una por una y en ese orden.

## *El* collage

La primera tradición cultural que Rosa preludió «aún no nacida» es, pudiera decirse que una afirmación taxativa, la del *collage*. Vale recordar que los gráficos o ilustraciones rosarianas son 15 corazones «bordados, mejor que dibujados» —arguye el descubridor dominico—, porque la autora no dibujaba ni pintaba:

> Eso era lo más peregrino del caso: Rosa no sabe manejar la brocha ni el pincel; no pinta ni dibuja, y, sin embargo, emergen los cuadros de su mano como si surgieran al conjuro de su palabra. [...]
>
> Rosa, a falta de pincel, cuyo manejo ignora, encuentra en las dóciles tijeras el modo de expresar lo que se transparenta en su espíritu[2].

Sobre el arte de elaboración de los gráficos al estilo del *collage* —técnica que consiste en tomar «un determinado número de obras, de objetos, de mensajes ya existentes e integrarlos en una creación nueva para producir una totalidad original»[3]— es perentorio decir que su introducción se le atribuye principalmente a Pablo Picasso (1881-1973), quien —de seguro— jamás hubiera sospechado que Rosa de Santa María lo madrugaría. Sin embargo, la tradición artística precedía por mucho a la doncella limeña.

Desde la Edad Media, el *collage* existía como un arte útil, popular y de aficionados. Su genealogía más antigua retrotrae a las prácticas de los calígrafos japoneses del siglo XII, que copiaban obras poéticas en hojas donde pegaban, además, papeles de colores pasteles con diversos motivos (flores, pájaros, estrellitas de papel de oro y plata) ensamblados en torno al texto. En el siglo XIII, en Persia, se aplicaba la técnica al cuero repujado, destacado en fastuosas encuadernaciones de libros que asentó una larga tradición en Oriente hasta principios del siglo XVI. Hacia 1600, en Europa occidental se cultivó el recorte de papel de pergamino destinado a formar parte de los álbumes genealógicos, cuyos escudos y divisas se complementaban con imá-

[2] Alonso Getino, 1943, p. 64.

[3] Marchese y Forradellas, 1997, p. 60.

genes pintadas o pegadas cuando eran recortadas en tela. La técnica del *collage* decayó en el siglo XVIII, aunque son dignos de encomio los pegamentos de alas de mariposas que tienen por objeto representar una escena bíblica: famosos son los *collages José y Putifar*, compuesto en un monasterio al sur de Alemania y recreado numerosas veces, y *David tocando el arpa*, en el que la vestimenta de rey hebreo consiste únicamente en alas de Cleopatra[4].

El *collage* en papel se difundió en el sur de Alemania y países vecinos desde el siglo XVII hasta alcanzar el XVIII. Se trata de imágenes religiosas que tienen por cometido ilustrar los libros de oraciones. Confeccionadas y coloreadas por las monjas en los cenobios, solían ser decoradas en su entorno con delicadas puntillas de pergamino fino recortado y pegado, en sustitución de las telas con flores y ornamentos que rodeaban las miniaturas de santos cuyas aureolas se representaban por un hilo de oro. A este *collage* de tema sacro siguió otro profano, de mediados del siglo XVIII, que desarrollaba el *Leitmotiv* festivo de alegorías sobre el amor humano[5].

Sería ilegítimo pretender que Rosa de Lima conociera la tradición artística medieval que pesaba en su expresión iconográfica en el instante de dar forma de corazones a trocitos de tela adheridos al papel. No cabe duda de que la joven contemplativa carecía de educación artística formal; pero el conocimiento de la costura le sirvió de canal a su expresión poética para transmitir, según sus limitados recursos e inmensa creatividad, una vasta tipología de su vida mística y visionaria. Es por eso que, a su modo, se adelanta a la poesía de vanguardia.

El descubrimiento del *papier collé* se debe a Georges Braque (1882-1963) quien, en una tienda de Aviñón, había dado con un rollo que semejaba fibra de madera. Seis tiras de este papel fueron suficientes para que Braque creara al óleo un frutero con racimos de uvas y un vaso. La fecha más temprana de los primeros *papiers collés* de Picasso es septiembre de 1912, cuando ingenió la obra que lleva por título *Bodegón con frutero y vaso* —considerada hoy como la *opera prima* de los *collages*—, la cual modifica el bodegón braqueano. Pero de los primeros *papiers collés* de Picasso, la obra más perfecta es *Guitarra, partitura y vaso*, que data del 10 de noviembre de 1912, según la fecha del corte de periódico que lleva pegado. Resultó muy famosa por su enigmático titular: "LA BATAILLE S'EST ENGAGÉ[E]"[6].

[4] Wescher, 1976, pp. 13-14.
[5] Wescher, 1976, pp. 15-16.
[6] Richardson, 1997, pp. 249-250.

En las postrimerías de 1911, el cubismo analítico había llegado a una complejidad de claridad y simplificación impostergables. Aparece, entonces, la organización superficial en lugar de la volumétrica: i. e., «el objeto ya no se desarrolla desde la profundidad, sino en el plano delantero del cuadro, en superficies grandes y claras»[7]. El color —de acuerdo con Braque— había que transformarlo en materia; de ahí las mezclas de arena, aserrín o limaduras de metal con el color. Pero fue con los *papiers collés* como Braque descubrió el empleo que buscaba del color para escindirlo por completo de la forma, aunque ambos elementos aparecieran por separado en la obra, sin tener relación alguna entre sí. Todavía más: en los *collages* prematuros de Picasso, «no hay papeles pegados, sino fijados con alfileres» ya oxidados, que amarillean los papeles y las desteñidas tapicerías[8]. Picasso había ensayado el vínculo entre el arte y el oficio de la costura como medios de expresión estética, práctica que permite tender puente hacia la intuición de Rosa de Santa María, experta costurera, así como lo era Eva —*ma jolie*—, a quien Picasso amó y de quien aprendió las técnicas del oficio puestas al servicio de su expresión artística.

## *El arte de la memoria*

En su importante libro *The Art of Memory*, Frances A. Yates reconoce al poeta lírico griego Simónides de Ceos (556-468 a. C.) como el creador del arte de la memoria. Lo ejemplifica con la narración de una impresionante anécdota sobre un banquete al cual Simónides fue invitado por Escopas, rey de Tesalia. El poeta cantó en honor a su anfitrión, pero incluyó no pocos versos en alabanza a las divinidades Cástor y Pólux. Escopas sólo le pagó la mitad del panegírico indicándole que el balance adeudado debía obtenerlo de los Dioscuros, que se identifican con la constelación de Géminis. Minutos después, Simónides recibió un mensaje de parte de dos jóvenes que lo solicitaban fuera del banquete. Cuando salió, no encontró a nadie y, de súbito, el techo del salón se desplomó. Todos perecieron. Entre las ruinas, los cuerpos resultaron tan desfigurados que fue imposible identificarlos, incluso a los familiares. Esa incómoda tarea recayó sobre Simónides, quien recordaba, con pasmosa exactitud, los lugares que cada

[7] Wescher, 1976, p. 24.
[8] Wescher, 1976, pp. 24-26.

cual había ocupado a la mesa. Desde entonces, Simónides comprendió que *el orden* era el primer requisito para la buena memoria, y su cultivo se debía comenzar por la selección de lugares y la formulación de imágenes visuales de lo que deseara recordar para colocarlas en esos espacios seleccionados, de modo que la disposición de los lugares correspondiera al desarrollo de los temas, denotados por las imágenes.

El entrenamiento de la memoria con propósito religioso se debe a Pitágoras (570-470 a.C.), que había postulado la inmortalidad y el origen divino del alma apoyándose en la memoria como prueba de que aquélla poseía por ésta la información de una vida previa. Platón (427-348 a.C.) no vaciló en recoger las ideas pitagóricas acerca de la memoria en sus *Diálogos*, cuyo «Teeteto» se hizo eco de la asunción de Sócrates sobre el bloque de cera que hay en el alma de los individuos, donde se halla grabado un conocimiento no adquirido por los sentidos, sino latente en las formas o moldes de las ideas. Hoy, también, se conoce un fragmento llamado *Dialexis* (aprox. 400 a.C.) que contiene una breve alusión sobre la memoria; pero es Aristóteles (384-322 a.C.) quien, contrario a su predecesor, dejó claro en *De memoria et reminiscentia*, apéndice al libro *De anima*, que la memoria —ubicada, como la imaginación, en la misma parte del alma— es un catálogo de imágenes mentales —registradas por las sensaciones—, que cuenta con un elemento temporal añadido, proveniente de la percepción de cosas en el pasado. Por un lado, las ideas mnemotécnicas aristotélicas sentaron las bases de la escolástica y del arte de la memoria medievales; por otro, las platónicas fueron esenciales para este arte en el Renacimiento.

El tratado más antiguo del arte de la memoria que se conserva en la tradición latina es anónimo y está incompleto. Fundamentado en los recursos de la enseñanza de la memoria, expuestos en tratados griegos —actualmente desaparecidos—, un anónimo maestro de Retórica romana compiló para sus discípulos, en un útil libro de texto titulado *Ad Herenium* (aprox. 86-82 a.C.), las reglas de las cinco partes de la Retórica: *inventio, dispositio, elocutio, memoria, pronunciatio.* Marco Tulio Cicerón (106-43 a.C.), fascinado con la lectura del *Ad Herenium*, no se permitió suprimir la anécdota de Simónides cuando abordó el tema de la memoria como una de las cinco partes de la retórica en su *De oratore*, donde alude a los *loci* e *imagines* asiduamente empleados por los retóricos romanos. Más de un siglo después, Quintiliano (30-100 d.C.) detalló el sistema mnemónico de ubicación locativa a base del recuerdo de la disposición arquitectónica de un edificio lo más espacioso y variado posible, sin omitir su mobiliario ni su decorado.

Las imágenes a emplear para recordar el discurso —de las cuales, por ejemplo, Quintiliano recomienda un ancla o un arma— deben ser colocadas imaginariamente en estos *loci* del edificio memorizado. A tenor con estas recomendaciones, el orador se desplazaba mentalmente por las habitaciones del edificio retratado en su imaginación para obtener las imágenes representativas de las ideas de su discurso mientras lo pronunciaba[9].

Poco más de un milenio y medio después, santa Rosa de Lima tuvo que recordar cada una de sus experiencias visionarias y místicas para rendir cuenta de su relación con la Divinidad a su confesor de turno. Está claro que, por un lado, los hológrafos rosarianos comparten con el ejercicio pitagórico de la memoria la reflexión de fenómenos espirituales, en los cuales el alma reconoce su esencia inmortal y divina. Por otro lado, este discurso iconoléxico de la doncella limeña se suma, asimismo, a la tradición de la retórica quintiliana en la utilización de espacios y de armas estratégicamente colocadas o sugeridas *in absentia* con el doble propósito de fijar un orden en la narración que le exige el modelo gradual de la escala mística cristiana y el de subrayar su valor simbólico-espiritual, puesto que, en el caso de Rosa, se trata de las *arma Christi* ('armas de Cristo'). En efecto, las mercedes que evocan las *arma facundiae* ('armas de la elocuencia') de Quintiliano son, por lo menos, siete y conforman, justamente, la mitad de su discurso iconoléxico, antes de alcanzar la decimoquinta merced, donde se celebra la unión plena con la Trinidad en el último peldaño de una escalera de 15 huellas. Veámoslas rápidamente.

La mayoría de las armas que emplea la voz lírica rosariana es, en efecto, de las *arma Christi*, con las que fue ejecutado y con las que el apóstol Pablo desarrolla su teología de la voluntad y perseverancia cristianas ante los embates del enemigo espiritual. La primera arma figura en el lema de la primera merced de los hológrafos, donde se inicia el discurso místico-poético de la santa con la presencia ausente de una lanza alusiva a la lanzada crística («con lanza de acero») y a la primera lira del *Cántico espiritual* juancrucista («me hirió y se escondió»), que ha abierto una herida profunda en el costado izquierdo del corazón. La segunda arma es el rayo de la quinta merced, de procedencia natural y no deja de evocar una centella del mitológico Zeus. La tercera es la ballesta de la sexta merced, lista para ser disparada y que forma una cruz que remite a la cuarta, el crucifijo (Cristo clavado al patíbulo) de la séptima merced, empuñado por el brazo de la voz

[9] Yates, 2000, pp. 46-58.

lírica que lo muestra ufana de poseerlo. Esta cruz se reduce a un clavo, quinta arma, en la octava merced, que abre dos heridas paralelas según su paso de entrada y salida superficial en el corazón (alma). El clavo, a su vez, apunta al martillo, sexta arma, que se connota en la llaga-fragua, donde el corazón se purifica y se moldea con el martinete del herrero divino. El arpón flamígero de la undécima merced corresponde a la séptima arma, que es proyectil sin su artefacto detonador, así como el dardo, la octava y última arma, de la duodécima merced; estas dos últimas ya con evidentes resonancias del discurso paulino.

Así es como la voz lírica rosariana se desplaza, con fluidez (hay aun unas armas que remiten a otras de manera secuencial), de una a otra merced, de un corazón a otro, fijados en su mente con el propósito de comunicar el proceso de su madurez espiritual en la dimensión más íntima del simbolismo de las armas de Cristo y de unas gradas conducentes a la *unio mystica*. Así ensayó el modo de ilustrar las muertes y los riesgos insoportablemente bellos a los que se expone el espíritu cazado por la voluntad imperativa y deseante del Dios deseado. Así se ayudó a rememorar, como en vía crucis, los catorce momentos de agonía y de éxtasis antes de experimentar la plenitud esférica de la «amada en el Amado transformada». Y así fijó para la historia de la literatura hispanoamericana la piedra angular de su expresión más inefable en lo que toca a su estructura clásico-mnemotécnica[10]. Con todo, la imagen en sus emblemas significa una aportación medieval al arte de la memoria rosariana que conviene revisar con más cuidado.

La doctrina eclesiástica en la Edad Media, basada en la difusión oral del Evangelio, hizo hincapié en el sentido auditivo más que en el visual; no obstante, los escolásticos tomaron el arte de la memoria de la retórica y lo aplicaron a la ética. Mediante largas listas de pecados y de virtudes, representados en una iconografía didáctica, el cristiano sabía lo que debía grabar en la mente para salvarse. Los artículos de fe traducidos a iconos esculpidos y colocados en nichos o pintados en vitrales y frescos de catedrales fueron la temática central que dominó el arte de la memoria al que respondía el pensamiento didáctico medieval[11].

San Alberto Magno (1193-1280) precisó en su *De anima* que la memoria era un tesoro no sólo de formas e imágenes, sino de *intentiones* trazadas por

[10] Báez Rivera, 2009a.

[11] López-Baralt, 1988, p. 122; Yates, 2000, pp. 18-21, 67-68.

éstas mediante la estimación previa de su poder, con quien coincidió santo Tomás de Aquino (1225-1274), discípulo de aquél, al mimetizar la gesta de su maestro bajo la sombra de la concepción aristotélica de la memoria. Es el propio Tomás quien —como Alberto— imprime un giro ético a la memoria artificial bajo la virtud de la Prudencia en su *Summa theologiae*. Las reglas tomasinas se basan en los lugares y las imágenes, sólo que éstos han sufrido cambios: las imágenes son figuras humanas hermosas o espantosas en calidad de semejanzas corpóreas de intenciones místicas y espirituales; los lugares, en sentido religioso, pertenecen a un edificio solemne cuyas habitaciones se han de memorizar en una jerarquía ordenada, «natural», que responda subrepticiamente a una intensidad de ferviente fe.

La era de la escolástica fomentó el crecimiento del conocimiento, así como el del arte de la memoria didáctico-medieval. Ante los grandes temas de la doctrina cristiana, que se complicaban cada vez más —en especial, el esquema de la virtud vs. el vicio—, la iconográfica tenía que satisfacer las necesidades de los predicadores, instados a rememorar sermones basados en la abstracción de las definiciones teológicas y filosóficas expuestas en sendas *Summae* de san Alberto y de santo Tomás. Así, en las primeras décadas del siglo XIV, surgió la *Summa de exemplis ac similitudinibus rerum* de Giovanni di San Gimignano, fraile de la Orden de Predicadores que expuso una lista de ejemplos y semejanzas de los cuales el predicador podía fácilmente encontrar formas tangibles que connotaran las intenciones espirituales a imprimir en los espíritus y en las memorias de sus oyentes. He aquí la *raison d'être* de las virtudes y vicios plasmados (aprox. en 1306) en la Arena Capella en Padua por Giotto di Bondone (1266-1337): figuras dramáticas como el grácil movimiento de la Caridad, de hermosura atrayente, contrastan de súbito con la imagen mnemotécnica de la Envidia, grotesca y absurda. Igualmente, el «Inferno» de la *Divina commedia* se puede interpretar como una suerte de sistema mnemónico a propósito de recordar el Infierno y sus castigos por medio de imágenes impactantes según los lugares. Ni siquiera Francisco Petrarca (1304-1374) pudo resistir la tentación de teorizar sobre el arte de la memoria en su *Rerum memorandarum libri* (aprox. en 1343 o 1345), donde esbozó, desde la perspectiva escolástica, su uso pío como parte de la Prudencia[12]. Se justifica, de este modo, el gusto de los medievales por lo grotesco, que «bien pudiera ser —anota López-

[12] Yates, 2000, pp. 67-87, 95-112.

Baralt siguiendo a Yates—, más que la manifestación de una psique torturada, evidencia de que la Edad Media siguió las reglas clásicas para la creación de imágenes memorables»[13].

## LA EMBLEMÁTICA RENACENTISTA

La unión de lo pictórico con su lema y glosa aclaratorios se hace célebre en el Renacimiento, heredero del arte de la memoria, cuya tradición se remonta a los orígenes de la epistemología occidental que no alcanzó a conocer la imprenta. Y aun creada la imprenta, no fue lo suficientemente poderosa como para desplazar la tradición de la memoria artificial, que se había enraizado con inmortales manifestaciones artísticas, aunque es con la tradición hermética de Giordano Bruno como alcanzó pleno florecimiento.

Desde los orígenes mismos del lenguaje, que se dan dentro del marco de la pictografía, el texto que combina la imagen y la palabra se inicia con el *Ramaessum papyrus*, rollo de papiro ilustrado que contiene un ritual ceremonial del siglo XX a.C. Los *Libros de los muertos* (ca. 1400 a.C.) le siguen con sus columnas verticales jeroglíficas bajo un friso formado por ilustraciones a modo de viñetas insertadas en las columnas verbales. Los textos ilustrados de Alejandría (siglo IV a.C.) en papiro griego tuvieron una probable función clarificadora de los pasajes de diversos tratados (matemáticos, anatómicos, botánicos, físicos...) de oscura exposición verbal. Luego, el códice de prosapia clásica —el que usamos hoy, de hojas dobladas y cosidas lateralmente— adquirió un nuevo sentido con el cristianismo. El texto se tornó en recipiente de la palabra de Dios; i. e., en objeto hierofánico, de veneración. En él, el texto compartía su espacio con miniaturas acerca de su contenido y la palabra resplandecía con formas ornamentadas. La Edad Media fue el periodo de las ediciones a mano, cuya tipografía era responsabilidad de los monjes que los dieron a la luz por vez primera en Constantinopla. Estos editores claustrales obedecían invariablemente los tres patrones que regían la distribución de los dibujos en los códices: dentro, al margen y fuera del texto, en ilustraciones de página completa. Así, la imagen —literal o simbólica— en los textos medievales comulgaba con frases a modo de bandas verbales que irrumpían de ordinario en el espacio visual, con el propósito de identificar personajes o explicar escenas y pro-

[13] López-Baralt, 1988, p. 123.

veer monólogos o diálogos. Con la invención del estilo románico (siglo XI), el texto narrativo disfrutó de una ilustración más completa[14].

Hamburger ha documentado esta tradición en los monasterios femeninos en la Alemania de la tardía Edad Media. Los sermones dirigidos a las monjas enclaustradas polinizaban la imaginación de éstas, que daba fruto en dibujos predominantemente acerca de la Pasión y del sacramento eucarístico con algunos símbolos de la heráldica de las *arma Christi* a fin de propiciar la restauración de la imagen mesiánica en el alma. Dejando de lado toda noción preconcebida de arte, el historiador y crítico de arte propone visualizar estas obras cenobiales como iconografía en virtud de su carácter religioso, no necesariamente estético. Enfocado en los 25 dibujos atribuidos a una monja (ca. 1500) y conservados —por lo menos 11 de ellos— en la abadía benedictina de San Walburgo, hay cuatro que siguen la tradición de la *meditatio mortis* con intención de fomentar la consecución de la vida mística intramuros: una crucifixión simbólica, un corazón en la cruz, un banquete eucarístico y un corazón como casa. Pese a la técnica rudimentaria que estos dibujos reflejan en cierto encanto infantil, «little about them is naive» —afirma el estudioso— si se los mira desde adentro hacia afuera y no a la inversa, pues las monjas desarrollaron una cultura visual *sui generis*, regida por sus necesidades y protocolos. Igual que Rosa de Santa María, esta dibujante anónima de San Walburgo se ciñó a las convenciones de su variado medio, tales como impresos, tapices y bordados en cañamazo, así como manuscritos iluminados que su entorno le proveyó, sin descartar tampoco la imaginería de los textiles, esculturas y la arquitectura de la propia abadía. Con esta sofisticada retórica visual, dichas obras exhiben unos recursos altamente pensados y conscientes, dirigidos hacia la producción en masa de imágenes religiosas de uso monacal[15]. Con el advenimiento de la imprenta (siglo XV), el arte del libro iluminado cedió terreno a lo que circularía por toda Europa en el siglo XVI: el libro ilustrado[16].

La literatura emblemática triunfa decididamente en el nombre del renacentista Giordano Bruno (1548-1600). En su primer libro en torno a la memoria, *De umbris idearium* (París, 1582), había prometido al rey francés Enrique III revelarle un secreto hermético[17]: su arte de la memoria mági-

[14] López-Baralt, 1988, pp. 121-122.

[15] Hamburger, 1997, pp. 1-21.

[16] López-Baralt, 1988, pp. 121-122.

[17] Creencia comúnmente divulgada entre los herméticos era la que suponía la mente humana con poderes sobrenaturales que dotaban al hombre de una memoria mágica, la cual le permitía aprehender el cosmos (López-Baralt, 1988, p. 124).

camente conmutado en culto misterioso e interiorizante[18]. Figuras con círculos concéntricos que muestran treinta letras, rememorativos de las famosas ruedas combinatorias del arte luliano, le merecieron el logro de dar con el modo de igualar el arte clásico de la memoria con el lulismo y así obtener un híbrido ocultista de ambos. Puso imágenes del arte clásico de la memoria en las ruedas combinatorias lulianas con conocimiento de que sus imágenes eran mágicas y de que sus ruedas eran de conjuros, emparentados con la doctrina hermética del origen divino del hombre, orgánicamente relacionado con los regímenes astrales del mundo. El mayor interés de Bruno estaba en el mundo interior y sus sistemas de memoria parecen testimoniar el esfuerzo por hacer operacionales las leyes del mundo mágico-mecánico en el interior del ser humano, reproduciendo los mecanismos mágicos en la psique. Bruno entendía las fuerzas astrales como instrumentos divinos, los cuales, en conjunción con las operaciones de las estrellas, diversificaban las formas divinas hacia un grado mayor y, en el grado más alto, radicaba Aquel, la unión divina. La magia bruniana no tenía un fin en sí misma, sino que perseguía el propósito de alcanzar a Aquel camuflado de apariencias[19].

El arte de la memoria continuó en boga en la mayor parte de las publicaciones ilustradas del siglo XVII, regidas aún por el dictamen tridentino de ideología escolástica. Un emblematista como el murciano Diego de Saavedra Fajardo (1584-1648) expresó sin reticencias en su obra más famosa, *Idea de un príncipe político Cristiano representada en cien empresas (1640)*, la idea del «príncipe político-Cristiano, representada con el buril y la pluma para que por los ojos y por los oídos (instrumentos del saber) quede más informado el ánimo [de la] ciencia del reinar [...] y sirvan las figuras de memoria artificiosa». Saavedra y Fajardo meditó, incluso, sobre el origen de este arte de la memoria cuando trató sobre el tópico de las empresas, confiriéndoles un sentido divino en la categórica frase: «Dios fue el autor de ellas». La *Iconología* de Cesare Ripa (¿1560?-1625) fue posible bajo este contexto; siete veces editada (entre 1593 y 1630), recopiló en sus páginas un acopio enciclopédico de imágenes para el uso de los artistas. Los emblematistas tenían a su disposición, en el texto de Ripa, una vasta colección de

[18] El hermetismo astrológico o mágico-astrológico se interesó en ciertas prácticas basadas en supuestas correspondencias entre fenómenos terrestres y celestes, así como entre las partes de la naturaleza y las del cuerpo humano (Ferrater Mora, 2001, p. 697).

[19] Yates, 2000, pp. 197-221.

imágenes alegóricas acompañadas de su declaración correspondiente. Toda la Europa culta compartía, entonces, un lenguaje novedoso, basado en un sistema visual de común aceptación y dotado de reglas fijas. Los emblemas eran, invariablemente, una composición de tres partes: imagen, lema y epigrama. López-Baralt desglosa la efectividad de su combinación: «De entrada, la imagen visual mueve la sensibilidad del espectador; luego, el lema formula el concepto expresado alegóricamente por la figura; finalmente, los versos del epigrama amplían el concepto, declarando el emblema»[20].

La supervivencia del arte de la memoria en la iconografía del catolicismo se explota en el arte barroco de la Contrarreforma, fenómeno político-religioso que afectó directamente el contexto socio-cultural del Perú virreinal en el que vivió Rosa de Santa María. La aversión de la Iglesia católica contra la Reforma protestante se materializó en el resurgimiento de actitudes y tendencias medievales, y dio combustible hasta la hipérbole al cultivo de la imaginería en el arte religioso. Éstas son las bases doctrinales del Concilio de Trento (1545-1563), que pontificó, en diciembre de 1563 (sesión XXV sobre la «invocación, veneración y reliquia de los santos»), el uso de las imágenes como legítimas e idóneas a fin de que los artículos de fe llegaran por igual a todos los fieles, en especial a la población iletrada[21]. La medida tridentina sin duda fue influida por los *Ejercicios espirituales* ignacianos, evidentemente orientados por el arte de la memoria expuesto en el *Ad Herenium*. A partir de la política eclesiástica decidida en Trento, todos los libros de devoción y de culto fueron ilustrados por editores católicos, y sería la Corona española la que se responsabilizaría de difundir esta doctrina visual tridentina a Indias como un poderoso instrumento de catequización.

En este punto, importa destacar que Rosa de Santa María obtuvo no pocas de sus imágenes de libros religiosos —seguramente, deteriorados— que contenían ilustraciones como la del Niño Jesús sentado, la paloma en vuelo, el brazo que sujeta el cálamo o el crucifijo empuñado por otro brazo que la santa no titubeó en emplear en sus pliegos, dada su inhabilidad de dibujante y pintora.

Los gráficos que representan las mercedes recibidas por Rosa de Lima cumplen al punto cada una de las directrices de la composición de imágenes según la norma de la emblemática: un gráfico comentado por una frase

[20] López-Baralt, 1988, pp. 127-129.
[21] López-Baralt, 1988, pp. 124-125.

o varias que adoptan cierto movimiento, al estilo de las bandas curvas o arqueadas con sus extremos plegados en los códices medievales. Incluso las inscripciones de la voz lírica rosariana desafía, en ocasiones, el vacío circundante de los corazones para grabarse en partes precisas de los gráficos, como sucede con las alas, la llaga circular y los largueros y travesaños que componen la escala en los hológrafos. La simbólica del icono hace algo más que complementarse con el lema: en las mercedes que lo insertan en secciones específicas, amplía su significado mediante la circunscripción del contenido verbal a partes exclusivas.

## El corazón y su simbólica espiritual

El corazón como símbolo espiritual y moral en el cristianismo cuenta con una antiquísima tradición escrituraria. Desde el Antiguo Testamento, ya se hace mención de este órgano como centro de las emociones y de los pensamientos de Dios con relación a la naturaleza cordial los hombres[22]. Hay otras alusiones descriptivas del *cor hominis* en los salmos, que delatan un sentido de mayor intimidad entre Dios y el hombre. Ante la apostasía, el abatido rey David no puede suprimir su apremiante deseo de restaurar la unión con Dios; aquí establece la metonimia: puro corazón / espíritu firme[23]. Y en la relación de Dios con su pueblo, se reitera el puro corazón como requisito indispensable para participar de la gracia divina[24]. De ahí que la cristiandad haya asumido, *ab initio*, las pautas rectoras del judaísmo en lo que se refiere al símbolo del corazón.

Grad arroja luz sobre el misticismo de la Cábala dominante, sobre todo, en los *Salmos*: «Dans la hiérarchie 'habad qui mène au dépassement de soi, il y a plus élevé que l'extase du coeur. Mais c'est en déchirant son cœur, que l'homme, en quête du Surintelligible, atteint la phériphérie de l'Aséité par excellence, qui est YHWH-E'HAD, l'Unité Divine». De este modo, el exegeta avala la teoría mística de R. Shiméon bar Yo'haï —apodado Lámpara Santa—, construida sobre las bases de la expresión *lev-nîchbâr*

[22] Gn 8, 21: «Al aspirar Yahveh el calmante aroma, dijo en su corazón: "Nunca más volveré a maldecir el suelo por causa del hombre, porque las trazas de su corazón son malas desde su niñez"».

[23] Sal 51, 12: «Crea en mí, oh Dios, un puro corazón, / un espíritu firme dentro de mí renueva».

[24] Sal 73, 1: «En verdad, bueno es Dios para Israel, / el Señor para los de puro corazón».

('corazón quebrantado') y confirmada en el «Salmo LI» —ya visto—, en un aforismo que cita: «Un cœur brisé y suffit»[25].

Las connotaciones del órgano cordial humano como localidad ontológica que Dios conoce a plenitud prosperan, de otra parte, en el Nuevo Testamento, donde el corazón resulta paradójicamente homologable a la conciencia inicua que se camufla de aparente sinceridad, según el juicio de Dios[26]. Este motivo se repite en el pensamiento paulino[27].

Dios, además, ha colocado el don de su Espíritu que lo invoca, en virtud de su filiación por concomitancia con Dios Padre, en el corazón del hombre[28]. Este último sentido inicia, por así decirlo, la acepción mística que postula al *cor hominis* como recinto sagrado donde habita el Hijo[29]. De ahí que los corazones sencillos, rectos y limpios sean los más susceptibles a la presencia dinámica de Dios[30].

Gran parte de este bagaje vetero y neotestamentario está detrás de los *collages* rosarianos. Como asegura Stephen Katz[31], los místicos de todas las tradiciones no pueden sino usar los símbolos disponibles de su entorno

[25] Grad, 1999, p. 32.

[26] Lc 16, 14-15: «Estaban oyendo todas estas cosas los fariseos, que eran amigos del dinero, y se burlaban de él. Y [Jesús] les dijo: "Ustedes son los que se la dan de justos delante de los hombres, pero Dios conoce sus corazones; porque lo que es estimable para los hombres es abominable ante Dios"».

[27] Ro 8, 27: «y el que escruta los corazones conoce cuál es la aspiración del Espíritu, y que su intercesión a favor de los santos es según Dios».

[28] Ga 4, 6: «La prueba de que son hijos es que Dios ha enviado a nuestros corazones el Espíritu de su Hijo que clama: "¡Abbá, Padre!"».

[29] Ef 3, 17: «que Cristo habite por la fe en sus corazones, para que, arraigados y cimentados en el amor de Dios, puedan comprender con todos los santos cuál es la anchura y la longitud, la altura y la profundidad, y conocer el amor de Cristo, que excede todo conocimiento, para que se vayan llenando hasta la total Plenitud de Dios».

[30] El apóstol Pablo ya había aleccionado sobre la sencillez de corazón: «Esclavos, obedezcan a sus amos de este mundo con respeto y temor, con sencillez de corazón, como a Cristo» (Ef 6, 5). En los «Hechos de los apóstoles», Lucas, el evangelista, recogió una experiencia de Pedro con Simón el Mago, que quería comprar el poder del Espíritu Santo, como ejemplo de la rectitud del corazón: «En este asunto [—dijo Pedro a Simón el Mago—], no tienes tú parte ni herencia, pues tu corazón no es recto delante de Dios» (Hch 8, 21). Por último, la limpieza del corazón es exigida con tono vehemente por el apóstol Santiago en su epístola: «Acérquense a Dios y Él se acercará a ustedes. Purifíquense, pecadores, las manos; limpien los corazones, hombres irresolutos» (St 4, 8).

[31] Katz, 1978, p. 24.

cultural y religioso. Esta mística del corazón en la tradición bíblica se confirma con la presencia del *Deus absconditus* entre los habitantes de su pueblo elegido: primero, en la persona de Dios Padre[32]; luego, en Dios Hijo[33]. La morada, como la tienda de acampar que se levanta en el desierto entre otras tantas, se permuta por el corazón individual del creyente, donde reside Dios en su Hijo mediante el Espíritu[34].

La literatura de los Padres de la Iglesia había cultivado con igual esmero esta mística cardiosófica. San Agustín (354-430) dejó claro en sus comentarios al Evangelio de san Juan que el hombre no podría poseer la verdad completa hasta que no viera a Dios cara a cara. Basándose en la sexta bienaventuranza de Jesús, Mary T. Clark[35] concurre con el santo teólogo en que, para lograr esta insólita visión, el corazón (alma, ser interior) tendría que purificarse. Otro tanto afirma Elizabeth Dreyer[36] sobre san Buenaventura (1221-1274), el Doctor Seráfico, en quien predomina la imagen de los ojos del corazón que pueden ver a Dios después de haber saboreado sus delicias en el estado contemplativo, a las cuales no se alcanzan sino mediante la profunda meditación en la cruz de Cristo. De ahí la cruz como icono recurrente en el arte devocional que toma por *Leitmotiv* a santa Catalina y en cada merced de los pliegos rosarianos.

En lo que toca a santo Tomás de Aquino (1225-1274), el Doctor Angélico, sería imposible resumir todas las connotaciones que ofrece en unos 2.000 textos referentes al corazón. Con todo, Walter Prince[37] nos socorre con su síntesis acerca del *cor* tomasino, el cual se bifurca en dos corrientes antitéticas: la corporizante, que se inclina por el corazón como órgano del cuerpo, y la espiritualizante, que lo entiende y elabora como *locus* donde se aloja el aspecto sensible o emocional de la naturaleza humana. En su dimensión mística, la unión del amante con Dios es el recurso que provee un conocimiento especial inasequible mediante el estudio o la experiencia humana, denominado por él como «conocimiento por compasión» o «conocimiento por connaturalidad», i. e., mediante la unión amorosa entre el contemplante y el sagrado contemplado. Santo Tomás llamó 'sabiduría' a este conocimiento sobrenatural, diferente de la que el

[32] Lv 26, 11: «Estableceré mi morada en medio de ustedes y no los rechazaré».
[33] Jn 1, 14: «Y la Palabra se hizo carne, / y puso su Morada entre nosotros».
[34] Ga 2, 20: «... y no vivo yo, sino que es Cristo quien vive en mí».
[35] Clark, 1990, pp. 25-29.
[36] Dreyer, 1990, p. 39.
[37] Prince, 1990, pp. 49-56.

académico adquiere por sus estudios, porque la persona más sencilla —que no cuente con una educación teologal—, si está profunda y amorosamente unida a Dios, será capaz de discernir sabiamente en cualquier asunto espiritual o moral[38]. Asimismo, santa Rosa, en su famoso examen de conciencia, dejó perplejos a todos los que le escucharon con lo que llegó a ser, dos años después, el lenguaje literario-plástico de sus hológrafos.

Una segunda etapa de la mística cardiosófica en el cristianismo ha sido identificada por Roger Parisot, etapa que se desarrolla dentro de la tradición católica del siglo XII concentrada, esta vez, no en el Cristo vivo que mora en el corazón del hombre, sino en la devoción al sagrado Corazón de Jesús: «prendre la forme d'une adoration du divin Cœur meurtri de Jesús crucifié pour notre salut». Instalada en la óptica de una otredad exteriorizante, este misticismo propulsa la unión beatífica del alma con Dios de dos modos sucesivos: primero, la contemplación abstracta del corazón orgánico del Salvador como *locus* de virtudes espirituales; más tarde, la contemplación física del corazón herido y sangrante de Cristo, que admite el contacto oral o el trueque de órganos cordiales entre Jesús y el alma arrobada. La doctrina cordial de Bernardo de Claraval (1090-1153) instaba a tomar por modelo el corazón de Jesús para reformar el propio, que debía transformarse según la imagen del de Cristo, que había dicho de sí: «Aprendan de mí que soy manso y humilde de corazón» (Mt 11, 19). Por su parte, Guillermo de San-Thierry (m. 1148), amigo de san Bernardo y cisterciense como él, imprimió un sentido de *pathos* en la contemplación bernardina de las divinas virtudes; veía los sacramentos de la redención en la lanzada del costado de Cristo: «l'eau du Baptême et le sang ou vin de l'Eucharistie, et dans la blessure ainsi faite, une porte ouverte, pour que "nous entrions tout entiers jusqu'au cœur de Jésus"»[39]. El costado abierto de Cristo se tornó en el umbral de la *unio mystica* principiada por el contacto oral de su sangre (vino eucarístico) en la comunión.

[38] También san Ignacio de Loyola (1491-1556), en su *Diario espiritual* —el documento más asombroso sobre el misticismo trinitario que se haya escrito en lengua alguna—, hablaba de la revelación de la Trinidad como luces, iluminaciones espirituales y entendimientos arcanos de los que concluyó que nunca aprendería tanto por mucho que estudiara; por tanto, sintió y comprendió mucho más de lo que había estudiado en toda su vida (Egan, 1990, p. 101). Es, en efecto, lo que demostró Teresa de Ávila con el desarrollo de una doctrina de la oración, harina de su propia experiencia, sin los recursos de una educación literario-teológica (Brennan, 1990, p. 118).

[39] Parisot, 1999, p. 87.

Esta imaginería guillermina será el legado asiduamente socorrido por la contemplación corporeizante del Corazón de Cristo, que florecerá con inusitado esplendor generalmente entre las beguinas, terciarias y monjas de los siglos XII al XIV. Es un hecho que, en la espiritualidad femenina, se da con mayor frecuencia el fenómeno extraordinario de una manera más corporeizada y de contacto físico, ora en el beso del costado de Cristo para beber su sangre, ora en el intercambio espiritual de corazones, ora ambos en sendas experiencias. Una de las primeras monjas piadosas que se consagró a la adoración del Corazón de Jesús y a sus favorecedoras visiones fue santa Lugarda de Agwières (1182-1250), que decidió su vocación a los 15 años, cuando Cristo se le apareció como un joven con el pecho ensangrentado. En dos visiones extáticas que tuvo —ya como monja benedictina—, experimentó sendos portentos: el intercambio de corazones y el beso en la boca de la lanzada abierta de Cristo. Matilde de Magdeburgo (1207-1282) recibió, en visión «avec ses cinq sens», la lanza ensangrentada y el dulce corazón herido de su divino dueño, además de haber protagonizado el intercambio de corazones con Cristo. Santa Matilde de Hackeborn (1241-1299) fue favorecida con la gracia de recibir el Corazón del Señor y su compañera, Gertrudis la Grande (1256-1302), experimentó un éxtasis análogo mientras contemplaba las heridas de Cristo en una pintura: vio una flecha de oro saltar de la imagen e infligirle su pecho, con lo que reconoció también haber vivido el intercambio cordial místico. En Italia, santa Margarita de Cortona (1247-1297) aseguró haber escuchado de Cristo que nutriera su piedad con la sangre de su corazón, que bebió de los labios de la herida del Redentor, y santa Ángela de Foligno (1249-1309) declaró haberse sentido «embrassée par le Seigneur et serrée sur son cœur»[40]. En este repaso de los testimonios de las místicas del Corazón de Cristo, no deben faltar las disquisiciones sobre *il cuore* de la maestra espiritual de Rosa: santa Catalina de Siena (1347-1380), con quien Dios trocó milagrosamente su corazón. Partiendo del crucificado como única forma posible de descubrir la verdad del amor de Dios, la santa italiana propone —según observa Suzanne Noffke[41]— la inmersión del contemplativo en el costado lanceado de Cristo, para tener acceso a su corazón porque allí se revela la verdad de cuán libremente el hombre es amado por Dios[42].

[40] Parisot, 1999, p. 89.

[41] Noffke,1990, p. 66.

[42] Vale subrayar que el símil del corazón pertenece a las tradiciones de espiritualidad oriental, tales como la egipcia, la tibetana, la sufí, entre otras.

Santa Rosa, a diferencia de todas las visionarias arriba citadas, no identifica el Sagrado Corazón de Jesús con el espacio privilegiado de la revelación amorosa sobrenatural. Es su propio corazón el *locus* de la *unio mystica*, en el cual cabe todo el amor de Dios, concretado en un segundo corazón superpuesto al de ella, como dejó ilustrado en la tercera y última merced de su primer hológrafo, las «Heridas del alma». Por lo demás, hay que conceder méritos a la doncella boricuo-peruana por el asiduo empleo de la cruz en sus mercedes, la cual fue connotada por Catalina como mesa de banquete a la que los hombres debían sentarse a comer[43].

Conviene subrayar otra diferencia importante que repercute en el corazón rosariano, esta vez entre la mística del Corazón de Cristo iniciada en la *hésychasme* ortodoxa de la Iglesia de Oriente por los Padres del Desierto del monte Athos y la espiritualidad de la Iglesia de Occidente de las religiosas de Helfta, que se acaban de enumerar. El corazón venerado por los monjes del desierto es el de un Jesús glorificado, que habita en el corazón de ellos iluminándolos; el de las santas de Helfta es el «aimant, souffrant et sanglant» de Cristo crucificado, que es contemplado por ellas en su Otredad y fuera de ellas. Esta diferencia es crucial, puesto que permite distinguir entre un místico del corazón, «centré sur le symbolisme de la lumière et la participation à la glorification» —como es el caso de san Juan de la Cruz— de otro que se caracteriza por su mística centrada en el simbolismo de la sangre y en el legado del sufrimiento, que corresponde a las beguinas y a las monjas medievales en esencia[44].

La mística cardiosófica se corona triunfalmente en la iconografía barroca que responde al culto francés del Sagrado Corazón de Jesús en místicos contemporáneos a santa Rosa, como Francisco de Sales (1567-1622) y Juana de Chantal (1572-1641). Wendy M. Wright[45] caracteriza el corazón salesiano como uno dinámico por servir de *domus* a Dios, de asiento para el amor. Su representación iconográfica recoge las características del arte barroco que celebra la capacidad e ingenio del hombre: sensual en su disfrute del color, la línea y el volumen, además de revelarse en el drama de las emociones humanas. Así, precisamente, es el corazón místico de Francisco de Sales: un *locus flagrans* de ígnea luz espiritual, que respira (se expande y se contrae, como el flujo y el reflujo de la Cábala de Llull, ope-

[43] Noffke, 1990, p. 72.
[44] Parisot, 1999, p. 90.
[45] Wright, 1990, pp. 143-154.

rantes en la creación) conforme a las acciones térmicas del amor, porque su ritmo diastólico y sistólico está en armonía con el corazón de Dios. Tanto Francisco como Juana fueron unánimes en aleccionar sobre técnicas que forman parte del repertorio de prácticas y oraciones ascéticas, dirigidas hacia la transformación del corazón del hombre en uno que respire en armonía con Dios. Y para que los corazones humanos reproduzcan el *rhytmus divinus* de respiración cordial, el único modelo que se tiene es el Corazón de Jesús Cristo. Pero Francisco de Sales invocó, sobre todo, el corazón crucificado de Cristo; el corazón del espiritual se rompe y muere, luego, porque persigue identificarse con Cristo mediante la participación de su dolor en la cruz.

El Corazón de Jesús que Francisco de Sales había propuesto para el cenobio de las Religiosas de la Visitación, fundado por Juana y él en 1610, fue el que se tomó como modelo para instituir el culto al Sagrado Corazón de Jesús: «un unique Cœur percé de deux flèches, enfermé dans une couronne d'espines, ce pauvre cœur servant d'enclavure à une croix qui le surmontera, et sera gravé des sacrés noms de Jésus et de Marie». No obstante, el diseño original salesiano sufrió unos cambios con el fin de ser utilizado como símbolo de la festividad: se le eliminaron las flechas que lo traspasaban cruzándolo y se le sumaron una llamarada en el tallo cordial y una herida en el ventrículo derecho a través de la cual mana la sangre del Mesías resucitado. A santa Margarita-María Alacoque (1647-1690) se debe la institucionalización, en Francia, de la devoción al Sacré Cœur, festividad autorizada el 6 de febrero de 1765[46].

Otros contemporáneos de Rosa en el ámbito vernacular son santa Teresa de Jesús y san Juan de la Cruz, en quienes resulta explícito el aludido corazón como espacio de la presencia ígnea, dinámica y transformadora de Jesús amante. Sólo resta añadir la interesante observación de que el corazón juancrucista no fue el único término usado por el místico carmelita para señalar la localidad de su experiencia teopática: usó otros vocablos como «seno», «pecho», «entrañas» y «vientre» con el mismo propósito. Incluso en el empleo del término «seno» como el más profundo centro de su alma (= hondón, abismo, corazón), hay cierto simbolismo femenino, dada su posible traducción por «matriz», de acuerdo con Keith J. Egan[47]. Por otra parte, la complejidad de las teorías juancrucistas en

[46] Parisot, 1999, pp. 91-93.
[47] Egan, 1990, pp. 131-134.

torno al alma en proceso de transformación teopática se ha visto con cierta influencia —no consciente— en los corazones rosarianos: el corazón es el alma, sede de la experiencia de unión mística, donde la amada, hundida en la fuente de sí misma, se transforma en el Amado —y en paloma— en virtud de un vuelo incomprensible, cuyas direcciones se autoanulan, como fue comentado en la cuarta merced.

Este corazón proteico juancrucista comulga, además, con el símbolo islámico del corazón, a años luz de la corporeización que terminó adquiriendo en la tradición cristiana, y se hermana con la estilización espiritual de las enseñanzas místicas egipcias, el taoísmo chino, el tantrismo de la India y el budismo tibetano, estudiado en toda su amplitud por López-Baralt[48]. No obstante, el lenguaje literario-plástico de santa Rosa se concentra en la representación de la *meditatio mortis*, de prosapia medieval, que desarrolló una literatura femenina indefectiblemente identificada con los instrumentos de la Pasión de Cristo, tanto en la poesía de las beguinas como en las exégesis de los Padres de la Iglesia, ya consignados.

## Los ideogramas líricos

Los lemas aclaratorios a vuelta redonda de los corazones rosarianos se insertan en la larga tradición del caligrama, acuñado por Guillaume Apollinaire (1880-1918), quien lo inventó en calidad de texto «cuya distribución en la página (es, por lo tanto, un poema para ser leído, no para ser recitado u oído) dibuja aproximadamente el objeto que le sirve de base»[49].

Los antecedentes registrados se remontan a la literatura griega, a ciertos poemas figurativos de Teócrito (310-250 a.C.) y de Simias de Rodas que, probablemente, no ignoraron la relación ecuante que había empleado Simónides de Ceos respecto a los métodos frecuentados en la poesía y en la pintura, resumidos en la inmortal frase de Horacio: «*ut pictura poesis*». Plutarco (50-125 d.C.) ya lo aseguraba en su *Gloria de Atenas*: «Simónides llamaba a la pintura "poesía silenciosa" y a la poesía "pintura parlante", dado que los actos que los pintores retratan en el momento en que son realizados, las palabras los describen después de hechos». Más tarde, en la Edad Media, los *carmina figurata* de Rabano Mauro (s. IX) y, en el

[48] López-Baralt, 1998.
[49] Estébanez Calderón, 1999, p. 46.

Renacimiento, J. Cellier y François Rabelais (1494-1553), de quien se conoce un poema titulado «Divina botella», cuyo texto traza la forma de una botella. En el siglo XVII, los escritores J. Helwig y J. R. Karst son los cultivadores descollantes. No empece a esta larga tradición, Guillaume Apollinaire es quien, en el siglo XX, los reinventa con clara intencionalidad estética cuando aprecia la introducción de letras y de palabras en los cuadros cubistas de sus amigos Georges Braque y Pablo Picasso. El poeta español Gerardo Diego (1896-1987) es, con toda probabilidad, el que con mayor tino ha reflexionado sobre la fusión de las artes plásticas y literatura, así como de las posibilidades artísticas del caligrama y del poema pintado o cuadro parlante[50].

Taxativamente, las divisas rosarianas circundan muchas veces tan ceñidas al órgano cordial de tela que, si se omitieran del pliego, quedaría replicada su forma cardíaca, como ocurre en la primera merced de sus hológrafos. En otros momentos, se incrustan en el espacio interior de diseños, con una ligera disposición arqueada, como el mote de las alas de la tercera merced, o una distribución piramidal de palabras que connotan el mausoleo de la Antigüedad a la vez que la metáfora «la vida es cruz» acentúa este contexto de instrumental ceremonioso de la muerte en la decimocuarta merced. Por si fuera poco, la horizontalidad de la frase «desata, Señor, este nudo...», marcada con letras diminutas que hacen contacto con un cordón que anexa la inscripción con el gráfico en esa misma merced, connota, en sí, el orden de la vida terrestre en oposición a la eterna.

Sírvanos este trasfondo que influye directa o indirectamente en la composición de los 15 emblemas rosarianos para admitir la lectura de sus hológrafos desde las más diversas coordenadas culturales, aunque con el novedoso giro místico que les imprimió la santa. Cada uno de los 15 corazones es el *locus* clásico donde se ubica una imagen impactante: las armas que infligen el órgano cordial o, en otros casos, sólo la herida o la llaga en la ausencia del arma —rememorativas del ancla y del arma sugeridos por Quintiliano—, que simbolizan la naturaleza de la experiencia teopática; i. e., explican el medio divino empleado para transmitir su mensaje al alma receptiva, devenida corazón o *locus* memorable. A esto se suma el lema aclaratorio, a modo de lacónica sentencia, que responde la pregunta de qué ocurrió en ese instante de experiencia extraordinaria. Las mercedes rosarianas, en este sentido, son no otra cosa que imágenes alegóricas de las que se valió la virgen limeña para rememorar

[50] Yates, 2000, p. 42; Estébanez Calderón, 1999, p. 115.

los diversos modos de su vivencia teopática, acontecida en repetidas ocasiones. Más aún: no sería arriesgado inferir que, durante su examen de conciencia en 1614, Rosa hubiera precisado un orden de lectura mental —plasmado magistral y posteriormente en las mercedes de sus hológrafos— con que se le facilitara el desplazamiento visual a los lugares donde se hallaban sus ideas con ropaje de imágenes mnemotécnicas. Dos años después, se ingenió tanto en las «Mercedes» como en la «Escala espiritual» una lectura vertical descendente de sus mercedes hasta llegar a las últimas dos, no por casualidad adheridas a la escalera central de la «Escala», donde la lectura se realiza a la inversa, de modo vertical ascendente. Desde este punto de vista, el lenguaje mnemotécnico de Rosa de Santa María ha sido concienzudamente elaborado, ceñido a la tradición emblemática imperante en el Perú virreinal.

El apogeo de la iconografía colonial peruana con propósito didáctico, receptora de los efectos contrarreformistas del catolicismo europeo, se manifestó en la creación de escuelas de pintura como instrumentos de catequización. No resulta fortuita la primera asignación de pintores para el Cuzco, en 1545, año de inicio del Concilio de Trento[51]. Tampoco toma por sorpresa que el primer cuadro de la escuela cuzqueña fuera una representación de la Virgen de la Merced (1565). Dos años más tarde, se celebraba el Segundo Concilio Limense con la divisa de promulgar los decretos tridentinos, culminados en 1563. La Compañía de Jesús, la orden religiosa más militante en la gestión contrarreformista, arribó a Lima en 1568, investida de autoridad para convertir a los herejes mediante la catequesis católica, contenida en textos ubérrimos en ilustraciones. A insistencia de los jesuitas, la imprenta había llegado a Perú para acelerar la publicación de los catecismos. Dicho adoctrinamiento se facilitaba por el manejo de la estampa religiosa, pequeña y de rápida distribución —entre otros objetos de devoción—, cuya impresión se volvió una actividad masiva en la segunda mitad del siglo XVI[52]. Parecería fortuita, en fin, la tangencia que tiene este fenómeno iconográfico con las mercedes rosarianas, de escaso tamaño, que bien pudieron ser impresas individualmente para su distribución, por lo menos, en los claustros cenobiales de la Ciudad de los Reyes.

[51] Sin previa preparación, dio comienzo el 13 de diciembre de 1545 con un ínfimo quórum de 25 arzobispos y obispos y seis superiores generales. En su totalidad, el número de participantes no excedió los 50-70, casi sólo españoles e italianos, puesto que Francia no envió prelado alguno por la idea «imperial» que Francisco I tenía del concilio (Schatz, 1999, pp. 168-169).

[52] López-Baralt, 1988, pp. 171-176.

## Conclusiones

# PRIMERA SANTA Y POETA MÍSTICA DE LA COLONIA: ROSA DE SANTA MARÍA Y LA FUNDACIÓN DE LA LITERATURA MÍSTICA HISPANOAMERICANA

Rosa de Lima es el icono americano que más interpretaciones ha suscitado tanto en su contexto colonial como en el hispánico del presente. Beatificada, hecha patrona de Lima y Perú, de América hispana y de Filipinas antes de lo previsto y, finalmente, canonizada en un abrir y cerrar de ojos, ningún rosarista titubea en admitir que la joven, desde antes de su deceso en olor de santidad, aglutinaba las opiniones más elevadas en todos los niveles sociales de la Ciudad de los Reyes. Después de su fallecimiento, el virreinato peruano se abrazó a su imagen que ondeó, como pendón de cruzada, en el asta de un «protonacionalismo» criollo sin precedentes.

La selección mayoritaria de testigos criollos —estamento social del cual procedía la virgen, tanto por el costado paterno-insular como por el materno-continental— obedeció en principio a un movimiento político-religioso que promovió la homologación espiritual y cultural a ambos lados del Atlántico hispánico. Rosa, símbolo de la esperanza nacional, devino espejo donde el Perú virreinal contempló su mejor rostro, dechado de virtudes físicas y espirituales. Es así como los esfuerzos del virreinato y de la metrópoli conducentes a la beatificación se tradujeron en cuatro *Procesos* (1617-1619, 1630-1632, 1633 y 1674-1678) que hoy confirman la obsesiva insistencia en realzar la autenticidad de su camino de santidad en tiempos muy turbulentos, de implacable contrarreformismo.

El culto a las imágenes y el ascetismo de Rosa respondieron *ab initio* a la espiritualidad medieval iconográfica revalorada y ratificada por el Concilio de Trento y por los *Ejercicios espirituales* de san Ignacio de Loyola. En Rosa de

Santa María se validaba, entonces, la consigna contrarreformista católica, cuyos promotores —la Compañía de Jesús y la Orden de Predicadores— desplegaron en una ferviente militancia a favor de la evangelización, con especial atención a las comunidades marginadas de indígenas y negros.

Desde la óptica política, los *Procesos* contaron con el aval del rey de España, Felipe IV, quien intervino por medio de su embajador, el marqués de Astorga, en Roma. Y a este lado del Atlántico, la jerarquía mayor de la Iglesia y del Estado en la Ciudad de los Reyes hizo sentir su voz en unánime respaldo a la causa de la doncella boricuo-peruana. Por si fuera poco, la devoción de Rosa a la Virgen del Rosario —nombrada «patrona de las Armas» por Felipe II— y su desposorio espiritual con el Niño Jesús que ésta lleva en brazos, así como la defensa de la Eucaristía, le incrementan el sentido político a su vida místico-visionaria, de la que se ha vislumbrado un aspecto profético de esperanza con relación al poder terrenal de la Casa de Austria.

Se explica, pues, la espiritualidad de corte medieval que cultivó Rosa por su fiel imitación de santa Catalina de Siena —y de las beguinas que la precedieron—, mística estigmatizada cuya ascesis fue el fruto, a su vez, de dos ideas propias de la mentalidad medieval: la *imitatio crucis*, patente en la disciplina de automortificación, y la *imitatio Christi*, manifiesta en el ayuno total conforme a la concepción del cuerpo femenino como cuerpo del Cristo inmolado en la sagrada Forma eucarística. Sin embargo, contrario a Catalina, Rosa acriolló el ascetismo medieval de su maestra al resistirse a ingresar formalmente en la vida conventual y defender su apostolado en calidad de mujer orante, célibe y —sobre todo— laica. Bajo estas condiciones —novedosas para la religiosidad colonial y peninsular—, su oración mental («Jesús sea bendito y sea con mi ánima, amén»), repetida sin cesar, la estrecha con la de los eremitas del monte Athos, para quienes la contemplación en el nombre de Jesús era el método promulgado que hacía asequible el éxtasis durante la meditación profunda. Y aun cuando alcanzó las mercedes en su oración de unión, ello no eximió a Rosa de atravesar por prolongadas etapas de cañadas oscuras.

Como las de todos los místicos, sus «melancolías» fueron básicamente el conflicto entre sus experiencias espirituales y la espiritualidad inexperta del mayor número de sus confesores. Y es que, en cierto modo, la guía espiritual de Rosa era altamente comprometedora en un ambiente saturado de herejías y de censuras que podían costar el desprestigio irreparable o la vida, en el peor de los casos. Por otro lado, no sería una simpleza discernir el contenido de sus visiones, dada su oscilante naturaleza. En la experiencia de unión con Dios, semejante a un mar y a una nube infinitos, o la visión del Cristo que se comunica «boca a boca» con ella, Rosa parece reflejar una espiritualidad intimista, amorosa y trascendente, al modo de san Juan de la Cruz. Pero, en la del rostro de Cristo o la del Cristo de cuerpo entero —las más frecuentes, por cierto—, se hermana con el misticismo orgánico, más corporizante, de las religiosas medievales y teresiano. En efecto, por demostrar una proclive dependencia a las imágenes en sus estados alterados de conciencia, el misticismo visionario de Rosa se vincula más con el de Teresa de Ávila, a la vez que excusa el contenido de raigambre plástica de su lenguaje. Siguiendo esta línea, impera preguntar si los hológrafos rosarianos son, efectivamente, textos estéticos. No cabe duda de que lo son. La narración consciente de una experiencia radical —como la teopática, en este caso— supone un ensayo necesario de comparaciones creativas, a modo de equivalencias, al margen de la disciplina u oficio y del instrumento escogidos para expresarlas. Reconociendo la insuficiencia del lenguaje verbal, Rosa elaboró una expresión mucho más polifacética: utilizó más de una disciplina (literatura, arte figurativo, costura) y más de un instrumento (el lenguaje verbal [pluma y papel], el diseño gráfico [forma, material, espacio] y los patrones de costura [tela, tijeras y pegamento, en vez de aguja e hilo]). En suma: los hológrafos rosarianos no tienen otra razón de ser que la de testimoniar ingeniosamente las diversas formas del encuentro con lo Otro que se añora, como explicitó Octavio Paz.

Ciertamente, las «Mercedes» o «Heridas del alma» y la «Escala espiritual» son lo único que se conserva de la obra literario-plástica de santa Rosa de Lima: dos medios pliegos de tal riqueza que admiten estudios desde las perspectivas más disímiles, como la artística, la sociológica, la religiosa y la literaria —entre otras—, atendidas en este estudio de manera preliminar. Su carácter confesional de experiencias sobrenaturales con la Divinidad —a partir de 1609— permite abordarlos desde las coordenadas de la literatura mística, en calidad de textos literario-figurativos que fueron elaborados de un tirón el 23 de agosto de 1616, día de san Bartolomé.

Es un hecho que los emblemas rosarianos deben gran parte de su contenido plástico al corazón diseñado por Francisco de Sales, que se convirtió mucho más tarde en el icono oficial de la Fiesta del Sagrado Corazón de Jesús en Francia. Los corazones de Rosa, en efecto, exhiben la cruz —muchas veces colocada donde aparece la salesiana— en el tallo cordial. Las flechas que traspasan el músculo cardiaco mesiánico de Sales se han trocado en arpón, dardo y ballesta en el de Rosa. Además, las heridas que ostentan no pocas veces los corazones de Rosa son análogas a las múltiples que abre la corona de espinas y a la alargada y sangrante del ventrículo derecho en el órgano cordial salesiano. Pero lo más importante entre dichos corazones es su diferencia principal: que el de Sales representa el de Cristo, amorosamente sufriente, mientras que el de Rosa es simbólico de su ipseidad, igualmente vulnerada por amor. He aquí la aportación más significativa de la mística literario-plástica de santa Rosa, que se aparta de la contemplación exteriorizante del Otro y se ensimisma de modo recíproco en el hallazgo del Otro devenido ella y ella en Él. El corazón de Rosa es el *domus Dei* juancrucista donde la contemplativa puede cantar, igual que la voz lírica del místico carmelita: «Amado con amada, / amada en el Amado transformada». La merced tercera, representativa del desposorio místico, es la que mejor ilustra este fenómeno extraordinario de los amantes proteicos en la unión beatífica.

En lo que toca a los lemas aclaratorios que los circundan, los corazones de Rosa siguen de cerca las tradiciones de la emblemática renacentista y del arte de la memoria de origen grecolatino. Por un lado, los emblemas se habían constituido en el esperanto, por así decirlo, de la Europa renacentista, trasladado a América por conducto de la evangelización que respondió a la política contrarreformista tridentina. Dotada de un origen divino —conferido por Saavedra y Fajardo—, la emblemática tridentina pergeñó una amplia gama iconográfica devocional de la que Rosa de Santa María no se pudo sustraer. Los corazones de sus hológrafos se ciñen en gran medida a las tres partes establecidas por la emblemática: la imagen, en los corazones con todo su contenido gráfico-figurativo; el lema y el epigrama, en las glosas y en las frases aclaratorias que circunvalan los corazones, en las cuales se formula y se amplía el concepto alegórico de las mercedes.

Fuera de duda queda también que, en los corazones rosarianos, gravita el dictamen del arte de la memoria, desde la cual cobran un fascinante y revelador sentido completamente inadvertido por los comentaristas de los hológrafos. Según las pautas de esta tradición de prosapia grecolatina, Rosa ha narrado su *iter* espiritual de más de cinco años —desde 1609 hasta 1616, cuando confeccionó los pliegos— a su confesor de turno. Ideándose un edificio abstracto que tiene por habitaciones o *memoriæ loci* los corazones —a la vez, símbolos ontólogicos de su ipseidad—, donde dejó armas o marcas de ellas *in absentia* —como son los que exhiben sólo las heridas—, la virgen boricuo-peruana realizó la osada tarea de rememorar la naturaleza de todas sus mercedes experimentadas en repetidas ocasiones. En las tres mercedes de las «Heridas del alma», se sugiere un orden de lectura vertical descendente por comienzo del lema de la primera merced, que las identifica a todas como «merced de eridas que recevi de Dios». Partiendo de este epígrafe al modo de los que abren los poemas de san Juan de la Cruz, los corazones son *loci* donde se ubican instrumentos de la Pasión de Cristo y armas para rememorar, en lectura vertical descendente que prosigue en las columnas laterales de la «Escala espiritual», hasta arribar al primer travesaño de la escalera representada en su espacio central. Aquí, la lógica del lenguaje plástico cambia de dirección de lectura: ahora, vertical ascendente, como es lo propio cuando se sube una escalera, donde las dos últimas mercedes representan la etapa unitiva, la más alta de la trayectoria espiritual. No corre riesgo pensar en estas como las propiamente unitivas, ya que dicha etapa es iniciada después de que acontece lo que los místicos llaman la muerte espiritual, ilustrada en la decimotercera merced, según la exégesis expuesta. Aunque lejos está de mi propósito el segmentar el misticismo rosariano en etapas de acuerdo con la división tripartita tradicional (purgativa, iluminativa, unitiva), se ha llegado a pensar que la joven nunca experimentó la purgativa —o acaso le sobrevino después de sus visiones y no la ilustró en sus pliegos—, lo cual supone que sus trece mercedes conforman la etapa iluminativa predecesora de la unitiva.

La conciencia artística de santa Rosa es innegable por varias razones. La primera está en la exactitud simétrica de los corazones, cortados con encomiable precisión. La segunda se halla en la selección premeditada de telas: las de colores sólidos, fueron empleadas en los corazones, las cruces y las alas; las de tonalidad matizada, exclusivamente usadas en los artefactos bélicos que aparecen: la ballesta, el arpón y el dardo. Mucho más, los tres pares de alas de la decimoquinta merced denotan una curiosa combinación de colores sólidos conscientemente distribuidos como corresponde a las Personas de la Trinidad, en razón de que el corazón proteico de Rosa se ha tornado en la misma Trinidad. Es, de suyo, otra razón —sin duda, la más fuerte— para pensar en la redundancia de la «decimosexta merced», que considero totalmente apócrifa.

Los hológrafos de Rosa de Santa María son un tesoro de inagotable belleza, en los cuales la literatura y el arte gráfico se toman de la mano para enriquecerse en recíproca interacción de sus vastas tradiciones. Por ahora, importa reconocer en ellos dos innovaciones de estilo y una de contenido. Las de estilo son su técnica de confección, a modo de *collages*, que los distingue del *corpus* de la mística peninsular, y sus versos ideogramáticos. En efecto, fuera de santa Rosa, ¿qué místico peninsular ha connubiado el cálamo con las tijeras? O ¿quién ha delineado en tela figuras recortadas a contorno, engomadas y adheridas al papel a la hora de narrar sus experiencias inefables? Rosa se presenta como un caso único. En cuanto a sus líneas poéticas (los lemas aclaratorios), hay que reconocer que rompen con la lectura horizontal del verso barroco no sólo por su influencia rastreada en la emblemática, sino por su ensayo de dibujar con palabras formas gráficas. La forma del órgano cordial de la primera merced está tan bien delineado por la frase que lo circunda, que su recorte en tela parece redundante. Otros ejemplos son la frase «buela para Dios», arqueada como las alas del corazón donde aparecen y la pirámide celeste unida a la frase inferior de simbólica horizontalidad terrestre en la decimocuarta merced. Ello significa una posible transgresión del canon del emblema que las acerca, casualmente, al caligrama apollinairiano.

La innovación de contenido, dentro de la expresión literaria de la mística europea, radica en sus corazones como simbólica representación de su alma dulcemente vulnerada por Dios. Rosa se diferencia, sin duda, de las religiosas medievales que basaban su contemplación en el Corazón de Cristo sufriente hasta alcanzar el momento del portentoso intercambio de corazones con Él; o de Teresa de Ávila, para quien su alma proteica era capaz de permutarse en castillos concéntricos —cuando no en paloma, gusano, mariposa, nave (embarcación), etc.—; o de Juan de la Cruz, cuyas entrañas espirituales son fuente de aguas plateadas donde la amada se contempla con los ojos del Amado, entre otras metáforas más quintaesenciadas de raigambre semítica. Ante semejante tradición, el corazón de Rosa se muestra como el producto híbrido de ambas: la teresiano-juancrucista en que se trata de su corazón, no el de Cristo, y la monacal-medieval en que su corazón es el vulnerado con instrumentos de la Pasión como el clavo y la lanza, en evidente asimilación de las ideas teologales de la *imitatio Cristi* y la *imitatio crucis*.

Es justo decir, por consiguiente, que las «Mercedes» o «Heridas del alma» y la «Escala espiritual», espacios visuales donde la voz lírica de la santa panhispánica de ultramar desgarró las costuras de sus silencios vulnerados, son nada menos que los textos iniciativos de la literatura mística hispanoamericana, aún desatendida por los colonialistas en su etapa fundacional. Y a su autora, Rosa de Santa María, le cabe la dignidad no sólo de ser la primera persona y mujer canonizada del Nuevo Mundo, sino de ser la primera poeta mística de Hispanoamérica, honores que la modesta doncella boricuo-peruana ni siquiera osaría pensar, de puro impensables para ella.

# BIBLIOGRAFÍA


ABAD, S. J., C. M., «El proceso de la Inquisición contra el Beato Juan de Ávila», *Miscelánea Comillas*, 6, 1946, pp. 97-167.

ALCALÁ, Á., «María de Cazalla. The Grievous Price of Victory», en *Women in the Inquisition. Spain and the New World*, ed. M. E. Giles, Baltimore/London, The Johns Hopkins University Press, 1999, pp. 98-118.

ALONSO GETINO, Fr. L. G., *La Patrona de América ante los nuevos documentos*, Madrid, Revista de las Españas, 1937.

—, *Santa Rosa de Lima, patrona de América: Su retrato corporal y su talla intelectual según los nuevos documentos*, Madrid, M. Aguilar, 1943.

ANDRÉS MARTÍN, M., *Nueva visión de los "alumbrados" de 1525*, Madrid, Fundación Universitaria Española, 1973.

—, *Los recogidos: Nueva visión de la mística española (1500-1700)*, Madrid, Fundación Universitaria Española, 1975a.

—, *Reforma española y Reforma luterana: Afinidades y diferencias a la luz de los místicos españoles (1517-1536)*, Madrid, Fundación Universitaria Española, 1975b.

ANGULO, D. de, *Santa Rosa de Santa María: Estudio bibliográfico*, Lima, s. e., 1917.

APOLLINAIRE, G. de, *Caligramas*, ed. G. Diego, Madrid, Cátedra, 1985.

ASENSIO, E., «El erasmismo y las corrientes espirituales afines. Conversos, franciscanos, italianizantes», *Revista de Filología Española*, 36, 1952, pp. 31-99.

ASÍN PALACIOS, M., *Sadilies y alumbrados*, Madrid, Hiperión, 1989.

BÁEZ RIVERA, E. R., «Del éxtasis a la palabra: retórica y hermetismo del discurso místico literario», *Boletín de la Academia Puertorriqueña de la Lengua Española (Tercera época)*, Academia Puertorriqueña de la Lengua Española, San Juan, Plaza Mayor, 1999, pp. 75-116.

—, «Las palabras del silencio de santa Rosa de Lima: los testimonios místicos de la Patrona del Perú, las Américas y Filipinas», Tesis inédita de Maestro en Artes, Departamento de Estudios Hispánicos, Facultad de Humanidades, Recinto de Río Piedras, Universidad de Puerto Rico, 2001.

—, «Callar sin poder callar, decir sin querer decir: mística y poesía en los hológrafos de santa Rosa de Lima», ponencia leída en el congreso "Repensando la experiencia mística desde las ínsulas extrañas", Universidad de Puerto Rico, Recinto de Río Piedras, 18 de octubre de 2003a.

—, «Jorge Luis Borges o el (re)negado místico: hacia el rescate de sus dos encuentros con la eternidad», Trabajo de Investigación, Área de Literatura Hispanoamericana, Departamento de Filologías Integradas, Facultad de Filología, Universidad de Sevilla, 2003b.

—, «Lejos de la sombra de los alumbrados. La literatura místico-visionaria de las criollas en Hispanoamérica colonial: venerable sor María Magdalena de Lorravaquio Muñoz (Nueva España, 1574-1636), santa Rosa de Santa María (Perú, 1586-1617) y sor Jerónima del Espíritu Santo (Nuevo Reino de Granada, 1669-1727)», Tesis inédita para el grado de doctor en Filología, Área de Literatura Hispanoamericana, Departamento de Filologías Integradas, Facultad de Filología, Universidad de Sevilla, España, 2005.

—, «Los inicios de la literatura místico-visionaria femenina en Hispanoamérica colonial», *Bibliotheca Salmanticensis*, Universidad de Salamanca, Salamanca, 2007, pp. 105-113.

—, «*De memoria Rosae Limae*: sus hológrafos y la tradición clásica mnemotécnica», ponencia leída en la Fiesta de la Lengua de la Universidad de Puerto Rico, Recinto de Río Piedras, 23 de abril de 2009a.

—, «Santa Rosa de Lima o la primera poetisa místico-visionaria de Hispanoamérica», *Isidorianum*, Sevilla, año 18, 35, 2009b, pp. 267-316.

BATAILLON, M., *Erasmo y España. Estudios sobre la historia espiritual del siglo XVI*, México, Fondo de Cultura Económica, 1982.

BELTRÁN DE HEREDIA, V., «La beata Piedrahíta no fue alumbrada», *La Ciencia Tomista*, 63, 1942, pp. 294-311.

—, «Los alumbrados de la diócesis de Jaén», *Revista Española de Teología*, 8, 1948, pp. 415-467.

—, «Los alumbrados de la diócesis de Jaén: Un capítulo inédito en la historia de nuestra espiritualidad», *Revista Española de Teología*, 9, 1949, pp. 161-222, 445-488.

BELL, R. M. *Holy Anorexia*. Chicago/London, University of Chicago Press, 1987.

*Biblia de Jerusalem*, ed. J. P. Bagot, Henao, Desclée De Brouwer, S. A., 1984.

BLÁNQUEZ FRAILE, A., *Diccionario manual latino-español y español-latino*, Barcelona, Ramón Sopena, 1984.

BOUYER, L., *Diccionario de teología*, trad. F. Martínez, Barcelona, Herder, 1990.

BRENNAN, M., «Teresa of Avila: "...undaunted daughter of desire"», en *Spiritualities of the Heart*, ed. A. Callahan, New York/Mahwah, Paulist Press, 1990, pp. 114-129.

BRICHTA LÓPEZ, O. P., A. A., «The Roots of the Rose: A Sociohistorical Biography of St. Rose of Lima (Rosa de Santa María), 1586-1617», Unpublished

Dissertation for the Degree of Doctor of Philosophy in History, New México, University of New México, 1995.

BYNUM, C. W., Holy *Feast and Holy Fast. The Religious Significance of Food to Medieval Women*, Berkeley/Los Angeles/London, University of California Press, 1988.

CARDENAL, E., *Vida en el amor*, Salamanca, Sígueme, 1979.

CLARK, M. T., «Augustine: The Eye of the Heart», en *Spiritualities of the Heart*, ed. A. Callahan, New York/Mahwah, Paulist Press, 1990, pp. 23-32.

CONCEPCIÓN DE CASTILLO, Madre F. J. de la, *Obras completas de la Madre Francisca Josefa de la Concepción de Castillo*, ed. D. Achury Valenzuela, Bogotá, Banco de la República, 1968.

CONSTABLE, G., «Attitudes Towards Self-Inflicted Suffering in the Middle Ages», *The Ninth Stephen J. Brademas, Sr., Lecture*, Brookline, Mass., Hellenic College Press, 1982, pp. 7-23.

COROMINAS, J., y J. A. Pascual, *Diccionario crítico etimológico castellano e hispánico*, Madrid, Gredos, 1991.

CRIADO DE VAL, M., ed., *Santa Teresa y la literatura mística hispánica*, Madrid, EDI-6, 1984.

CRUZ, S. J. de la, *Obras completas*, ed., introd., notas y apénd., L. Ruano de la Iglesia, Madrid, Biblioteca de Autores Cristianos, 1982.

CURCIO-NAGY, L. A., «Rosa de Escalante's Private Party. Popular Female Religiosity in Colonial Mexico City», en *Women in the Inquisition. Spain and the New World*, ed. M. E. Giles, Baltimore/London, The Johns Hopkins University Press, 1999, pp. 254-269.

CHEVALIER, J. y A. GHEERBRANT, eds., *Diccionario de los símbolos*, Barcelona, Herder, 1999.

DINZELBACHER, P., ed., *Diccionario de la Mística*, Burgos, Monte Carmelo, 2000.

DONAHUE, D., «Writing Lives: Nuns and Confessors and Auto/Biographers in Early Modern Spain», *Journal of Hispanic Philology*, 13, 1989, pp. 230-239.

DONOVAN, M. A., «Iraneus: At the Heart of Life, Glory», en *Spiritualities of the Heart*, ed. A. Callahan, New York/Mahwah, Paulist Press, N.J., 1990, pp. 11-22.

DREYER, E., «Bonaventure the Franciscan: An Affective Spirituality», en *Spiritualities of the Heart*, ed. A. Callahan, New York/Mahwah, Paulist Press, N. J., 1990, pp. 33-44.

EGAN, H. D., «Ignatius of Loyola: Mystic at the Heart of the Trinity, Mystic at the Heart of Jesus Christ», en *Spiritualities of the Heart*, ed. A. Callahan, New York/Mahwah, Paulist Press, N. J., 1990, pp. 97-113.

EGAN, K. J., «The Symbolism of the Heart in John of the Cross», en *Spiritualities of the Heart*, ed. A. Callahan, New York/Mahwah, Paulist Press, N. J., 1990 pp. 130-142.

ELIADE, M., e I. P. COULIANO, *Diccionario de las religiones*, Barcelona, Paidós, 1992.

ELIADE, M., *Historia de las creencias y las ideas religiosas III. De las reformas*, trad. al cast. J. Valiente Malla, Barcelona, Paidós, 1999.

EPINEY-BURGARD, G. y E. ZUM BRUNN, *Mujeres trovadoras de Dios. Una tradición silenciada de la Europa medieval*, Barcelona, Paidós, 1998.

ESTÉBANEZ CALDERÓN, D., *Diccionario de términos literarios*, Madrid, Alianza, 1999.

FERNÁNDEZ, A., *Santa Rosa de Lima*, Lima, Brasa, 1995.

FERRATER MORA, J., *Diccionario de filosofía*, Barcelona, Ariel, 2001.

FRAKER, Jr. Charles F., «The "Dejados" and the *Cancionero de Baena*», *Hispanic Review*, 33, 1965, pp. 97-117.

GARCÍA DEL CASTILLO, J., *Rosa de Lima, patrona de América*, Caracas, Trípode, 1995.

GARCÍA GUTIÉRREZ, J., *Hagiografía americana. Santos y beatos en América*, México, Buena Prensa, 1946.

—, *La herejía de los alumbrados. Historia y filosofía: de Castilla a Extremadura*, Madrid, Mileto, 1999.

GILES, M. E., «Francisca Hernández and the Sexuality of Religious Dissent», en *Women in the Inquisition. Spain and the New World*, ed. M. E. Giles, Baltimore/London, The Johns Hopkins University Press, 1999, pp. 75-97.

GILMORE, L., *Autobiographics. A Feminist Theory of Women's Self-Representation*, Ithaca/London, Cornell University Press, 1993.

GLANTZ, M., «Las monjas como flor: un paraíso occidental», en *El Monacato Femenino en el Imperio Español. Monasterios, beaterios, recogimientos y colegios. Memoria del II Congreso Internacional*, coord. M. Ramos Medina, México, Centro de Estudios de Historia de México, Condumex, 1995, pp. 93-102.

GLAVE, L. M., «Santa Rosa de Lima y sus espinas: la emergencia de mentalidades urbanas de crisis y la sociedad andina (1600-1630)», en *Manifestaciones religiosas en el mundo colonial americano*, eds. C. García Ayluardo y M. Ramos Medina, México, Instituto Nacional de Antropología e Historia/Centro de Estudios de Historia de México, Condumex/Universidad Iberoamericana, 1997, pp. 109-128.

GÓMEZ DE LA SERNA, R., *Ismos*, Madrid, Biblioteca Nueva, 1931.

GRAD, A. D. «L'extase du cœur dans la Kabbale hassidique», *Connaissance des Religions*, 57-58-59, Janvier-Septembre 1999, pp. 25-34.

GRAEF, H., *Historia de la mística*, trad. E. Martí Lloret, Barcelona, Herder, 1970.

HAMBURGER, J. F., *Nuns as Artists. The Visual Culture of a Medieval Convent*, Berkeley/Los Angeles, University of California Press, 1997.

HAMILTON, A., *Heresy and Mysticism in Sixteenth-Century Spain: The Alumbrados*, Toronto/Buffalo, University of Toronto, 1992.

HAMPE MARTÍNEZ, T., «Los testigos de santa Rosa. Una aproximación social a la identidad criolla en el Perú colonial», *Revista Complutense de Historia de América*, Madrid, Universidad Complutense de Madrid, 23, 1997, pp. 113-136.

—, *Santidad e identidad criolla. Estudio del proceso de canonización de santa Rosa*, Cuzco, Centro de Estudios Regionales Andinos «Bartolomé de las Casas», 1998.

HANSEN, Fr. L., *Vida admirable de Sta. Rosa de Lima, Patrona del Nuevo Mundo*, trad. al cast. Fr. J. Parra, Vergara, "El Santísimo Sacramento", 1929.

HATZFELD, H., *Estudios literarios sobre mística española*, Madrid, Gredos, 1976.

HOLLER, J., «"More Sins than the Queen of England!". Marina de San Miguel before the Mexican Inquisition», en *Women in the Inquisition. Spain and the New World*, ed. M. E. Giles, Baltimore/London, The Johns Hopkins University Press, 1999, pp. 209-228.

HUERGA, Á., *Predicadores, alumbrados e Inquisición en el siglo XVI*, Madrid, Fundación Universitaria Española, 1973.

—, *Historia de los alumbrados III. Los alumbrados de Hispanoamérica (1570-1605)*, Madrid, Fundación Universitaria Española, 1986.

IBÁÑEZ-MURPHY, C., «¿Primera escritora colonial? Santa Rosa de Lima: sus *Mercedes* y la *Escala Espiritual*», Tesis inédita para el grado de doctor en Filosofía con concentración en español, Arizona, University of Arizona, 1997.

IBSEN, K., *Women's Spiritual Autobiography in Colonial Spanish America*, Miami, University Press of Florida, 1999.

IGLESIA, L. R. de la, «Introducción», S. J. de la Cruz, *Obras completas*, Madrid, Biblioteca de Autores Cristianos, 1982, pp. 27-75.

INMACULADA, Fr. R. de la, «El fenómeno de los alumbrados y su interpretación», *Ephemerides Carmeliticae*, Roma, Teresianum, 9, 1957, pp. 49-80.

IWASAKI CAUTI, F., «Mujeres al borde de la perfección: Rosa de Santa María y las alumbradas de Lima», en L. Millones, *Una Partecita partecita del Cielo*, Lima, Horizonte, 1993, pp. 71-110.

JAMES, W., *The Varieties of Religious Experience*, trad. al cast. J. F. Yvars, New York, Modern Library, 1999. [*Las variedades de la experiencia religiosa. Estudio de la naturaleza humana*. pról. J. L. L. Aranguren, Barcelona, Península, 1999.]

JESÚS, Sta. T. de, *Obras completas*, introd. y notas E. de la Madre de Dios y O. Steggink, Madrid, Biblioteca de Autores Cristianos, 1986.

JOHNSON, J. G., *Women in Colonial Spanish American Literature. Literary Images*, Connecticut, Greenwood Press, 1983.

KATZ, S., «Language, Epistemology, and Mysticism», en *Mysticism and Philosophical Analysis*, ed. Stephen Katz, Oxford, Oxford University Press, 1978, pp. 22-74.

KNOWLES, D., *The Nature of Mysticism*, New York, Hawthorn Books, 1966.

LAGOS, M. I., «Confessing to the Father: Marks of Gender and Class in Úrsula Suárez's *Relación*», *Modern Languages Notes*, 110, 1995, pp. 353-384.

LAVRIN, A., «La vida femenina como experiencia religiosa: biografía y hagiografía en Hispanoamérica», *Colonial Latin American Review*, 2, 1-2, 1972, pp. 1-26.

LEÓN, Fr. L. de, trad., *El cantar de los cantares. Traducción y comentarios*, Madrid, Austral, 1981.

LLORCA, B., «Documentos inéditos interesantes sobre los alumbrados de Sevilla de 1623-1628», *Estudios Eclesiásticos*, 2, 268-284, 1932, pp. 401-418.

—, «Sobre el espíritu de los alumbrados Francisca Hernández y Francisco Ortiz, O.F.M.», *Estudios Eclesiásticos*, 12, 1933, pp. 383-404.

—, «La beata Piedrahíta ¿fué o no fué alumbrada?», *Manresa*, 14, 1942, pp. 42-62.

—, «Falsa doctrina sobre el abandono en los alumbrados», *Manresa*, 23, 1951, pp. 403-13.

LOAYZA, Fr. P. de, *Vida de Santa Rosa de Lima*, ed. P. M. Álvarez Renard, O.P., Lima, Santuario de Santa Rosa, 1996.

LONGHURST, J. E., «The alumbrados of Toledo: Juan del Castillo and the Lucenas», *Archiv für Reformationsgeschichte*, 45, 1954, pp. 233-253.

LÓPEZ ESTRADA, F., *Métrica española del siglo XX*, Madrid, Gredos, 1987.

LÓPEZ-BARALT, L., «Para la génesis del "pájaro solitario" de san Juan de la Cruz», *Huellas del Islam en la literatura española. De Juan Ruiz a Juan Goytisolo*, Madrid, Hiperión, 1985, pp. 59-72.

—, *Asedios a lo Indecible*, Madrid/Río Piedras, Trotta/Decanato de Estudios Graduados e Investigación de la Universidad de Puerto Rico, Recinto de Río Piedras, 1998.

—, «El corazón simbólico de san Juan de la Cruz, espejo de la manifestación infinita de Dios en vertiginoso cambio perpetuo», en *Literatura y Espiritualidad*, ed. M. P. Manero Sorolla, Barcelona, Universitat de Barcelona, 2003, pp. 121-153.

LÓPEZ-BARALT, M., *Icono y conquista: Guamán Poma de Ayala*, Madrid, Hiperión, 1988.

LORRAVAQUIO MUÑOZ, Sor M. M., *Libro en que se contiene la vida de la Madre Magdalena, monja professa del Convento del S.r S. Jeronimo de la Ciudad de México, hija de Domingo de Lorravaquio, y de Ysabel Muñoz su legítima mujer*, Austin, University of Texas, Nettie Lee Benson Latin American Collection, otra copia en California, Berkeley, Brancroft Library, 1629.

LUDMER, J., «Tretas del débil», en *La sartén por el mango. Encuentro de escritoras latinoamericanas*, eds. P. E. González y E. Ortega, Río Piedras, Ediciones Huracán, 1985, pp. 47-54.

MADRE DE DIOS, E. de la y O. STEGGINK, «Introducción general», Sta. T. de Jesús, *Obras completas*, Madrid, Biblioteca de Autores Cristianos, 1986, pp. 1-29.

MANERO SOROLLA, M. P., «Ana de Jesús y la irradiación de la literatura mística carmelitana», en *Mujeres de luz*, ed. Pablo Beneito, Madrid, Trotta, 2001, pp. 77-98.

MARCHESE, A. y J. FORRADELLAS, *Diccionario de retórica, crítica y terminología literaria*, Barcelona, Ariel, 1997.

MÁRQUEZ, A., «Origen y caracterización del iluminismo (según el parecer de Melchor Cano)», *Revista de Occidente*, 21, 1968, pp. 320-333.

—, *Los alumbrados. Orígenes y filosofía*, Madrid, Taurus, 1980.

MARTÍN VELASCO, J., *El fenómeno místico. Estudio comparado*, Madrid, Trotta, 1999.

MCDONNELL, E. W., *The Beguines and Beghards in Medieval Culture: with Special Emphasis on the Belgian Scene*, New Burnswick, Rutgers University Press, 1972.

McGinn, B., *Foundations of Mysticism: Origins to the Fifth Century*, New York, Crossroad, 1992.

—, *The Flowering of Mysticism. Men and Women in the New Mysticism, 1200-1350*, New York, Crossroad, 1994a.

—, *The Growth of Mysticism: From Gregory the Great through the Twelfth Century*, New York, Crossroad, 1994b.

Millar Carvacho, R., «Falsa santidad e Inquisición. Los procesos a las visionarias limeñas», *Separata del Boletín de la Academia Chilena de la Historia*, Santiago, 108-109, 2000a, pp. 277-305.

—, *Misticismo e Inquisición en el Virreinato Peruano. Los procesos a los alumbrados de Santiago de Chile 1710-1736*, Santiago, Universidad Católica de Chile, 2000b.

Millones, L., ed, *Una partecita del Cielo: la vida de Santa Rosa de Lima narrada por Dn. Gonzalo de la Maza a quien ella llamaba padre*, Etnología y Antropología 7, Lima, Horizonte, 1993.

Mir, M. y J. Cuervo, eds., «Los alumbrados de Extremadura en el siglo xvi», *Revista de Archivos, Bibliotecas y Museos*, 9, 1903, pp. 203-206; 10, 1904, pp. 64-67; 11, 1904, pp. 179-191; 12, 1905, pp. 459-463; 13, 1905, pp. 57-62.

Moliner, M., *Diccionario de uso del español*, Madrid, Gredos, 1989.

—, *Diccionario de uso del español (I-Z)*, Madrid, Gredos, 1998.

Monasterio de Santa Rosa de Santa María de Lima, *Primer proceso ordinario para la canonización de santa Rosa de Lima*, ed. H. Jiménez Salas, O.P., Lima, Time Publicidad y Marketing, 2002.

Montero, A., «Retratos de monjas coronadas», Tesis para el grado de doctor en Historia, México, Universidad Nacional Autónoma de México, 2003.

Montes, J. M, *El libro de los santos*, Madrid, Alianza, 1996.

Mujica Pinilla, R., «El ancla de Rosa de Lima: Mística y política en torno a la Patrona de América», en *Santa Rosa de Lima y su tiempo*, ed. José Flores Araoz *et al.*, Lima, Banco del Crédito del Perú, 1996, pp. 53-209.

—, *Rosa Limensis*, Lima, Instituto Francés de Estudios Andinos/Fondo de Cultura Económica/Banco Central de Reserva del Perú, 2001.

Muriel, J., *Los recogimientos de mujeres*, México, Universidad Nacional Autónoma de México, 1974.

—, *Cultura femenina novohispana*, México, Universidad Nacional Autónoma de México, 1983.

Murk-Jansen, S., *Brides in the Desert. The Spirituality of the Beguines*, New York, Orbis Books, 1998.

Myers, K. A., «"Redeemer of America": Rosa de Lima (1586-1617), the Dynamics of Identity, and Canonization», en *Colonial Saints. Discovering the Holy in the Americas, 1500-1800*, eds. A. Greer y J. Bilinkoff, New York/London, Routledge, 2003, pp. 251-275.

—, «Testimony for Canonization or Proof of Blasphemy? The New Spanish Inquisition and the Hagiographic Biography of Catarina de San Juan», en

*Women in the Inquisition. Spain and the New World*, ed. M. E. Giles, Baltimore/London, The Johns Hopkins University Press, 1999, pp. 270-295.

NELLY, R., *Diccionario del catarismo y las herejías meridionales*, Palma de Mallorca, Alejandría, 1997.

NIETO, J. C., «The Nonmystical Nature of the Sixteenth-Century Alumbrados of Toledo», en *The Spanish Inquisition and the Inquisitorial Mind*, ed. Á. Alcalá, New Jersey, Columbia University Press, 1987, pp. 431-56.

NOFFKE, S., «Catherine of Siena: The Responsive Heart», en *Spiritualities of the Heart*, ed. A. Callahan, New York/Mahwah, Paulist Press, N. J., 1990, pp. 64-78.

ORTEGA COSTA, M., «Las proposiciones del edicto de los alumbrados. Autores y calificadores», *Cuadernos de Investigación Histórica*, 1, 1977, pp. 23-36.

PACHO, E., «El misticismo de Miguel Molinos. Raíces y proyección», en *El sol a medianoche. La experiencia mística: tradición y actualidad*, eds. L. López-Baralt y L. Piera, Madrid, Trotta/Centro Internacional de Estudios Místicos, 1996, pp. 85-108.

PARISOT, R., «Christianisme et mystique du cœur», *Connaissance des Religions*, Janvier-Septembre, 1999, 57-58-59, pp. 83-103.

PAZ, O., «La revelación poética», *El arco y la lira*, México, Fondo de Cultura Económica, 1998.

PRINCE, W., «Affectivity and the Heart in Tomas Aquinas' Spirituality», en *Spiritualities of the Heart*, ed. A. Callahan, New York/Mahwah, Paulist Press, 1990, pp. 45-63.

RAMÍREZ LEYVA, E. ed., *María Rita Vargas, María Lucía Celis: Beatas embaucadoras de la colonia*, México, Universidad Nacional Autónoma de México, 1988.

REDONDO, A., «La melancolía y el *Quijote* de 1605», *Otra manera de leer* El Quijote, Madrid, Castalia, 1998, pp. 121-146.

RICHARDSON, A. y J. BOWDEN, *The Westminister Dictionary of Christian Theology*, Pennsylvania, Westmininster Press, 1983.

RICHARDSON, J., *Picasso: una biografía, II, 1907-1917*, Madrid, Alianza, 1997.

RIPA, C. *Iconología*, Madrid, Akal, 1987.

ROMERO RECIO, M., «Astrea», *Diccionario Espasa Mitología Universal*, Madrid, Espasa Calpe, 2000, pp. 96.

ROSENBROCK, J. A., «Las heridas de amor en santa Rosa de Lima», estudio inédito, 1996.

RUBIAL GARCÍA, A., «Los santos fallidos y olvidados. Los "venerables" contemporáneos de Sor Juana», en *Sor Juana Inés de la Cruz y sus contemporáneos*, ed. M. Glantz, México, Facultad de Filosofía y Letras, Universidad Nacional Autónoma de México/Centro de Estudios de Historia de México, Condumex, 1998, pp. 29-43.

SÁINZ RODRÍGUEZ, P., *La siembra mística del Cardenal Cisneros y las reformas en la Iglesia*, Madrid, Fundación Universitaria Española, 1979.

SANTA MARÍA, S. R. de, *Mercedes* o *Heridas del alma* y *Escala espiritual*, Lima, Monasterio de Santa Rosa de Santa María de Lima, 1616.

SANTIAGO OTERO, H., «En torno a los alumbrados del reino de Toledo», *Salmanticensis*, Salamanca, 2, 1955, pp. 614-654.

SARABIA, R., *La poética visual de Vicente Huidobro*, Madrid/Frankfurt am Main, Iberoamericana/Vervuert, 2007.

SCHATZ, K., *Los concilios ecuménicos. Encrucijadas en la historia de la Iglesia*, Madrid, Trotta, 1999.

SCHIMMEL, A., *Mystical Dymensions of Islam*, Chapel Hill, University of North Carolina Press, 1975, trad. al cast. A. López Tobajas y M. Tabuyo Ortega, *Las dimensiones místicas del Islam*, Madrid, Trotta, 2002.

SELKE DE SÁNCHEZ, Á., «Algunos datos nuevos sobre los primeros alumbrados. El Edicto de 1525 y su relación con el proceso de Alcaraz», *Bulletin Hispanique*, Bordeaux, Féret & Fils Éditeurs, 54, 2, 1952, pp. 125-152.

—, «Algunos aspectos de la vida religiosa en la España del siglo XVI: los Alumbrados de Toledo», tesis doctoral, Wisconsin, University of Wisconsin, 1953.

—, «El caso del bachiller Antonio de Medrano, iluminado epicúreo del siglo XVI», *Bulletin Hispanique*, Bordeaux, Féret & Fils Éditeurs, 58, 1956, pp. 395-420.

—, «Vida y muerte de Juan López de Celaín, alumbrado vizcaíno», *Bulletin Hispanique*, Bordeaux, Féret & Fils Éditeurs, 62, 1960, pp 136-162.

SERRANO Y SANZ, M., «Francisca Hernández y el Bachiller Antonio de Medrano: Sus procesos por la Inquisición (1519-1532)», *Boletín de la Real Academia de la Historia*, 41, 1902, pp. 105-138.

—, «Pedro Ruiz de Alcaraz, iluminado alcarreño del siglo XVI», *Revista de Archivos Bibliotecas y Museos*, 8, 1-16, 1903, pp. 126-139.

SURTZ, R. E., *Writing Women in Late Medieval and Early Modern Spain. The Mothers of Saint Teresa of Avila*, Philadelphia, University of Pennsylvania Press, 1955.

TAPIA, R. J., *The Alumbrados de Toledo: A Study in Sixteenth-Century Spanish Spirituality*, Wisconsin, Wiher & Sons, 1974.

TELLECHEA IDÍGORAS, J. I., *Tiempos recios: Inquisición y heterodoxias*, Salamanca, Sígueme, 1977.

TIETZ, M., «Miguel de Molinos», en *Diccionario de la Mística*, ed. P. Dinzelbacher, 2000, pp. 740-742.

TOURNEUR, Z. ed., *Pensées de Blaise Pascal*, Paris, Librairie Philosophique J. Vrin, 1942.

UNDERHILL, E., *Mysticism, The Nature and Development of Spiritual Consciousness*, England, Oneworld, 2000.

VARGAS UGARTE, S. J., R., *Vida de Santa Rosa de Santa María*, Lima, Paulinas, 1994.

WESCHER, H., *La historia del collage. Del cubismo a la actualidad*. trad. E. Vázquez, Barcelona, Gustavo Gil, 1976.

WRIGHT, W. M., «"That Is What It Is Made For": The Image of the Heart in the Spirituality of Francis de Sales and Jane de Chantal», en *Spiritualities of the Heart*, ed. A. Callahan, New York/Mahwah, Paulist Press, N. J., 1990, pp. 143-158.

YATES, F. A., *The Art of Memory*, London, Pimlico, 2000.

ZARRI, G., «Living Saints: A Typology of Female Sanctity in the Early Sixteenth Century», en *Women and Religion in Medieval and Renaissance Italy*, eds. D. Bornstein y R. Rusconi, trans. M. J. Schneider, Chicago/London, The University of Chicago Press, 1996, pp. 219-303.

ZEVALLOS, N., *Santa Rosa de Lima*, Lima, Centro de Estudios y Publicaciones, 2000.